河北文化研究项目"基于老发票所见冀商商业经营问题研究"（项目批准号：HB18WH08）

河北文化研究项目

曹琳 著

传统冀商商业经营问题研究

中国社会科学出版社

图书在版编目（CIP）数据

传统冀商商业经营问题研究/曹琳著.—北京：中国社会科学出版社，2022.8
ISBN 978-7-5227-0303-9

Ⅰ.①传… Ⅱ.①曹… Ⅲ.①商业史—研究—河北—近代 Ⅳ.①F729

中国版本图书馆 CIP 数据核字（2022）第 092120 号

出 版 人	赵剑英
责任编辑	李庆红
责任校对	李　剑
责任印制	王　超

出　　版	中国社会科学出版社
社　　址	北京鼓楼西大街甲 158 号
邮　　编	100720
网　　址	http：//www.csspw.cn
发 行 部	010-84083685
门 市 部	010-84029450
经　　销	新华书店及其他书店
印　　刷	北京君升印刷有限公司
装　　订	廊坊市广阳区广增装订厂
版　　次	2022 年 8 月第 1 版
印　　次	2022 年 8 月第 1 次印刷
开　　本	710×1000　1/16
印　　张	13.25
插　　页	2
字　　数	201 千字
定　　价	69.00 元

凡购买中国社会科学出版社图书，如有质量问题请与本社营销中心联系调换
电话：010-84083683
版权所有　侵权必究

序

武占江

"冀"是河北省简称，源于上古传说大禹治水所分"九州"，冀州为九州之首，是中华民族的发祥地，从北部的张家口到南部的邯郸都留下了早期人类活动的遗迹。张家口泥河湾盆地发现了距今二百万年以前的人类活动遗迹，中华文明初曙时期的三大文化集团（黄帝、炎帝、蚩尤）在此汇聚、融合。邯郸磁山文化出土的石磨盘、石磨棒见证着华夏族早期粟作农业的兴起。《史记·夏本纪》云："禹行自冀州始。"《尚书·禹贡》："冀州，既载壶口，治梁及岐。既修太原，至于岳阳。覃怀厎绩，至于衡漳……恒、卫既从，大陆既作。岛夷皮服，夹右碣石，入于河。""衡漳"就是漳河，恒水、卫水分别源出今曲阳、正定，说明太行山东侧今河北中南部为大禹及夏王朝的势力范围。河北东部邻近山东、河南地区是先商文化的重要根据地，商朝一代圣王祖乙曾定都于燕赵的邢台地区。可见，夏商时期河北中南部经济、文化比较发达，是华夏族的中心地带之一，这一地区在太行山东麓黄河流域的平原地区。

华北平原北接燕山山脉，燕山北部是内蒙古高原，东部是渤海，沿渤海岸北走进入东北地区。山脉与海洋把河北省分割成不同的地理单元，不同的地理单元形成了互有区别的经济形态和文化形态，农业经济、海洋经济、游牧经济一直在古老的燕赵大地交织并存，而这种经济的互补性为商业的发展提供了得天独厚的条件。正如马克思所说，"资本的祖国不是草木繁茂的热带，而是温带。不是土壤的绝对肥力，而是它的差异性和它的自然产品的多样性，形成社会分工的自然基础，并且通过人所处的自然环境的变化，促使他们自己的需要、能力、劳动资料和劳动方式趋于多样化。"① 高耸的山脉、浩瀚的海洋不仅是障碍，也是桥梁，把各个地理、经济单元联系起来，燕赵大地的商业活动一直非常繁荣，司马迁的《史记·货殖列传》对此作了生动的记载。中山地区"民俗懁急，仰机利而食"；石邑（故址在河北省鹿泉区东南）"迫近北夷，师旅亟往，中国委输时有奇羡"。自战国以来形成了区域性的中心城市，邯郸"北通燕、涿，南有郑、卫"，是漳河、黄河之间的商业都会；燕国都城"南通齐、赵，东北边胡。上谷至辽东，地踔远……有鱼盐枣栗之饶"，是渤海、碣石之间的商业都会。

司马迁以西汉统一盛世时期的经济、文化状况为中心，上溯战国，描绘了商业经济蓬勃兴旺的历史图景。两汉之后，中国或分或合，河北地区往往成为全国政治版图的缩影，游牧与农耕文化随着国家政治的变迁不时出现对峙，但政治上的对峙并没有影响商业的往来，军事上的边疆却成为商业活动的前沿和心脏，弥合了战争的创伤，最终还是迎来政治的统一、文化的交汇，宋代的雄州、霸州，明代的宣府、张家口都曾经扮演着这样角色。尤其值得注意的是，自明代"隆庆和议"（1571 年）以来，绵延二百多年的边疆战事就此消弭。明清以来的晋商也是通过服务边疆的"开中法"而走向鼎盛的，商业与和平有着内在必然的联系。

20 世纪八九十年代开始，学界对徽商、晋商、陕商的研究日渐重视，学术研究走向繁荣，相比而言，对燕赵大地的经济史、商业史的研究并不理想。所谓的晋商、冀商不过是相对的区分，在长期统一的古代中国，商业活动已经形成了统一的市场，且不说晋商通过以张家口为起点的张库大道通往恰克图、蒙古、俄罗斯、欧洲，就是太行山两侧也一直有着紧密的贸易往来。晚清开放东北移民之后，包括商人在内的河北人民开展了大规模的开发东北活动，这极大地改变了东北地区的经济、文化面貌，而长期以来，坊间大多注意山东人"闯关

---

① 马克思：《资本论》第十四章《绝对剩余价值和相对剩余价值》，《马克思恩格斯文集》第五卷，人民出版社 2009 年版，第 587 页。

东",对河北人相对了解不多。实际上河北介于西北、东北之间,河北的商业活动既有"走西口",又有"闯关东",这些缺憾需要学界人士通过研究来弥补。

曹琳教授长期以来致力于冀商研究,这部《传统冀商商业经营问题研究》就是她的新作。本书对冀商商帮整体面貌做了鸟瞰式的概述,分析了"老呔帮""张库帮""冀州帮""武安帮""冀中帮"等商帮的历史文化面貌,并对冀商的经营管理、商业形象、商业伦理等问题进行了系统分析。商业是历史学与经济学的交叉学科,而历史的方法又是基础,没有翔实的史料、精审的考证一切无从谈起。曹琳博士师出名门,有着良好的史学素养,她注重一手资料的爬梳,访问了国内许多博物馆,尤其是充分利用了河北经贸大学发票博物馆的馆藏资料。发票博物馆藏有大量清代、民国、中华人民共和国成立后各时期、各地区发票、税票、地契、收条、账本等商事凭证,尤其关于冀商如"老呔帮""张库帮"的文物资料非常集中,丰富、信实的藏品为她的研究提供了有力的支撑。本书在每章中都附有发票博物馆的实物资料,以做进一步的说明和印证。

近年来,我们不断加强对馆藏资料的发掘、整理工作,先后出版了《中国近代发票鉴赏》《河北经贸大学藏同记商场文书整理与研究》等专门著述,并发表了一批学术论文,曹琳博士此书视野开阔,文笔流畅,洋溢着学术热情,是依托河北经贸大学发票博物馆资料的又一部学术成果。对此我们乐见其成,也希望学界同人共同努力,把冀商研究进一步推向深入。是为序。

前　言

　　河北人有着悠久的商业经营传统，与有数百年辉煌经商史的晋商、徽商等人们耳熟能详的传统商帮一样，冀商也是我国较早的地域商帮之一，尤其是清末民初，在近代民族资本主义工商业兴起和发展的潮流中，冀商更是空前活跃于历史舞台，其在中国经济发展史上的贡献与成就并不逊色于其他商帮。他们多以决不能"任中国商业落于洋商之后"为己任，凭借自身的辛勤努力和卓越的商业智慧，艰苦创业、锐意进取、勇于创新，穿梭在京沈铁路，往返于张库商道，驰逐在长江沿岸，奔走于祖国南北，创造了辉煌的历史，称得上支持中国近代工商业发展的中流砥柱，为民族工商业的发展做出了不可磨灭的贡献。

　　冀商的精神有着丰富的历史底蕴与文化内涵，即便在今天来看，虽然岁月流逝，但冀商的过往，依然像一个丰富的宝藏，取之不竭、用之不尽，他们的勤俭坚忍、诚信尚义、灵活权变、不断进取、唯才是举、好学重教、扶危济困等弥足珍贵的优秀品质，充分展示出中国近代民族企业家奋发图强、振兴家邦的诚挚信念与热情。他们在实践中形成的独特商业经营之道和经营管理理念，留下了浓墨重彩的一笔，是河北乃至中国传统历史文化中宝贵的遗产与财富，其中的精华绝不会因时代的变迁而失去效用。鉴古而知今，对其持续地挖掘、不懈地整理、努力地弘扬，才能为现代社会精神的培育提供丰富的、可资借鉴的源泉。在民族伟大复兴、国家经济建设方兴未艾之际，弘扬冀商精神，可以营造锐意进取的社会氛围，弘扬冀商精神，可以增强诚信重义的社会意识，助力经济社会健康发展。更全面地去认识并承继冀商精神，才更符合本国本土民情。因此，使其为今所用是我们不应推卸的社会责任，即在传承并发扬传统冀商精神的同时，可以对其经验和方法进行更适应现代社会条件的吸收、转化，以更有效地适应新时代社会价值体系构建的需要。

　　本书旨在利用文献资料与现存大量冀商经济往来的凭证、票据（主要依托河北经贸大学发票博物馆馆存老发票），对传统冀商精神，尤其是他们颇具独特性及创新性的经营管理理念及实践经验，进行挖掘、整理，如习近平总书记所言"让文物说话、使历史再现"[①]。然而也要看到，利用老发票实物作为佐证材料存在很大限制，如发票中的信息并不记录经营者籍贯，因此对于异地经营的冀商身份的确定证据难以获得，不仅如此，现有发票远不能涵盖冀商所有的经营地域，票面文字所能提供的信息也较为分散、零碎、单一，但是，作为文献史志资料的有益补充，尝试从这些弥足珍贵的遗存中寻找冀商的足迹、挖掘冀商的思想，仍不失为一件有意义的事情！

　　客观地说，目前学界对冀商经营管理问题的探讨尚无全面、系统的专门论者；在传统文献史志资料之外，也尚无学者利用历史遗存之冀商相关经济凭证、票据实物资料，观察并佐证其经营管理问题。在这两方面，本书都属首次尝试。愿景良好，但个人能力实在有限，因此各种疏漏在所难免，恳请方家不吝赐教！

曹琳

2021 年 12 月 13 日

[①] 《让文物说话、把历史智慧告诉人们》，《人民日报》2021 年 7 月 8 日第 1 版。

目　　录

引　言 …………………………………………………………… 1

第一章　冀商商帮的形成与概况 ………………………………… 28
第一节　冀商商帮的形成 ………………………………… 28
第二节　冀商的经营概况 ………………………………… 32

第二章　冀商经营的原则与策略 ………………………………… 47
第一节　冀商商业经营的原则 …………………………… 47
第二节　冀商商业经营的策略 …………………………… 63
第三节　冀商经营的财务理念 …………………………… 97

第三章　冀商经营形象的树立 …………………………………… 116
第一节　冀商自身形象的树立 …………………………… 116
第二节　冀商企业品牌形象的树立 ……………………… 121

第四章　冀商经营的模式及组织管理 …………………………… 140
第一节　冀商经营管理的模式 …………………………… 140
第二节　冀商对人才的选用培养 ………………………… 146
第三节　冀商融洽劳资关系的举措 ……………………… 160

第五章　冀商对社会关系的处理 ………………………………… 167
第一节　冀商与同业及政府的关系 ……………………… 167
第二节　冀商广行慈善的社会意识 ……………………… 172

附录：解读苏州码 …………………………………………… 180

参考文献 ……………………………………………………… 196

后　记 ………………………………………………………… 200

引　言

一　"冀"之区域沿革

河北,古称"冀"。河北地方的行政建置区域沿革,可以上溯至尧舜禹时期,古史传说中的大禹治水,随山浚川,铸九鼎以象物,分天下为九州,而以冀州为首。此时的冀州更多的是一个地域概念而非行政概念,范围包括今天的河北、山西两省全境,以及河南黄河以北地区、山东西北部,至辽宁西南部辽河以西等区域,但河北简称"冀",自是而来。到了春秋战国时期,因为河北地域主要分属于燕赵两国,河北也就有了"燕赵"之称。直至唐代贞观元年(627年),地方行政设置由道、州、县三级组成,全国分为十道,河北道是其中之一,此时,河北作为地方行政区划的正式名称才被确定下来。

及至宋代,设置河北路并下设六府十三州。元代则将河北划入中央特区"腹里",由中书省直接统理。元至正二十八年(1368年)八月,朱元璋攻占大都,永乐十九年(1421年)正月,明王朝迁都北京,京都之地,直属王朝中央政府管辖,故称"直隶",由于南京为陪都,因此习惯上将南京及周边地区称为"南直隶",而京畿之地称为"北直隶"。北直隶之区划,下辖有八府二直隶州、并十七属州,一百一十六个县。到清代,北直隶改为直隶,行政区划基本沿袭明朝,康熙八年(1669年)以保定府为直隶省城,其辖下有保定、顺天、永平、河间、天津、正定、顺德、广平、大名、宣化、承德等十一府,冀、赵、深、定、易、遵化六直辖州,并张家口、独石口两直隶厅,共设县一百二十七个。在地理上，跨海河、滦河所经之地，西临太行，东临渤海；东北抵盛京界，西抵山西省界，南抵河南省界，东抵山东省界，域广袤一千八百余里，包括今天的北京、天津、河北，及内蒙古、山东、辽宁等省的一小部分。

至民国时期，直隶省城袭清末旧例驻于天津，废除府一级行政建置，在直隶省县间设道，直隶辖津海道、保定道、大名道、口北道，及察哈尔、热河、京兆特别区。民国十七年（1928年）六月，南京国民政府改直隶省为河北省，遂将省会移驻北平，两年后复还天津，至民国二十四年（1935年）又迁至保定。民国政府实行省、县两级行政区划，此时河北省辖一百三十县。民国二十年（1931年）日本军国主义发动"九一八"事变，野蛮占领热河全境、河北东北部和察哈尔北部，建立伪政权。"七七"事变之后中国共产党领导的八路军挺进河北，建立抗日根据地，抗日战争胜利后，在党的领导下解放区逐渐扩大，1947年11月解放石门，1949年初河北省全境解放，历史发展进入了新的时期。

二　冀商之源流脉络

河北这片古老而辽阔的土地，地处平原农耕经济和草原游牧经济的汇聚之处，地理位置重要、物产丰富，因此商业贸易活动出现较早，商业文化历史也堪称悠久。

河北人的商业经营传统可以追溯到夏朝，这时，生活在漳河流域的商族人就开始了"肇牵车牛，远服贾用"的长途商品贸易行为，擅长商品交换的商族人专门在各个部落之间贸迁有无以奉养父母，这种行为已经是视贸易为职业的初始形态，因此，后世"商品""商人"等词就是由"商"字演变、传承而来。

到了战国时期，在农业、畜牧业和手工业发展的基础上，燕国、中山国以及赵国的商品经济和商业贸易都逐渐繁荣起来。如燕国，《史记·刺客列传》称荆轲"日与狗屠及高渐离饮于燕市"[①]，可见专

---

① 《史记》卷86《刺客列传》，中华书局1997年点校本，第640页。

门的商业街区已经出现，譬如现在遗址已深埋于北京市区之下的蓟城，因为地处北方交通要道，南通齐赵、北接边胡，通过这里，商人们将中原地区先进的农业、手工业产品运往北方，又将游牧民族特产的马匹、牛羊、旃裘、奶制品等转输中原，因此成为重要的商业贸易中心和物资集散地。如中山国，虽地处赵、魏、燕、齐诸强国夹缝之中，但经济实力不容小觑，《史记·货殖列传》说中山人"民俗懁急，仰机利而食"①。不仅如此，依靠太行山中丰富的铜、铁、金等矿产资源，中山国手工业经济颇为发达，和中原各国比较繁荣的名都大邑都有贸易往来，从文物遗存中大量燕赵货币，以及一些原产地并不在中山境内的商品如玉器等可知，中山国商人对外贸易的范围堪称广泛。再如赵国，赵人商贸较他国更盛，《史记·货殖列传》评述称"设智巧、仰机利"②，《盐铁论·通有》则谓赵地"民淫好末，侈靡而不务本"③，虽然言语间对工商末业多有鄙夷，但间接地反映出其民间商业意识浓厚的社会风气。赵国的都城邯郸，位于沟通南北的交通枢纽之地，自然成为重要的商业中心，当时很多著名的商人都是出于赵国，像历史上名噪一时的大商人郭纵、卓氏等，他们以铁冶发家，富埒王侯，秦灭赵之后，赵国富豪大族多被迁往偏远地区，卓氏一族被迁到四川临邛后，虽其地远僻，但他们却利用当地铁矿资源重新创业，从夫妻推辇发展到"僮千人，田池射猎之乐，拟于人君"④。其商业头脑之高卓可见一斑。吕不韦也曾经频繁往来邯郸行商，才能家累千金，也才有了"奇货可居"的故事。《战国策·赵策三》里所载"夫良商不与人争买卖之贾，而谨司时。时贱而买，虽贵已贱矣；时贵而卖，虽贱已贵矣！"⑤这种人弃我取、人取我予的商品买卖原则，反映了赵国商人商业经营思想的灵活与成熟。

秦汉时期，随着社会经济发展，河北境内发展出一批著名的全国

---

① 《史记》卷129《货殖列传》，中华书局1997年点校本，第825页。
② 《史记》卷129《货殖列传》，中华书局1997年点校本，第827页。
③ （汉）桓宽：《盐铁论》卷1《通有第三》，明刻本，第9页a。
④ 《史记》卷129《货殖列传》，中华书局1997年点校本，第829页。
⑤ （汉）高诱注：《战国策》卷20《赵策三》，宋绍兴间刻本，第14页b。

性商业大都市如蓟、邯郸和邺城等。商业发展的标志是"市"的形成，也就是商业贸易活动被规定在城中某一特定的区域或场所进行，市就是专门买卖的场所，在其中营业的商贾都编入专门的户籍，被称作市籍，对他们的经营行为，国家通常还会根据商品交易数量征收一定数量的营业税，被称作市租。《史记·货殖列传》中说，西汉中期以后，城市内商业品类充盈，从吃穿住用行到房屋奴婢皆有买卖，当时国内最繁荣的几个商品集散地"市租千金"，足可见商品贸易往来之兴盛。既然商业活动地点以城市为中心，各地之间的频繁长途贩运和流通本地特产商品就成为必然。比如幽州北部出产名马，各地商人便多有往来贸易，《后汉书·吴汉传》载，吴汉因宾客犯法连坐于是逃亡，但因为资用乏绝，就一度"以贩马自业，往来燕、蓟间，所至皆交结豪杰"[①]。《三国志·蜀书·先主传》称，东汉末年"中山大商张世平、苏双等赀累千金，贩马周旋于涿郡，见（刘备）而异之，乃多与之金财。先主（刘备）由是得用合徒众"[②]。这两位中山大商能赀累千金，并可以多与金财资助刘备起事，可见利润丰厚。《三国志·魏书·牵招传》中说，曹操北征乌桓时，袁尚首级就从辽东送至邺城，被悬在"马市"，说明当时因为战争需要，马匹交易兴盛，商人们都要在政府设置的专门市场来进行活动。不仅如此，河北北部毗邻游牧民族活动区域，游牧民族多逐水草而居，而农耕经济相对较为稳定也较为发达，生产生活资料和用具也较丰富，因此，互相之间相通有无的活动对于和平时期各民族间的友好往来，也自然是能够起到很重要的积极作用。

曹魏西晋时期，河北地区手工业如冶炼、丝织业及农牧副业发展较为兴盛，然商业活动较少、财货不通。到十六国时期，后赵政权统治下商业活动有所恢复，如曾在邺、襄国、中山等城邑设置官吏管理市易、征收商税，石勒还曾致书祖逖要求通使互市，祖逖当时为收复河北，在积极练兵积谷、积蓄力量，虽未直接回复石勒之书信，但在

---

① （宋）范晔：《后汉书》卷18《吴汉传》，中华书局1997年点校本，第190页。
② （晋）陈寿：《三国志》卷32《蜀书二·先主传》，中华书局1997年点校本，第229页。

事实上默许了互市行为,于是商人往来送去大量南货,获利不菲。然而十六国时期毕竟战乱频繁,前秦、后燕时候,河北地区商业活动曾经一度停滞中断,总体上看水平并没有超过后赵,一直处于缓慢曲折的发展进程。北魏时期,随着北方的短暂统一,商业也略有恢复,民间商贩在邺、信都、襄国、中山、蓟、沧、瀛、燕、广阳等地,商贸丝绢、皮毛、盐铁等其他常见日用品,北魏政府则延续后赵做法,在很多城镇设市官进行管理,但总体来说商业水平并不算发达,自然经济所占份额依然较大。东魏、北齐时期,河北地区商业在北魏基础上有所发展,尤其是一些地理位置通畅、传统商贸发达的城市,如邺城,商业日趋繁荣,但物物交换的形态还是要多于商品货币经济。

隋唐时期,随着全国统一、社会安定,物资交流、商贸活动也迅速恢复发展、兴盛起来,河北地区如幽州、易州、沧州、定州、邢州、冀州、赵州等地,都成为商业繁荣的地域性中心枢纽城市,出现了许多豪商巨贾。如唐武宗会昌年间就有记载说"邢州富商最多",五代后周开国皇帝郭威的妻子柴氏"邢州龙冈人,世家豪右"[①],其所出生的柴氏家族世代行商,即是会昌时期的豪富大商。甚至后周世宗柴荣就曾业商,史称"世宗在民间,尝与邺中大商颉跌氏,忘其名,往江陵贩卖茶货"[②],悉心经度,资用获济,反映了他在商业活动中获利的结果,也从侧面证明了他从商多年的情况。

唐末五代藩镇割据时,北方的商业贸易趋于萧条,但进入宋代,又频繁起来,甚至出现了前所未有的繁荣局面。地方各级市场如城市、镇市、集市,满足基本生活的商品应有尽有,城市里手工作坊、商业行铺、酒肆茶楼鳞次栉比,买卖兴隆热闹,其中不乏资金雄厚的大商人往来。如邢州张氏,原本是买卖布匹的小本生意,信誉良好,一日,忽"有大客乘马从徒,赍布五千匹入市",此客商就把这大批

---

① (宋)薛居正:《旧五代史》卷121《周书·后妃列传第一》,中华书局1997年点校本,第412页。

② (宋)薛居正:《旧五代史》卷119《周书·世宗纪第六》,中华书局1997年点校本,第408页。

货物赊给张家，只需一纸契约，以后再来收钱，因为有了这大笔货源的注入，张氏布铺"资至十千万，邢人呼为布张家。"①据统计，宋神宗熙宁十年（1077年）所征收商税比例中，河北路年税3万贯以上、5万贯以下的城市有大名府、真定府；1万贯以上、3万贯以下的城市有沧州、保定、冀州、雄州等12州；1万贯以下的城市有莫州、霸州等10处。②足以证明城市商品经济的发达。在其中，大宗商品的交易非常繁伙，牲畜、铁器、布帛、粮食、瓷器、煤盐酒种种，如铁器，"商人自磁州贩鬻铁器，经过府界诸县"而运销外地③；粮食，《宋会要辑稿·食货》载，河北路粮食交易数量巨大，商贾贸迁，刍粟峙积，商人牟利甚多，"盖河北入纳粮草物色，近年以来，本处于实价上倍添虚钱，客入已获厚利"④，即便是灾荒年景，商人们也有充足货源，贩斛斗去往灾荒之地售卖；瓷器，定瓷、磁州瓷从五代时起就是知名商品，尤其是定瓷，经由瓷商行销四方，甚至海外，考古发掘中，东北黑辽、内蒙古、山东、河南、安徽、江浙等地多有发现，或可为证明。此外，官府为应付边防巨额军需粮饷，实行招募河北商人输纳粮草以取得"交引"的"入中"贸易制度⑤，兵食皆仰给于商旅，促生了一大批获利丰厚的商人。还有宋辽边境的榷场，因为河北是榷场主要所在地，北宋贸易场所设于雄州（今雄县）、霸州（今霸州市）等四处，辽方除了朔州（今山西朔州市）之外，另一处也设在河北新城（今高碑店市）。榷场贸易商品多为香药、犀象、茶、漆器、缯帛之属，利润较为丰厚，因此商旅辐辏，商税收入颇巨。榷场由官方控制，但商品限制较多，因此榷场之外，民间还有走私贸易，如粮食、马匹、铜铁、书籍等，所谓"民多私贩"而不能禁。

---

① （宋）洪迈：《夷坚志》《乙志·第七卷·布张家》，中华书局2010年点校本，第242—243页。
② 《宋会要辑稿·食货》一五之九至十三，中华书局1987年影印本，第129册，第5067—5069页。
③ 《宋会要辑稿·食货》一七之二一，中华书局1987年影印本，第129册，第5094页。
④ 《宋会要辑稿·食货》三六之十七，中华书局1987年影印本，第139册，第5440页。
⑤ （元）脱脱等：《宋史》卷184《食货下六》，中华书局1997年点校本，第1167页。

元代，随着水陆交通的发达，地方商业愈趋繁荣。如真定府（今正定）城内连甍接栋，井肆伙繁，独称万家之盛，"居民商贾甚多"①。大都（今北京）更是被马可波罗称作当时世界上最繁华的都市，"外国巨价异物及百物之输入此城者，世界诸城无能与比"②。经由漕运贩运行销粮食、盐铁、绸缎、陶瓷等物资，通过直沽、通州、河西务这些运河咽喉之地的富商大贾，不可计数。如清州高氏以贩盐成为巨富；燕京路中统年间"多系富商大贾、势要兼并之家，其兴贩营运百色"③。总体而言，元代时，河北地区的商业发展水平仅低于河南、江浙行省，呈现出一片繁荣景象。

进入明代，尤其是永乐迁都后，因为北直隶地踞京畿，又是与北方民族军事对抗的前哨，因此明王朝对于本地区的社会稳定和经济发展非常重视，使经历元末战争十七年创伤凋敝萧条的社会经济获得生机，走向全面的恢复和发展，人口和垦田数都高于全国平均水平。在这样的背景下，农产品尤其是经济作物种植得到了普遍推广，真定、顺德、广平诸府逐渐成为全国性的棉花集中产区，棉纺织业随之空前发展，出现了如肃宁县这样的优势产地；此外制盐、冶铁的规模都大大提高。商业的繁荣就此奠定了物质基础，米粟、蔬果、棉布、丝绸、陶瓷、铁器等流通频繁，甚至很多小城镇都是商贾辐辏、转运四方，边境军事重镇如宣府、大同更是商店鳞次栉比，沿街的各种商铺长达四五里。

到了明代中期，随着国内商品生产的扩大，长距离商品流通更加频繁，商品经济得到了空前的发展，大大小小的墟市和商业城镇如雨后春笋般大量涌现，区域市场的发展更加成熟，国内市场显著扩大，且统一的国内市场逐渐开始形成。与此同时，商人资本空前活跃，所谓"燕赵、秦晋、齐梁、江淮之货，日夜商贩而南；蛮海、闽广、豫

---

① （明）宋濂等：《元史》卷125《布鲁海牙传》，中华书局1997年点校本，第794页。
② "汗八里城之贸易发达户口繁盛"，《马可波罗行纪》卷2第94章，[法]沙海昂注，冯承钧译，商务印书馆2012年版，第215页。
③ （元）王恽：《秋涧先生大全文集》卷88《事状·为在都回回户不纳差税》，清抄本，页数不详。

章、南楚、瓯越、新安之货,日夜商贩而北"①。北直隶各地作为京畿重地,更是凭借京师四通八达的运输网络之便利,大批商人转贩盈利,"由广(平)、大(名)、顺(天)、(永)平,乃东西腰膂,南北舟车,并集以天津,下直沽、渔阳,犹海运之故道也。河间、保定,商贾多出其途,实来往通衢"②。如蔚州货商从天津采买货物运往华北各地出售;南宫"无山林川泽之饶……人皆纤啬节俭射机利以自益""商尤多……为四方辐凑之区……商业发达"③;沧州"负贩者皆络绎市上"④;磁州"商人贸易,舟陆俱通"⑤;武安,虽地处山区,但依靠矿产、林果等业"最多商贾,厢房村虚,罔不居货"⑥;任丘,"河淮以北,秦晋以东,宣大蓟辽诸边,各方商贾辇运珍异,并布帛菽粟之属,入城为市"⑦;河间府更是"行货之商,皆贩缯,贩粟,贩盐、铁、木植之人。贩缯者,至自南京、苏州、临清;贩粟者,至自卫辉、磁州并天津沿河一带,间以岁之丰歉,或籴之使来,粜之使去,皆辇致之;贩铁者,农器居多,至自临清、泊头,皆驾小车而来;贩盐者,至自沧州、天津;贩木植者,至自真定;其诸贩瓷器、漆器之类,至自饶州、徽州。至于居货之贾,大抵河北郡县俱谓之铺户"⑧。可见,有行商、有坐贾,贸迁有无,从商品种类到活动范围,都空前发达与广阔。

清朝建立初,清政府在商业政策上的基调是"恤商",雍正皇帝主张"籍贸易之盈余,佐耕耘之不足";乾隆皇帝认为"商阜通货贿亦未尝无益于人",在统治者的认同和首肯下,商人社会地位提高,商品经济也日趋繁荣,在更大范围内人们的商品意识较以往更加深

---

① (明)李鼎:《李长卿集》卷19《永利第六》,明万历间刻本,第10页b。
② (明)张瀚:《松窗梦语》卷4《商贾记》,清抄本,第18页b。
③ 民国《南宫县志》卷21《掌故志·风俗》,《中国地方志集成·河北府县志辑》,上海书店出版社2006年影印本,第69册,第179—180页。
④ 万历《沧州志》卷3《田赋志》,万历三十一年刻本,第15页a。
⑤ 万历《重修磁州志》卷1《地理志》,万历九年刻本,第9页b。
⑥ 嘉靖《彰德府志》卷2《地理志》,上海古籍书店1964年影印本,第38页。
⑦ (明)沈德符:《万历野获编》卷24《外郡·郑州》,中华书局2004年点校本,第616页。
⑧ 嘉靖《河间府志》卷7《风土志》,上海古籍书店1964年影印本,第3—4页。

化，生产的目的不再停留在自给自足的阶段，而是有意识地到市场上进行出售。例如，传统的粮食贸易继续得到发展，广平府沿滏阳河两岸乡民，"舟载粟、豆至天津，车贩米藕至临清"①。经济作物如棉花也得到更大面积经营，冀、赵、深、定诸州，农人艺棉者十之八九，因此棉花、棉布市场空前活跃，"每当新棉入市，远商翕集，肩摩踵错，居积者列肆以敛之，懋迁者牵车以赴之，村落趁虚之人莫不负挈纷如，售钱缗易盐米"②。

直隶的棉布贩运国内各省行销，尤其是正定府获鹿、栾城所出棉花、布匹质量精好，缜密匀细，媲美松江布，因此虽然价格较周围地区为高，但与山西、口外、关东均有大量贸易往来，史载去往山西"商旅甚多""贾集焉"；而直隶布贩往东北过程中，永平府乐亭县商人贡献最大，乐亭一地，"地近边关，邑之经商者多出口贸易，挟赀营运……布则乐（亭）为聚薮，本地所需一二，而运出他乡者八九"③，因此在乾隆年间就被称为"布薮"，不仅专门生产供应东北的裆裢布，还搜罗外地棉布运往关外。本地众多商人因为从事贩布生意成为"挟资营运"的大财主。与其相邻的滦州，情形类似，还有直隶中部重要的棉织品贸易中心辛集，"天下商贾云集之地"，每逢集日，"布市排积如山"，织品交易"绵亘五六里，货广人稠，坐贾行商，往来如织，虽居偏壤不减通都云"④。可谓人烟辐辏。不仅如此，直隶棉布还出口朝鲜，"输溉大河南北、凭山负海之区，外至朝鲜，亦仰资贾贩，以供楮布之用"⑤。

传统经济作物之外，各地民众还都根据本土的自然条件和优势资源，积极经营特产来进行交换，或以林木蔬果为业"市于四方"，或经营手工业畜牧业"通于数省"。如宣化府民众因所产高粱为多，丰年用以制烧酒，化贱为贵。大城县有寡妇马氏，本来家无盖藏，但从

---

① 康熙《永年县志》卷11《风土》，清雍乾间刻本，第18页a。
② （清）方观承：《棉花图·收贩》，天津古籍出版社2013年版，第25页。
③ 乾隆《乐亭县志》卷5《风土·民俗》，乾隆二十年刻本，第14页a.b。
④ 嘉庆《束鹿县志》卷1《地理·市集附》，《中国地方志集成·河北府县志辑》，上海书店出版社2006年影印本，第5册，第214页。
⑤ （清）方观承：《棉花图·跋》，天津古籍出版社2013年版，第9页。

以织席为业，不十年，积腴田三十亩。献县商人林镇，附近所产苇席、草帽多贩卖他家，"其织作尤密致，精好者价颇高，过客多买焉"①。并且，在国内区域交流频繁、城乡市场大量涌现的同时，专业性市场也在形成，如祁州（今安国市）药市，远在宋建中至咸淳年间，这里就有了药材市场的雏形，明代发展成粗具规模的地方药材市场，至清雍正时期，"药材极海山之产，布帛尽东南之美"，形成了"大江以北发兑纺材之总汇"②，也就是南北交换、东西互兑的药材交流总市场。药商们还主动进行自我行业管理，根据地区及经营药材种类分别成立了"帮"的组织，负责调解同业纠纷和对外交往。

清代时期河北地区还出现了一个特殊群体，就是旅蒙商，蒙古高原和内地的商贸关系通过他们发展起来。早在明代，张家口就成为蒙汉互市之地，清朝统一漠南漠北之后，张家口更是沟通外蒙的主要渠道，最初双方物资往来多为晋商把持，后来直隶商人逐渐参与其中。乾隆年以后，随着清政府对蒙古地区封禁的放松，到蒙地经商者数量猛增，从康熙初年的不到 30 家，发展为康熙末年的 80 多家、道光年间的 280 多家。旅蒙商的总部，通常设置在张家口的大境门，分号则多设在库伦、恰克图等地。《尼布楚条约》签订之后，张家口又逐渐成为汉、蒙、俄贸易联系的枢纽。张家口对俄贸易主要是茶叶，对蒙主要是粮食、布匹、烟茶，商人们还将数以万计的牲畜、皮毛及土特产品运送回关内，再转输至中原市场。

追溯清末以前历史的轨迹可见，冀商毋庸置疑地拥有悠久的发展历史，而到了明清时期，其无论是在商品经营种类上还是商业活动范围上都得到全面扩展，所经营商品从生活资料到生产物资无所不有，活动范围也从北到南涵盖国境内广阔地域，在数量和实力上都不断得到增强，这就奠定了清末民初本地各地域性商帮形成的基础，故而终能在我国传统社会商业发展史上占有重要的一席之地。

---

① 乾隆《河间府新志》卷 4《舆地志·物产》，《中国地方志集成·河北府县志辑》，上海书店出版社 2006 年影印本，第 41 册，第 92 页。

② 乾隆《祁州志》卷 7《艺文·祁阳赋》，《中国地方志集成·河北府县志辑》，上海书店出版社 2006 年影印本，第 39 册，第 162 页。

三 发票之前世今生

在现今社会，不管身居繁华都市还是偏远乡村，无论从事何种职业，"发票"这种信用工具是人们在生产生活、经济交易中不可或缺的重要凭证。那么，"发票"究竟起源于何时？它又是从何演变而来的？这就要从契约讲起。

在社会历史的漫长进程中，契约的产生是人类社会发展到一定阶段后，基于社会管理、经济往来和民事活动需要的必然结果。远古时代的契约最早以何种形式出现已无从查考，但可以肯定的是，由于生产力的发展，私有制的出现，商品交换活动、物权债权关系产生，基于对各种协议或争端的处理，人们就有必要在意愿一致的前提下，以某种形式来达成相互间的约定，这就是契约关系。

中国有文字契约的出现，可以追溯到西周时期。西周时期的契约，在《周礼·秋官·司约》中规定："凡大约剂书于宗彝，小约剂书于丹图。"郑玄注曰："大约剂，邦国约也……小约剂，万民约也。"[①] 意思是说，大约剂，就是邦国之约；小约剂，就是万民之约，万民之约就是民间各种经济关系上的契约，其使用比较普遍而且种类较多。司约主掌，凡重大契约券书载垂宗庙彝器上，小事券书用朱红色书写在竹简木牍或丝帛上，违约者将服墨刑、甚至处死。《周礼·天官·小宰》还提到："听称责以傅别"，"听卖买以质剂"，"听取予以书契"，[②] 即有三种不同的契约形式，借贷契约称"傅别"，买卖契约称"质剂"，赠予收受契约称"书契"。通常契约订立之后，双方各执其一。如铸造于西周中周恭王时期的"格伯簋"铭文中记载："唯正月初吉癸巳，王才（在）成周，格伯取良马乘于倗生，厥贮卅田，则析。"[③] 内容是说，格伯自愿售良马四匹与倗生，倗生给价三十

---

① （汉）郑玄注：《周礼·秋官·司约》，乾隆五十二年刻本，第3册，第26页a。
② （汉）郑玄注：《周礼·天官·小宰》，乾隆五十二年刻本，第1册，第17页b。
③ 马承源主编：《商周青铜器铭文选》，文物出版社1988年版，第3卷，第144页。

田，然后双方交割之后写下契券，两人各执一半，格伯遂铸器以纪其事。这是一份比较完整的契约原文，要素也比较齐全，订立时间、交易双方名字、交易物名称、数量及价格，还有剖券为凭的形式都具结清晰，避免了日后的争议。

契约的发展，随着此后的中国历史历经千年，衍生出种种不同的分支和表现形态。而其中，随着商品经济的发展和繁荣，在交易往来日益频繁的形势下，可以合理推想，无论卖方和买方，均不同程度地需要一种特定"证据"来证明彼此交易的合理性，避免口说无凭的尴尬，并作为以后可能发生争议和纠纷时的凭证，那么，专门的证明文书——一张即使在陌生交易双方之间也能适用的商事文书，当上面详细记载购货方、出售方、货物品种、数量、金额、时间等内容并需签字画押，那么对买卖双方的具有约束力和民事法律效力的交易凭证就形成了，换句话说，最早的"发票"也就应运而生了。所以，研究者们认为，"发票起源于契约书，是对契约书的精简，即是将契约书中多余文字去掉，简化为交易双方名称、交易品名称、数量、金额、时间、地点等核心内容，逐渐演变成型并予以格式化，将契约书写的方法改为填写的方法。"[①] 也就是说，当契约书逐步简化成供双方填写固定信息的较为规范的模式，发票这种专门使用于经济交往和商事活动的凭证就成形了。

发票最早形态起源于何时是一个很难考证的问题，不过中国现代意义上的发票只有两百多年的历史，大约成形于晚清时期，目前可见的最早的发票开具于咸丰年间。自清末、民国到新中国成立的近百年中各种发票式样异彩纷呈，其使用的数量、范围及规模与买卖双方重视信用的程度相关，也与当时当地工商业发展的繁荣水平相关。在名称上，从最初的在不同区域呈现多样化特点，对其称谓五花八门，如：发条、发奉、发单、清单、抄奉、收条、账单、发票、收据、订货单、结算单、发货票等至少二十种，逐渐统一和固定为发票或发货

---

① 肖二蓝：《发票的变迁》，转引自广东地方税务《中国税收60年纪念专辑》，广东地方税务局2009年印行，第77页。

票之称。在内容上，从最初对所证明的事项是比较简单、笼统的列举，逐渐向具体、详细、严密、规范的方向发展。在制作方式上，最早是在空白毛纸上以毛笔书写全部交易内容、再加盖商家印章；后来便运用雕版印刷技术印制出框架和基本信息，然后由商家毛笔填写、加盖印章，并且在设计图样上逐渐精美；再后来随着时间推移，受西方影响，在纸张使用、印刷技术及版面格式上又有变化，特别是在经济较发达的上海、广州、东北等地，逐渐出现以道林纸印刷、仿照西方规范固定内容的表格形态。

到了民国后期，发票所包含的大体事项已基本固定在交易双方当事人（商号或个人）、交易商品、交易总额、交易时间地点等内容，其中对于交易商品，一般还要写清名称、规格、单价、数量等。如此，在买方与卖方之间，发票可以证明双方交易活动的存在，证明商品所有权发生的转移；在东家与账房之间，发票可以证明采购（或销售）业务的完结，证明经手人员的业务能力、精明程度以及有无舞弊情形，证明交易标的物的验收交接过程，也可以证明将来需要支付（或收到）金钱的义务和权利。[①]民国时期的发票逐渐演变为一种企业内部的实物流程，发票都是单联，唯一可查询的是发票留有的骑缝章或编号，但单联发票却具备今天的多联发票功能，如在东北经营的冀商企业发票上，购货人采办货物后，将发票依次交保管人员、经理、部长、主任及经手、收发逐一签名或盖章确认，继而由财务部门付款（包括付现金或转账），付款后在发票上加盖付讫印章并注明付款时间、付款方式，然后将发票按日装订成册并附购货日报表。这种发票，已经能从多个环节来反映经手人员和管理人员的工作，以备检验查核，亦可以从中窥得企业管理的具体操作流程。

不仅如此，发票上附加的信息也越来越丰富，从现存实物来看，大致可以分为如下几类：一是商家信息，在发票上印制详细的商家名称、地址、电话等，目的是让客户及社会广泛了解本商户并在对方产

[①] 高献洲：《中国发票史》，中国税务出版社2010年版，第73页。

生交易需求时能够快速、准确取得联系；二是商品经营范围及产品信息，甚至印出主营产品的图样或商标，目的是为客户及潜在客户产品需求或消费需求提供明确目标；三是其他信息，如自身经营历史、商品宣传用语、买卖注意事项、信誉品质声明和承诺，甚至还有铺规。这些信息无疑在某种程度上能够起到广告的作用，使商家信息更为全面、立体，同时也传播了企业文化，反映出企业的经济实力、经营方略等诸多因素。发票的设计也越来越精美，在装饰上运用图案、色彩、花边、嵌字、阴文等手段，来吸引顾客注意力，赢得更好的商业效果。

本书所用老发票，除特别注明来源外，均来自河北经贸大学发票博物馆馆藏。翻阅、梳理那些古旧泛黄的老发票，虽然数量有几千张，但由于票面所能提供的信息非常有限，因此，能够确定与冀商直接相关且具较高研究价值者，为数却并不多。不仅如此，这些相关发票，其所反映的经营地域不够完整、发生时间和对象上并不连续、文字内容也不全面系统，存在着种种识读、研究上的困难，但是，亦因如此，它们所能够反映出的重要信息更加弥足珍贵，让我们从中得以管窥传统时代燕赵大地的商人们，并不亚于国内其他商帮的积极活跃、勇于创新的经营理念与实践。可以说，发票作为最客观、准确的物证，记录着时代的变迁、真实的过去，在史志文献的基础上，辅以这些历史实物来观察问题，即如习近平总书记所言"让文物说话、把历史智慧告诉人们"①，能够获得更为直观深刻的认知，因此，尽力利用这些宝贵遗存，应成为扩展冀商历史研究方法的努力方向。

四 发票式样的历史沿革

现代意义上规范发票的产生是在书契、清单等各种民间契约形式的基础上逐渐发展、完善而来，主要经历了书契式、雕版式、表格式

---

① 《让文物说话、把历史智慧告诉人们》，《人民日报》2021年7月8日第1版。

三种形制的变化，但这三种形制演变的时间界限并非截然分开，呈现长时期内同时并存、逐渐过渡的情况。

书契式发票被认为是发票最初的雏形。一般使用中国传统书写方法，竖式从右至左以毛笔书写主要信息，最右侧为收货商号名称，票面中间部分注明商品名称、数量及单价等，最后落款写明开具时间以及发货商号名称。雕版式发票是将本商号、"×年×月"字样等交易中最基本的固定信息雕刻在木板上，拓印成票备存；待商品交易发生后，再将本次交易内容书写在票面所留空白处，与书契式发票相比更加规范且提高了开具效率，是向表格式发票过渡的中间形态。表格式发票最显著的特点就是票面格式化，将固定的信息以固定的格式直接印制在表格上，再据实填写交易内容、数量等，票面更为简洁明了，使用也更为方便广泛，现代意义上的发票即由此产生。

同时从现存大量发票实物中可以看到，清代发票上便开始加盖字号名称或具有某种寓意的图样印章。从实际作用上讲，这些印章通常可分为抬头章、压数章、落款章几种，还有部分发票可见压缝章。抬头章盖在右侧及客户名称处，多用吉祥图案，讨生意兴隆、财源茂盛的彩头；压数章使用在商品数量及金额处，表明对发票重要内容的重视及保护、防止涂改的意图；落款章盖在左下方商户落款处，目的应该是出于填写便捷或引人注目；压缝章的目的则类似堪合比对之用。从客观效果上说，发票使用印章增加了票面的美感，因此很多商家在印章的种类、形状、色彩上大做文章，使得各色印章成为发票内容中不可或缺的重要组成部分。

图0-1、图0-2中发票即为典型的书契式发票，分别发现于河北张家口蔚县、河北保定安国（古称祁州），该清单与发帖均使用草宣纸、折叠式设计，以中国传统文书竖式自右至左的方式来进行书写，货品价格用汉字大写，已具备了货品名称、数量、价格等发票的基本要素，郭明堂清单票面上没有具体的开具时间，推测应为清代中期。

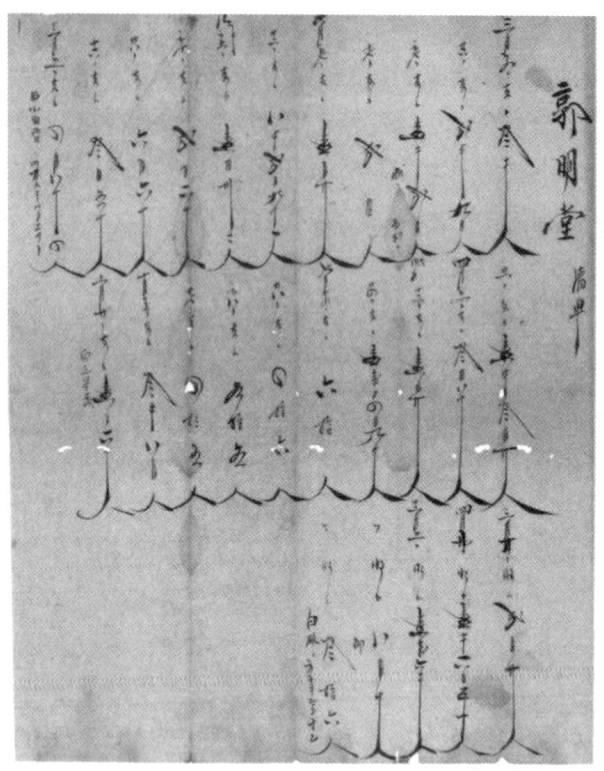

图 0-1　郭明堂书契式货物清单

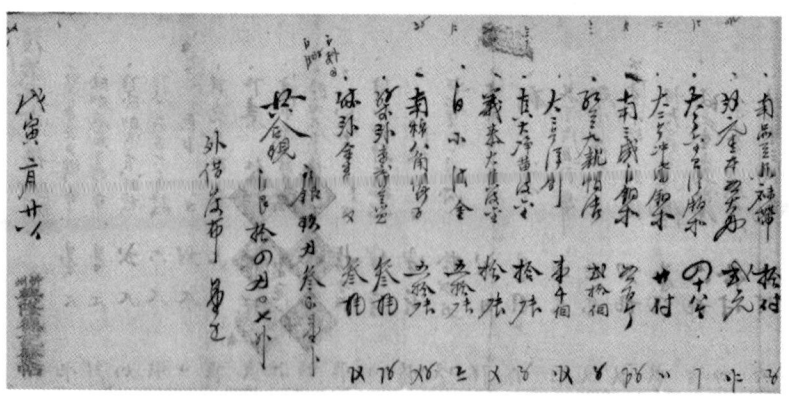

图 0-2　戊寅年（光绪四年，1878 年）祁州兴隆德记发帖

发条是早期书契式发票的一种别称，基本形制相同，图0-3票头冠以收货方商号名称"义成德"，系当时蔚县一家著名百年老店，发票右下及左上落四枚双喜鹊抬头章，喜鹊作为传统中国民间认同的吉祥象征，寓意对商家的祝福，可视为开具商号"义德栈"的标识或防伪章，票面中间写明发货内容及价格，并在货价九百六十文上盖有压数章以防止数字被篡改，票尾注明发货时间，左下角"条"字上落有发货商"义德栈"的压款尾章。

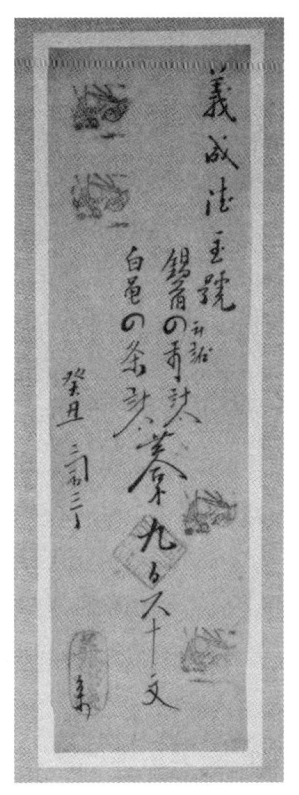

图0-3 癸丑年（咸丰三年，1853年）蔚县义德栈书契式发条

规范的雕版式发票，是将一些固定的信息，如票眉、票尾"年、月、日"等基本信息字样，篆刻在木板上印制预留，待每次交易完成后，根据实际情况用毛笔进行填写。如图0-4中的发票纸质较为粗糙，是采用民间自制麻纸、雕版印制的发票，内容是"天和大宝号"

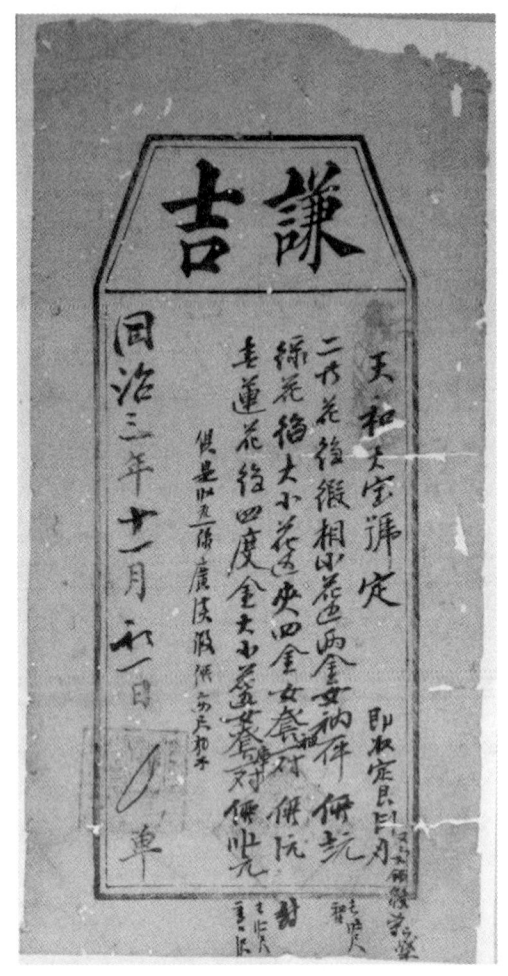

图 0-4　同治三年（1864 年）谦吉号雕版式发票

购买名色花绸、女式夹衣；图 0-5 中的发票材质类似，上端票眉印有"发票"二字，收货方为"张永和兄"，内容是"青盐三百九十六斤（右侧字符系以苏州码子注每斤单价 18、总价 7128。苏州码子解读见附录，本书取用发票中苏州码子所标记数字均以相应阿拉伯数字表示），今日收 7120，清"，时间为光绪十二年四月二十五日，落款发货方印章为"东口福盛盐店"具。"东口"系当年张家口的别称。图 0-6 中的发票票面边框明显多了花草纹样，虽还不够清晰精美，但约略可见商家对于发票可以承载宣传功能这一点逐渐有所认识，因此对其美观性和装饰性开始重视。图 0-7 中的发票则更见规范整洁，票眉中的商号名称"惠贞裕"，票面右侧收货方"益合长记"，下有财神爷手持"惠贞裕"竖式条幅形象的印章，票中写明货物名称、价格，在价格上均盖压数章，票尾写明时间，同时落"惠贞裕货店"印章，并印有"票"字样。

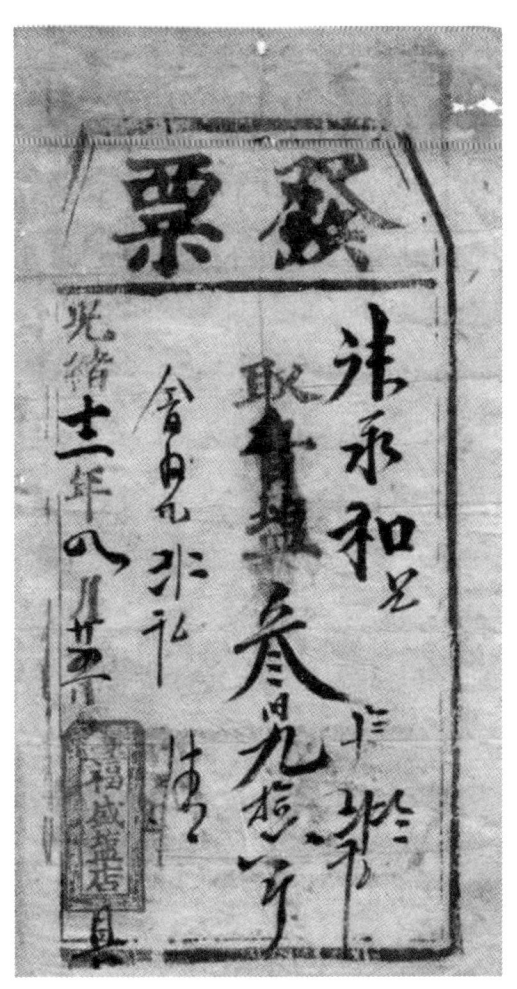

图 0-5　光绪十二年（1886 年）东口（张家口）福盛盐店雕版式发票

图 0-6　光绪十五年（1889 年）蔚县敬胜永雕版式发票（由陶宗冶先生提供）

图 0-7　光绪二十一年（1895 年）蔚县惠贞裕雕版式发票

随着印刷技术的发展，冀商们也使用了现代机器印刷的发票样式。图 0-8 中的发票除保持票眉、票尾年月日的基本信息之外，还可以看到票面中增添了单价、数量、总价的固定文字，并且值得注意的是，左上角特意印制有"粘贴印花处"，体现了商家依法纳税的良好意识。因落款处预留商号私章钤盖的空间，故推测，此清单可能是由商会或行会统一印制发行，各商铺再各自购买取用的。

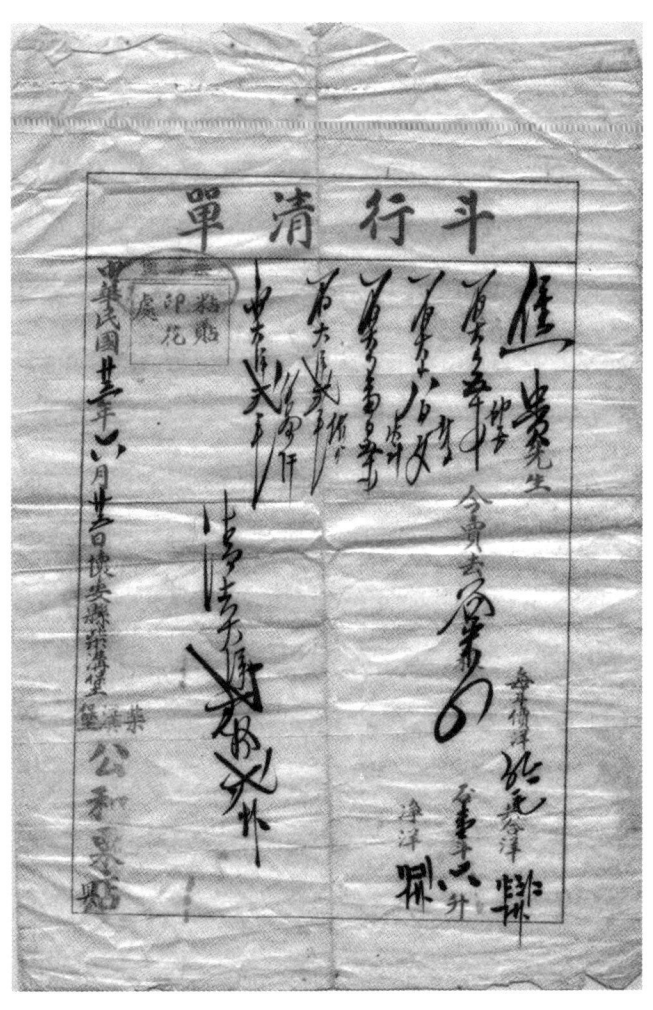

图 0-8 民国二十三年（1934 年）柴沟堡公和粟店雕版式发票
（由陶宗冶先生提供）

图 0-9、图 0-10 就属于典型的表格式发票。与雕版式发票不同，除了发货方、年月日等基本信息仍然印制之外，还以固定表格行列的方式将商品型号、名称、数量、单价、总价、备注等相关信息书写位置加以限制规范，不再是传统的毛笔竖式从右至左的书写方式，并且要以阿拉伯数字而非苏州码子来进行填写。从商业管理的角度来讲，应当说这对于数字的识别和账目的清对，较雕版式发票更为规范和高效。

图 0-11、图 0-12 的这两张发票内容非常简单，分别是买家从永盛德百货店购买喷雾器三个、从复聚兴记购买同（？）罗十一尺，这两家店铺可能是规模较小，比如手工作坊之类，并未印制效率高、省事但是费钱的雕版式或者表格式发票，而是依然采取手写方式，商号印章也比较简单并无特别装饰。这反映了在雕版式发票已经普及、表格式发票也逐渐得到运用的同时，原始的书契式发票依然在民间继续使用的现象。从中也可以看到，即便是小额买卖，商家依然开具发售证明，并按政府规定足额贴具印花税票的契约精神与守法意识。

图 0-9　民国二十五年（1936 年）北平景山书社表格式发票

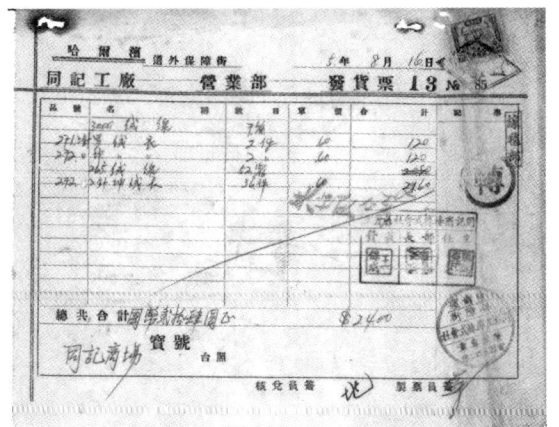

图 0-10　1938 年同记工厂发同记商场表格式发票

图 0-11　民国三十八年（1949 年）天津永盛德百货店书契式发票

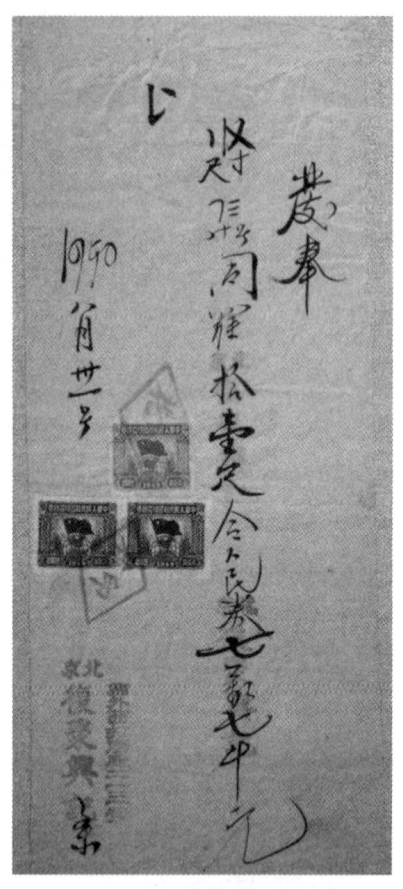

图 0-12　1950 年北京复聚兴记书契式发票

从图 0-13 的发票底样版式中可以看到，票眉边框上方印有"蔚县西合营商会制"字样，存根与发票相连处盖有骑缝章，并有编号，表明当年在张家口蔚县，商会自治管理发票的办法已经应用到了所辖乡镇，这些发票所印文字清晰美观，票面光洁平整，采用了当时最先进的平面石印技术，是目前国内发现的唯一由地方商会印制的规范发票。图 0-14 中 3 张已使用的发票均为"蔚县商会"统一印制，发票右侧边缘均有与副联呈骑缝对剖形式的民国印花税票，在发票与存根骑缝处还加盖有当地税务局印章，并有编号以备勘合。

无论是当年商业最为发达的上海、广州，还是东三省，至今没有发现由民间商会统一印制发票的明确先例，这无疑反映出冀商们先进的规范商业发票使用的信用意识,以及及时、足额缴纳税款的守法意识。从现存蔚县商会所制运复兴、福兴成、恒顺成、玉泉号等发票中显示出的时间、地点、商号及所涉商品名称来看,当时的蔚县商贸交易非常兴旺,尤其是蔚县皮毛商经营的皮毛,百分之八十销往全国各地、蒙古库伦与恰克图,甚至欧美,充分证明当时北方偏远的蔚县,早已是商贾众多、交易繁忙,沟通山陕、胶辽及华北平原和塞外大漠的重要商业通道。

图 0-15 这张活体铅字排版的发票边框上、下方分别印有"张家口下堡地方税捐局发行"和"察哈尔省印刷局印"的字样,左侧边缘上方印花税票采用对剖勘合制,说明至少从民国二十九年开始,张家口地区的发票印行,已经由地方税务部门(下堡地方税捐局)进行统一管理,这是目前发现的民国时期最早由地方印行发票的实例。与前述蔚县商会印制发票相比,可以看到发票由民间自制改为由省级政府统一印制的变化,可以推想,当年的东口由于各地商贾频繁交易的需要,对发票进行统一管理的过程也应当是适应财政收入和地区经济发展需求的过程。值得注意的是,即便是省级政府统一印制,在印章上还是允许保留了各商号的特色,此页贴印花税票处图章即是财神爷赵公元帅手持印有"天泰兴"商号的条幅,可见即便是在共性范式下,也留给了商家表达个性的空间。

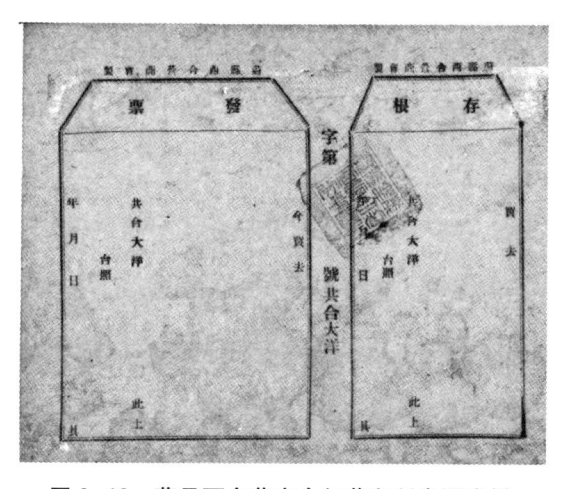

图 0-13 蔚县西合营商会规范印制发票底样

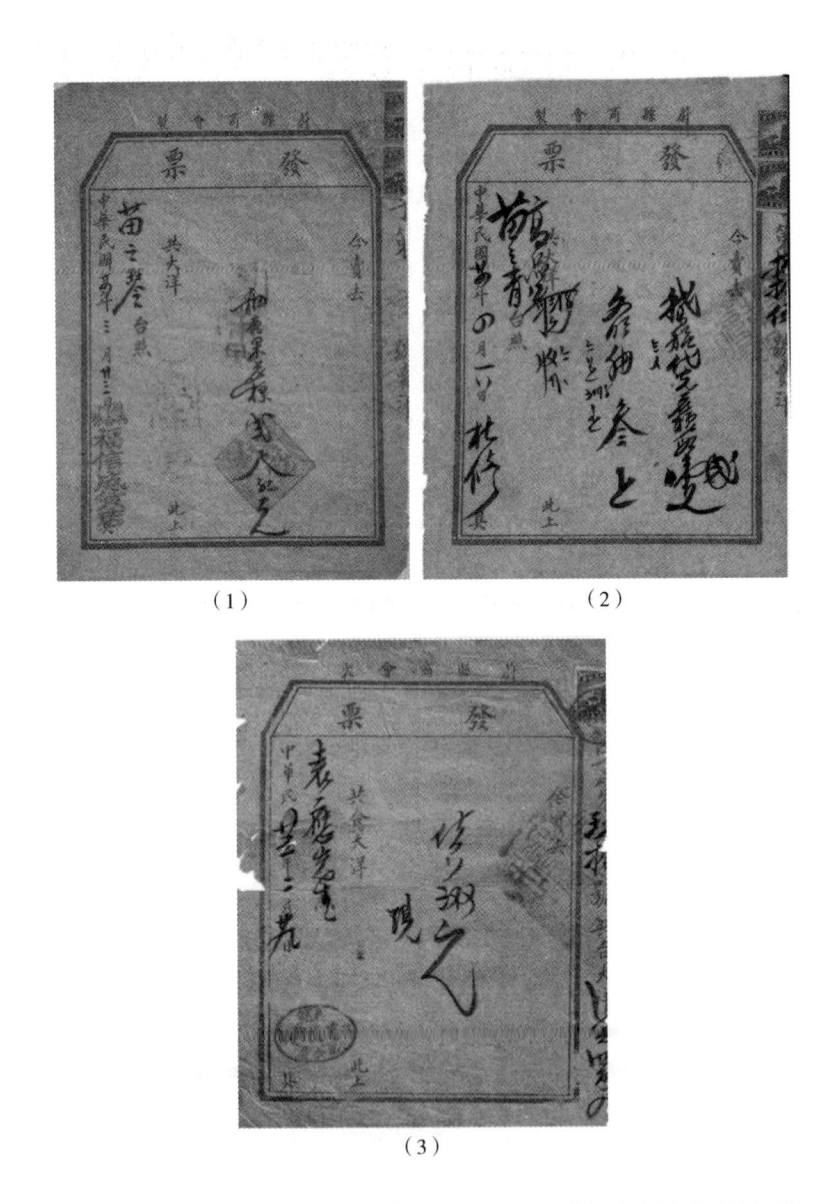

图 0-14 民国二十二年至二十四年（1933—1935 年）蔚县商会规制发票

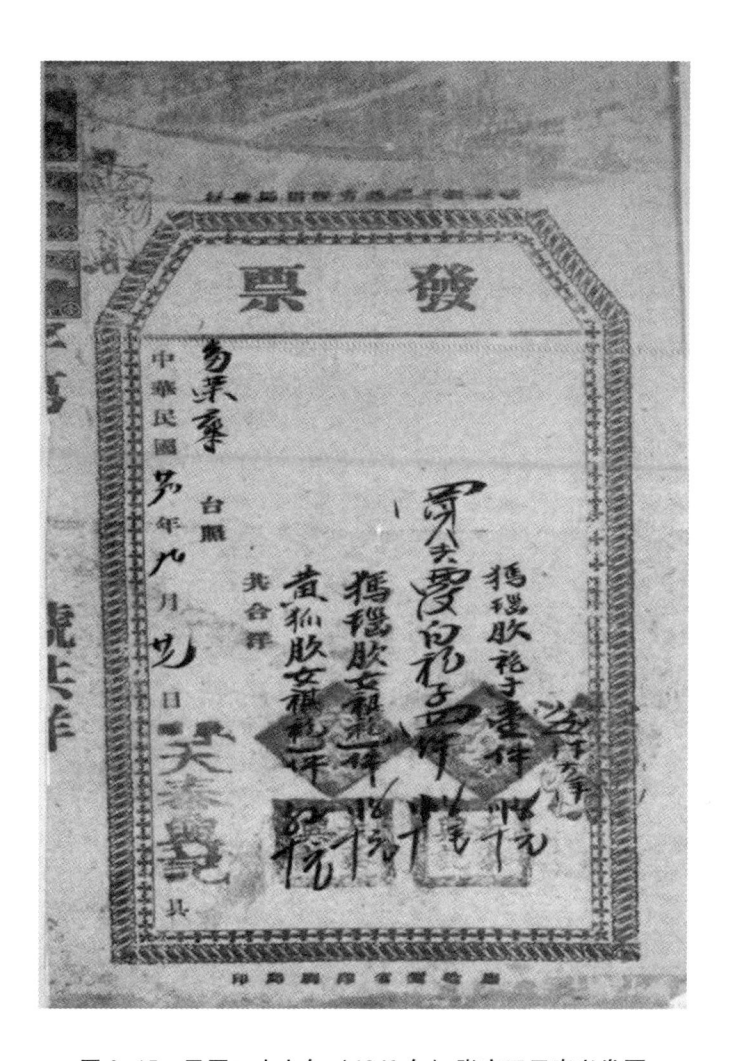

图 0-15　民国二十九年（1940 年）张家口天泰兴发票

第一章 冀商商帮的形成与概况

清末民初以降，对河北域内商业活动发展最为明显的影响因素是铁路公路纷纷开始进行修建。与直隶直接有关的铁路有光绪十九年（1893年）开通的津渝铁路、光绪二十三年（1897年）开通的津芦铁路、光绪三十二年（1906年）开通的京汉铁路、光绪三十三年（1907年）开通的正太铁路、宣统元年（1909年）开通的京张铁路和宣统三年（1911年）开通的津浦铁路等。在铁路公路出现以前，河北地区的商品流通以内河航运及驿路运输为主，而铁路的渐次开通，使域内外交通条件得到了显著改善。随着交通运输条件的进步，河北地区一批近代城市也随之形成，商贸活动空前繁盛。而正是在这民族资本主义工商业兴起和发展的潮流中，冀商也空前活跃于国内商界的历史舞台，大河南北、塞外江南到处可见他们的足迹，他们积极从事着商业贸易活动，开发东北、沟通蒙俄、惠济京津、物流天下，为我国民族工商业发展做出了相当重要的贡献。

第一节 冀商商帮的形成

在河北境内，原本就是商贸繁荣的地方，如天津，自古以来"九河下梢"的地理位置、良好的港湾，使其可尽享河海航运之便，一直是华北地区特别是直隶的贸易中心，也是最早演变为近代商埠的城市之一。保定处于京畿重地，是北京的南大门，丰厚的文化底蕴兼有丰富的矿藏和农副产品，继续保持着商贾辐辏的商贸优势。张家口在对俄、对外蒙古地区贸易中依然占据着重要地位。其他新兴城市如唐山，凭借优越的地理条件和丰富的自然资源强势崛起。此外，秦皇岛、石家庄、邯郸等也都逐渐成为商业繁荣的地区性贸易中心。

城市中除了传统的市集，还出现了新式的大中型百货商店，如保定的"保阳第一楼""天华市场"，唐山的"大千世界"，天津的河北省立国货第一商场等。城市商业得到发展，各县域市集也持续活跃，尤其是专业市集增多，如著名的安国药材市场，还有高阳布匹市场、辛集皮毛市场、石家庄棉花市场、张北马桥牲畜市场等。据统计，1930年河北省内商业包含杂货业、粮食业、油业、布匹业等53个行业，店铺66465家，分布在各县城和乡镇。同时，商业组织逐渐增多，1930年除省商会外，全省有89个县建立了新式商会，还有39个县建立了各种行业工会共计206个。[1] 一些较大的商贸中心都形成了按籍贯组织起来的帮会。

而伴随着国内商业的活跃，当时的冀商逐渐形成了"老呔帮""张库帮""冀州帮""武安帮""冀中帮"等具代表性的全国知名商帮，涌现出众多优秀商人、实业家，发展了以商业资本、金融资本和工业资本为基本形式的民族企业，创造了众多知名老字号，并几乎垄断了全国的药业和皮毛业，其贡献之巨大、成就之辉煌，与晋商、徽商、浙商相比毫不逊色，同样是中国近现代工商业的中流砥柱。

"老呔帮"主要以冀东唐山乐亭县籍的商人为主，"老呔"一名，是东北人对在当地经商的河北商人的称呼。前文提到，乐亭人经商的历史由来已久，到清初，因为地理位置的关系，乐亭人开始"闯关东"，规模在清末民初达到鼎盛，据不完全统计，从光绪年间到1931年"九一八"事变前，他们先后在东北、华北、华东开设的商铺和加工制造等企业达1000余家，主店之外一般还设有分号，少则几处，多则百余处，保守估计拥有资金近3亿银元，年创利润5000余万银元，每年向家乡汇款达2000万银元。[2] 他们称雄东北商界，仅在东北

---

[1] 河北省实业厅视察处编：《河北省工商统计·商业》，德泰中外印字馆1931年版，第1—3、13—15页。

[2] 葛辛垦：《昔日东亭人经商发迹的历史》，载河北省政协文史资料委员会编《河北文史集粹·工商卷》，河北人民出版社1991年版，第248页。

经商、习商人数就达 10 万之众，兴办了东三省规模最大的大车店、最大的商场，甚至奠立了中国金融业的雏形，在黑土地上演绎着"无商不乐亭"的传奇。

"张库帮"大多活跃于张家口至库伦（今蒙古国首都乌兰巴托）的国际商贸之路，也就是所谓"张库大道"上，这条古商道因清顺治元年修筑大境门对蒙贸易开放而走向繁荣。严格来说，"张库帮"在当时其实是个统称或者说泛称，其人员构成复杂多元而且差异很大，其中有被清廷御赐的皇商"山西帮"，有满族旗人主掌的"京帮"，有集资合伙的束鹿、深州、饶阳、南宫等地商人组成的"直隶帮"，还有小本经营的蔚县、阳原、怀安、万全、涿鹿等"本地帮"。这大大小小的商帮最终集结于东口，载运商品走向草原腹地，直抵库伦、恰克图，甚至更远的欧洲地区。虽然"直隶帮"和"本地帮"较晋商资本并不雄厚，但从业人数却众，他们积极抱团，每次出发必是成帮结伙，平安抵达目的地后再各自分开经营。据说仅在"张库大道"上经营的河北商户，清初有 80 家，道光年间达 260 家，同治年增至 1027 家；到了民国初年，仅大境门外的店铺就有 1500 多家，最高贸易额达 1.5 亿两白银。

"冀州帮"，冀州除冀县外，自清朝以来还包括新河、南宫、枣强、武邑、衡水五县。冀州一带人多地少，很早就形成了经商的传统，民国《河北通志稿》说："河北诸县，惟冀人为善经商，通计中国土地之广，无一处无冀人坐贾其间。"[①] 清朝中晚期，由于地域的关系，冀州帮已经广布天下，"其人类能远出求富于他郡邑，自京师、行省、北至塞上，富商巨贾往往多冀衡之民"[②]；"在外营商者颇多，近者京津保，远者江苏、奉天、库伦，几于全国二十二行省，无一处无冀人之行踪"[③]；并且山西、河南、山东等地无处不有其足迹。1942 年，冀县 26.4323 万人口中有 4.0289 万人在外地谋生，约占居

[①] 王树枏：民国《河北通志稿》，河北省地方志办公室整理点校，燕山出版社 1993 年版，第 1722 页。
[②] 冀县地方志编纂委员会编：《冀县志》，中国科学技术出版社 1993 年版，第 285 页。
[③] 马维周：《冀县新乡土教科书》，民国十二年抄本，第 2 册，第 4 页 a。

民总数的1/6。① 可以说，冀州商人遍及全国各地，但主要还是集中在北京、天津和保定，并发祥了文墨飘香的北京琉璃厂。

"武安帮"，史志里关于武安商帮的最早记载，见于明嘉靖年间编纂的《彰德府志》，称"武安最多商贾，厢坊村虚罔不居货"。据民国《武安县志》记载，"迨光绪季年，火车告成，交通便利，关外贸易近若门庭。继入民国，益形发达。……各家所经理之业务，风起云涌，盛极一时，大小营业约千数百家，贸易人数约二万有余，其独立经营蔚成巨业者，所在多有"②。民国二十四年，武安在外经商的多达1950余家，从业人员2.5万人，再加上在本县经商的370家，总计2320家。鼎盛时期的武安商家，所设商号遍布于全国18个省，遍及关东、冀晋豫、热察绥、山陕甘和苏浙皖诸地域，其影响力在中国传统商业发展史上不容小觑。

除这四个商帮之外，冀商的著名商帮还有"冀中帮"，其以保定商家为主，他们依靠河北境内众多的名优特产，专营保定酱菜、高阳棉布、安平罗网、顺平肠衣等，将这些优质商品运销全国各地；还有以药都安国药材经营为代表的药商，支撑了全国80%左右的药业；再有束鹿皮毛商，明清以来束鹿（今河北辛集）人贸迁有道，因此与晋商并称，"钻天的束鹿，遍地的老西"的俗谚当可视作对他们勇于开拓商品市场、商业活动区域广阔的赞叹，清代以来的束鹿，承载着全国90%的皮毛业，此外他们还在长江沿岸从事酿酒业，首创用玻璃瓶装酒以方便保存和携带，所酿造的"汉汾酒"还曾荣获巴拿马国际博览会金奖。

我们所熟知的很多传统老字号也都是冀商所创建，如沧州丁德山三兄弟创建的"东来顺"，冀州杨德山创建的"全聚德"，天津三绝"狗不理包子""耳朵眼炸糕""十八街麻花"，其始创者高贵友、刘万春、范桂林都是河北人；还有武清人赵廷创办的"内联升"，冀州

---

① 冀县地方志编纂委员会编：《冀县志》，中国科学技术出版社1993年版，第682页。
② 民国《武安县志》卷10《实业志》，《中国地方志集成·河北府县志辑》，上海书店出版社2006年影印本，第64册，第286页。

傅秀山研制的"金鸡鞋油",定州马应龙研制的"马应龙眼药",献县孙玉琦开办的天津"利生体育用品"等。

总之,顺应近代民族资本主义工商业兴起和发展的潮流,冀商空前活跃于历史舞台,他们以不能"任中国商业落于洋商之后"为己任,凭借自身的辛勤努力和卓越的商业智慧,为近代民族资本主义工商业发展做出了不可磨灭的贡献。而他们的商业经营实践活动,不仅在史志文献上、口耳相传间留下了宝贵的记载,同时,一些弥足珍贵的老发票也代代相承保存至今,通过这些史志和实物资料,本书将力图管窥百年冀商发展中所形成的独特商业经营之道和经营管理理念。

第二节　冀商的经营概况

经营所首要考虑解决的问题是选择经营地点和经营范围。对于经营地点,如前述所提及,冀商中最具代表性的老呔帮开发东北、张库帮沟通蒙俄、冀州帮惠济京津、武安帮物流天下,当然同样不能忽略冀中帮、安国帮、束鹿帮以及各县域零散商人在各地间的互通有无。总体来看,冀商的经营对于地点选择可以分成两类,一类是为了追逐更高的利润,通常去往水陆通衢、货物辐辏的都会市镇;另一类则是若所居本县乡正是或临近商品出产地(或集散地),虽不一定是通都大邑,但考虑到地利、人和以及资源优势,便避开远徙之劳,主要在本地经营。当然,两种选择并不是截然分开的,商人们会进行理性的分析思考,综合各方面因素以做出最适宜的决策。在商业经营中,自古以来就有所谓"货殖者,必因天时,乘地利,务转毂与时逐,毋系一隅"[1]的说法,冀商也多以此为理论指引,在经营中因时、因势而动,并不一味株守,灵活地选择更适宜的经营地点。而在经营内容的选择上,冀商们通常会根据社会经济的需要,相机而抉择。

---

[1] (明)汪道昆:《太函集》卷51《明故太学生潘次君暨配王氏合葬墓志铭》,黄山书社2004年点校本,第1084页。

一　老呔帮的经营概况

乐亭商人的经营布局总体来看是依托东北辐射华北和全国，可以称得上是从民国初年到"九一八"事变前东北民族经济的顶梁柱。东三省90%的县市中大小城镇数以千计的商号，凡是人口稠密的地方，就有乐亭人开设的货栈店铺，哈尔滨、长春、沈阳等大城市更是呔商云集，涌现了刘新亭、孙秀三、武百祥、刘临阁、杨焕亭、杨扶青等一大批长袖善舞的商界领袖，创办了如长春"益发合"、哈尔滨"同记"、四平"义和"等著名民族企业。各地商会会长也多由乐亭人担任，如1907年吉林省第一届商会19位董事中9位便是乐亭籍商人。

老呔帮的崛起，应该说是伴随着清末京沈铁路的开通。建立长春"益发合"的"京东刘家"，是开创呔帮传奇最早的家族，曾任民国大总统的黎元洪亲笔为其写下"京东第一家"的匾额。在东北，乃至华北、华南地区都是刘家所创办的"发字号""合字号"的活动范围，规模最大的"益发合钱庄"鼎盛时多达27家，是唯一可与张作霖官办银号、银行抗衡的民办金融企业，后来由钱庄转型的"益发银行"分行也有17处之多。

刘家经商的第一代刘新亭，最初以务农为生，在种地的同时做些小本买卖，一如大多数农村家庭贴补家用的生计，把自家织的土布运到集市上贩卖，也会挑着货担走街串巷，卖些针头线脑的小物品。后来，他抓住东北"开荒"的机会，从事长途贩运，靠着头脑灵活且肯于吃苦，获利数百万吊。1892年，他在长春开了一家名为"益发合"的大车店。所谓大车，是在没有铁路和机动车的年代，多以马车作为货物运输工具，时人称为"大马车"或"大车"。大车是东三省最主要的运输工具，长春又地处交通要冲，每日数以千辆计的大车来往聚集，车店生意自然十分繁盛。而益发合大车店更具心思，不仅通过招待货车、提供良好的服务食宿来吸引客商，而且会主动开展代客购销的业务，待双方买卖成交以后，再行收取佣金，因此声誉日隆。不仅如此，每年秋后，益发合还会借运输条件之便囤积粮豆转售，从中赢取厚利。《长春文史资料》记载，"只要商人老客儿住在益发合，益发合就派人往外汇货（即代理客人向外推销货物）或代为购买，买卖成交之后，从中得到佣钱。到秋后也囤积粮食成批出售，因而也具有粮栈的性质"①。后来，为了适应多种经营的需要，大车店陆续附设有油坊、碾磨坊、粉坊和豆腐坊等手工作坊，并开设了粮米铺，零售油酒米面和其他杂货，逐渐进入稳步发展期。

　　益发合的壮大，离不开一个人的贡献——乐亭人孙大有。孙大有字秀三，他13岁髫龄时远离故土，只身一人到东北谋生计，因为勤奋刻苦、任劳任怨而深得掌柜的信任，因此很快就从益发合的"住地方"（指在商号住的低级人员）、"吃劳金"（指获得人力股的伙计），晋升为掌柜、总经理。当时，东北金融市场混乱，尤其1900年俄军入侵后，多种银、钱、钞票同时流通，十分复杂。为适应商品交易兑换货币方便的需要，很多大商号都开始自办钱庄。1904年，益发合大车店开办了益发钱庄，次年，年仅23岁的孙秀三被擢升为钱庄经理，益发合的业务就此扩展到了金融、期货领域。钱庄向交通银行学习办理汇兑，还从事买卖金票、钞票和大小洋的兑换等业务从中获利，同时开设金炉，收买沙金铸造元宝、金条运往上海出售，由于所铸金货成色纯、分量足，因此市场信誉非常好。这样，益发钱庄由以兑换为主要业务逐步转为汇兑和买卖钱钞为主要业务，成为益发合商号旗下最重要的盈利机构。1912—1917年益发合账面共盈利202万银元，其中钱庄就占了绝大部分。1926年，张作霖查抄东北各钱庄，益发钱庄也在被查抄之列，赖孙秀三多方运筹方免遭灾难，但此后，孙秀三便将益发钱庄改组为益发银行及分行，将过去以金融投机为主业改为以存贷和汇兑为主业，并将钱粮经营从益发银行分离，改由益发合商号经营。从此，益发银行的触角伸向长城内外东北、华北等地，几及大半个中国，同时，相继创办了益发货栈、益发合粮栈等，在关内24处设立分支机构27个。据载，1924—1926年益发合整体盈利123.75万银元，1927—1929年盈利171.5万银元，而从1918年到1929年

---

① 刘益旺：《长春益发合兴衰始末》，载政协吉林省长春市委员会文史资料研究委员会编《长春文史资料》（九），1984年印行，第13页。

12 年累计盈利 714.25 万银元。①

与此同时，益发合将发展目光转向实业，先后在长春、四平、青岛等地开设制油厂、制粉厂、织染厂等，还积极发展百货经营业务，多业并举。1932 年建立泰发合百货商场（新中国成立后为长春第一百货公司），是伪满时期长春地方营业面积最大、设备最齐全且由中国人自主开设经营的百货公司，因为地处闹市，颇占地利，与日商"三中井""宝山"两大百货公司呈鼎足之势，成为与日本百货业抗衡的中坚。泰发合百货商场主要是零售业务，还专门设有泰发栈从事批发业务。商场在东北各地、关内重镇，甚至日本名古屋、大阪等地都派驻人员挖掘货源，同时在泰发栈院内建设工厂，生产鞋、帽和成衣。泰发合在全盛时期，设有 15 个营业部，被称作"长春第一店"，还在哈尔滨建立了益发合百货店和东发合百货店。到 1931 年"九一八"事变时，益发合已经是融商业、工业、金融业为一体的大财团，形成了三业并举的新格局，发展进入鼎盛时期，各业相互补充，彼此促进，跨地域、跨行业经营，累积了相当雄厚的经济实力。1920—1931 年，盈利约 800 万银元，相当于 1920 年其自有资金的 59 倍，从业人员达 2000 多人（一说 3000 多人），居东北民族工商业之首。然而，随着日本统治东北时期经济掠夺政策的推进，民族企业只能艰难求生存，最终因为战争的影响而走向衰落。

除京东刘家之外，在长春商界，还有一位有代表性的民族企业家杨焕亭。他自幼因家庭困难，13 岁便闯关东做学徒，他踏实上进，出徒后很快转为柜员，攒下了本钱，和族兄合伙开了一家杂货店，因为信誉良好，颇有获利。当时的长春，已开辟为商埠，杨焕亭敏锐地觉察到商机，于是便来到长春，在当时的满洲铁路长春站前开设"日升栈"客栈。这片区域内，有中国和日本商人开办的旅店、饭店大小数十家之多。日升栈所在之处，是杨焕亭投重资选择的离火车站最近的黄金地段，主要提供住宿业务，此外也从事货物转运，就是代客户将

---

① 乐亭县《呔商之路》编写组编：《呔商之路》，中国社会科学出版社 2010 年版，第 86 页。

货物送到铁路沿线的哈尔滨、沈阳、大连、吉林等地。日升栈的服务非常周到，每当有列车到站，都会派店里伙计前去，将客人迎接到宾馆；如果客人离开时也要乘坐火车，店里伙计就还负责代买车票并将客人恭送上车。如此，客栈在杨焕亭的经营下迅速发展，只用了12年时间就在哈尔滨、沈阳、四平、营口等地开设了十多家分号，誉满东北，东北人称"凡有转乘的火车站，就有日升栈"。后来为了规范整顿客栈业，商人们成立了客栈组合会，杨焕亭出任第一任会长。1918年，他还联合一些中国商人组建了"殖业储款有限公司"，其宗旨"纯以借贷接济小本营生之商人"，性质类似为小型公司提供贷款的金融机构，可见其扶植本国商业发展的热忱之心。

随着近代民族资本主义兴起和发展的潮流，在东北最大的工商业城市哈尔滨的呔商中还涌现出一位优秀的民族工商业巨子——武百祥。19世纪二三十年代，东三省商界谈及乐亭帮，有"南孙北武"之说，"南孙"即孙秀三，而"北武"就是哈尔滨同记商场、大罗新的创办人武百祥。武百祥也是自孩提时代就踏上了闯关东的路程，最初他走街串巷摆地摊，白天在马路边摆上货物向路人兜售，晚上则挎着货筐赶往各大烟馆和剧院售卖香烟、水果、瓜子等小食品。最初，他与人合伙创办"仝记"，但经历赔本、被骗而最终拆伙。他没有气馁，终因为眼光锐利、抓住时机获取名牌怀表的代理权而赚得最初的资本，辛亥革命后，剪发盛行，皮帽畅销，他又深感机不可失，遂大量储备原料并聘请帮手日夜生产，不到一年时间就占领了整个东北的皮帽制作与经营市场。1907年，积累了一定资本后的武百祥，创立"同记"，之后，他凭借自身的辛勤努力和超卓的商业智慧，20年间使同记拥有同记商场、大罗新寰球百货等7处营业地，上海、大阪等6处驻庄，店员、工人2000多名，总资本近200万两上海规银，年创利润达上海规银32万多两（合银元42万左右），超过了当时的外商洋行；他还创办同记工厂，生产服装、皮革及各种日常用品、食品，发展成为一家多种产品的综合性生产企业。使"同记"成为哈尔滨乃至东北地区最著名、规模最大的商业企业之一。

呔商多业并举，在商业、工业、金融业领域都长袖善舞，这里更不能不提另一位著名的爱国企业家杨扶青。作为留日学生的优秀代表，杨扶青思想进步，他认为中国贫弱的原因之一是"实业不振"，于是力图振兴实业救国。1920年他回国后，集资与学友张子纶在昌黎创办了罐头食品公司——新中罐头公司。选择昌黎县这个历史上有名的靠山临海的花果鱼虾之乡，是因为这里原材料丰富，加上地处京奉铁路线，且位于关内外咽喉要道，交通发达，西连津京、东达东北三省，便于打通产品的销路。为了和日本在青岛开设的罐头企业抗衡，公司进口德国、日本先进的机器设备，生产的罐头品种非常丰富，水果、蔬菜、肉类、水产无所不包，同时生产饼干、糖果等。每年产量高达几十万罐，除一小部分在天津和本地销售外，大部分远销东北三省。[①] 为了行销方便，公司在天津、沈阳、长春、哈尔滨均设有分庄，派人常驻，处理批销业务。1926年又增资扩建、提高产能，不仅满足了东三省的需求，还打开了国际市场，远销西伯利亚地区。新中罐头公司后来还兼营汽车运输业务，兴办昌明电厂、德昌煤厂。完全可以说，新中罐头公司是民族工业的先驱之一。1931年"九一八"事变后，日本经济势力向关内渗透，新中罐头公司难以维持，为了不被日本势力侵占利用，杨扶青毅然停业并拆除全部机器运往北平。1936年，他接办了熊希龄在北平开办的机器厂。"七七"事变后他又只身南下发展新的实业以支持抗战，1938年在桂林成立中华营造厂有限公司。如是种种，我们看到的不仅是冀商积极奋进的风采，更看到了他们拳拳的爱国之心。

二　张库帮的经营概况

前文曾述及，在被称为"北方丝绸之路"的张库大道上，中国商人和英、美、法、德、荷兰、俄罗斯等十几个国家通商贸易，1918年一年贸易额即达1.5亿两白银。当年"张库帮"中的直隶帮，因为资本相对不丰厚，主要是往蒙古运销烟酒茶糖，以及蒙靴、小量的茶砖、褡裢布、烟袋杆等生活用品，还有一些所谓的"细货"，如珊瑚、

[①] 董宝瑞：《杨扶青与新中罐头公司》，载河北省政协文史资料委员会编《河北文史集粹·工商卷》，河北人民出版社1991年版，第215页。

玉器等。资本雄厚些的冀商则用从内地购来的绸缎、米面、茶叶、瓷器、马鞍、铜铁器具等，到蒙古草原交换回马、牛、驼、羊、皮张和贵重药材鹿茸、麝香等。到了目的地，通常都是搭起帐篷等着蒙古人来交换货物，一般都是以货易货，据说一包烟能换一只羊，一块砖茶能换一头四岁的牛，一双蒙靴能换一匹马……利润可达数倍。对俄罗斯的贸易，则一般是用茶叶、生烟等物从俄国商人那里换回羽纱、毛毡、天鹅绒等特产。中国内地的商品在外蒙古地区、俄罗斯、东欧市场都很受人们欢迎，而商人们从这些地区带回的商品，在东口又可进行商品互换和交易。口商们除将这些地区的商品运往内地各省外，张家口当地的口皮、口蘑、口碱及蔚县的煤炭、药材、小米等也通过骡帮、马帮、骆驼帮越过古道走向冀中平原，走向京、津、沪、粤等地。

民国四年（1915年）陆世荄调查北京、张家口输往库伦和俄国的商品中[①]，砖茶及红茶为大宗，除茶叶自张家口、归化采购，其余绸缎、斜纹布、油酒、米面及杂货皆贩自北京和张家口，其数量见表1-1。

表1-1

商品名称	采购来源	销售地区及比例	全年销量	总价值（两）
绸缎	北京、张家口	外蒙古七成，俄国三成	6.5万千匹	20万
粗洋（布）	北京、张家口	外蒙古六成，俄国四成	30万匹	7.5万千
斜纹（布）	北京、张家口	外蒙古七成，俄国三成	30万匹	4.5万千
油酒糖味	北京、张家口	外蒙古六成，俄国四成	5万件	4万
米面	北京、张家口	外蒙古	1万件	10万
京广杂货	北京、张家口	外蒙古	2.5万件	24万

三　冀州帮的经营概况

冀州商人从事的商业活动比较广泛，介入日渐激烈的商业竞争领域时，眼光敏锐头脑灵活，特别注重选择避开大商帮通常把持的领

---

① 陆世荄：《库伦商业报告书》，载《中国银行业务会计通讯簿》1915年第11期，第13—14页。

域，而最终把目光锁定在棉布棉花、旧书、五金及其他民生物资行业上，以满足人们日常消费和生产、生活需要为主要方向。如旅居保定的冀州商人主要从事布线业、五金业、茶酒杂货等；旅居天津的主要从事银钱业、纸书业、五金业、玻璃、瓷器、皮货等；旅居北京的冀州商人经营的业务主要是布业、书业、五金业、木器、皮货等。

棉产品是冀州商人的主要贸易商品，原因是冀中平原土地肥沃，棉花种植区域非常广泛，质量产量都很高，冀州、枣强、南宫等五县均为当时河北重要产棉区，同时冀州地区织布技术比较先进，在这样的条件背景下，冀州商人便把握商机，看准布线是百姓生活必不可少的物品，遂形成了以经营棉纱布匹为中心的经营格局。不仅在本地，他们也在其他重要棉花产地开设工厂，比如高阳地区，据1933年的调查显示，当地布商数量在20家以上，主要来源就是保定、冀州等地，冀州商人到这里租地设厂，先后建立了八家布线商号，称天庆丰、天庆丰仁记、天庆福、天庆全、天庆德、天庆恒、天庆合、庆顺合等，当时人们称之为高阳"八大天"[1]，几家商号拥有20多万银元的运作资金，具有相当大的规模。[2] 为了保证销路，冀州商人还在直隶省府保定开办布线庄，利用高阳的原材料，频繁往来保定售卖棉纱布匹，并与来自五个邻县（南宫、枣强、新河、宁晋、束鹿）的商人共同建立冀州会馆，在保定建立起了独具专业特色的布线业市场，形成了布线业产销一体的格局，促进了保定近代商业的发展。

在津的冀州商人多倾向于从事银钱业，天津作为通商口岸开放后，冀州商人反应非常迅速，在天津建立起众多钱庄，20世纪30年代早期，他们在当地与广东帮、宁波帮和山西帮并称，在业内形成了较强的影响力，占有一定的市场份额。

在京的冀州商人则主要活跃于琉璃厂，经营古旧书业。北京琉璃厂书肆，"乾嘉以来，多系江西人经营……代江西帮而继起者，多河北南宫、冀州等处人，彼此引荐子侄，由乡间入城谋生。偶有他县人

---

[1] 张学军：《直隶商会与直隶社会变迁》，西南交通大学出版社2002年版，第208页。
[2] 《高阳织布业简史》，载政协河北省委员会文史资料研究委员会编《河北文史资料》第十九辑，河北文史书店1987年发行，第49页。

插足其间，不若南宫、冀州人之多；若外省人，则更寥寥无几矣"①。据统计，当年琉璃厂共有书肆300余家，而属于冀商开办的就有200家之多，这其中，由冀州商人开办的111家。②截止到1956年，琉璃厂最大的三家书店来熏阁、荣宝斋、中华书局，以及松筠阁、邃雅斋、韩文斋等一直保持到20世纪80年代的老字号，都是由河北商人在经营。古籍版本学家郭纪森曾说，是冀州商人奠定了琉璃厂的基础，河北人打造了北京的琉璃厂。③

四 武安帮的经营概况

武安商人做生意，从满足市场需要和发挥自身优势两个角度出发来选择经营项目，他们多倾向于中药和绸布两大行业，故有"南绸北药"之称，其中最以药商为巨擘。清末以降，他们以一县之地独立为帮，与晋商、徽商、苏商等比肩而立。在绸布行业，武安商人行销绸布，开绸缎庄，范围从河南、安徽一直到苏州、杭州、上海，其他如山西、陕西、甘肃、内蒙古、山东等地也都有武安布商的足迹。武安商帮的绸缎庄采取的运营方式，多是从苏、杭、沪、京、津等商业发达城市的绸缎行或厂家进货，再转运到河南、安徽等地进行出售。从他们所选择的进货地点，以及选择从事绸布业而非常见的棉布业可知，其定位明显是在高端市场。明清以降，丝织业最发达的地方在江南，因此中原地区稍有家财的人户进行婚丧嫁娶时所使用的丝织品，都愿意购买江南所产，故而有着畅旺的市场需求，也相对比较稳定。武安商人及时看准市场的潜力，一方面布局销售地设立店铺，一方面广开货源贩卖转运，如在开封，有贾三合、四大德（德庆恒、德庆成、德庆兴、德茂恒）等商号；在太原，创办当地最早最著名的宏顺德绸缎庄；在苏州，今天仍保存有他们当年修建的武安会馆。

武安商行销中药的范围，从河北、河南、安徽、内蒙古、青海、宁夏，一直到东三省中俄边界，以在东北的发展最为兴盛。民国《武

---

① 孙殿起：《琉璃厂小志》，北京古籍出版社2000年版，第16页。
② 河北省地方志编纂委员会编：《河北省志·出版志》，河北人民出版社1996年版，第360—373页。
③ 武岩生：《河北人发祥了琉璃厂》，《燕赵都市报》2006年5月22日第8版。

安县志》说:"乾隆中,民殷国富,到处升平,内地商业已成供过于求之疲弱现象,遂有聪明人士,思向关外发展,以浚利源。"① 武安商人在关外的药材生意源于龙泉村武氏五兄弟,他们最初利用药市祁州(今安国)药材资源的优势,以独轮小车往返于武安和祁州之间,但收入微薄,很难养家糊口,随着清末东北建省、民初修通铁路,内地往关东大规模移民,但很多相对落后地区人口突然增长却缺医少药,因此内地药材为东北急需,而一些地道的东北药材如虎骨、人参、鹿茸等质量优于内地价格却低廉,武氏兄弟眼光独到,抓住时机决定去关外开拓市场,他们来往于武安、祁州、沈阳之间,将祁州内地药材带去,并将东北特产的"关药"转贩内地,如此往来,获利逐渐丰厚。很快,他们就不再满足于仅仅做行商获取生药购销的差价利润,而是在沈阳设店经营,直接进行药材的加工和药品的制造,建立"临泰"药号,这便是武安商人在关东经营药材贸易的起点。

随后,武安商人大批涌入东北市场,逐渐形成药铺遍东北的局面,当时有俗语说:"凡是冒烟的地方,都有武安人在卖药"(另一种版本是"凡是有麻雀的地方,都有武安人在卖药"),可见其繁盛。武安人的药店大体是前店后厂的布局,前为售药门店,后为制药作坊,药店采购生药原料后,自行加工制作出售,以获取更为丰厚的利润。民国《武安县志》载,1930年左右,号称"关东帮"的武安药材商人两万有余,活跃于白山黑水之间,仅武氏家族以"临泰"为起点,渐次开设的"德泰恒"(哈尔滨)、"德泰兴"(沈阳)、"恒泰德"(阿城)、"德泰祥"(公主岭)、"德泰顺"(郑家屯)等几十个响当当的药号,就兴盛了半个多世纪。武安商人千余家店铺几乎垄断了东北药材市场,故而被戏称为"药鬼子"。② 同时,还有一些武安商看准西北市场,进入甘肃、宁夏、青海、内蒙古一带经营。早年如伯延房氏于乾隆年间在银川投资商号"德泰永",成为武安商人在宁夏开设的首家商号。

---

① 民国《武安县志》卷10《实业志》,《中国地方志集成·河北府县志辑》,上海书店出版社2006年影印本,第64册,第285页。
② 王思达:《武安商帮:一县之地独为帮》,《河北日报》2017年9月7日第11版。

五　束鹿帮的经营概况

束鹿商人经营最成功的应属皮毛业。辛集皮毛业历史悠久，早在明代以前就有新疆的皮毛商远来本地进行市易，到清朝中叶，辛集已成为著名的皮毛集散中心。从1880年到1937年"七七"事变前其发展达到鼎盛，本地专营皮毛转运批发业务的皮庄、皮店有123家，从事皮毛制革业者11640人，占辛集镇工商业人口的2/3，连同周围村庄的副业性经营，总户数达1500多户，从事皮毛制革业的人员达四五万人。①当时，辛集皮毛成交额约占全国的70%，故有"辛集皮毛名天下"之称。②辛集皮毛商在经营中获得了不菲的利润，皮毛资本获得了高度发展，他们开办的"全聚皮庄""袁记皮庄""聚泰皮庄"等商号拥有的店员都在千人以上，经营资本数十万甚至百万元以上，在全国各大城市都有很大影响。

在皮毛业获利后，他们还涉足棉花行业，不仅在辛集本地收购棉花，还在近邻晋州、深泽、藁城等地设点收购，然后通过河道运往天津、转口日本。当时设在天津的"源记棉站""全聚棉站""大同棉站"的东家均为辛集的皮毛商。此外，辛集商人还从事酿酒业，于清道光年间就开始在武汉三镇酿造白酒，1912年在汉开办酒店达四五十家，最盛时有一万多人从事烧酒酿造和经营酒店。他们还成立了"北直公会"作为辛集酒业在汉行会组织，并在长江沿岸安庆、九江、芜湖、上海等地设了大批分号，长江两岸辛集商人的酒馆密集，故有"束鹿酒业半条江"之称。

六　安国帮的经营概况

祁州（即河北安国）药业发端于宋代，至明永乐年间，本地所制造的丸、散、膏、丹等成药已行销国内各地，至清雍正年间，祁州已成为南北药材交易、关东特产药品与西北药材拆兑的总汇市场，成为长江以北最大的药材集散地。清末民初是安国商人发展的鼎盛时期，药市内驻有"十三帮"及本地药材经营商家等坐商及行商4480余家，

---

① 《辛集皮毛志》编委会编：《辛集皮毛志》，中国书籍出版社1996年版，第12页。
② 青野：《辛集皮毛名天下》，载河北省政协文史资料委员会编《河北文史集粹·经济卷》，河北人民出版社1991年版，第101页。

药材成交额在 2000 万元左右。① 著名的北京同仁堂，其原料药材也主要来自祁州药市。抗日战争爆发后，大部分安国药商包括许多经营多年的老字号都迁往天津，天津针市街、估衣街、西关弯子、河北关上、北门里等一带的药材店铺多为其所经营，"祁州药市街"因此而得名。安国药商促进了天津中药业空前繁荣，也极大地推动了国药的出口贸易，"通泰兴""华记黄芪庄""崔少康黄芪庄""太记黄芪庄"等著名字号加工的产品，直销香港、东南亚，远至西欧，在海外都享有很高声誉。② 直到今天，安国依然在全国中医药市场占据着重要地位。

当然，这些相对比较聚集的商帮之外，更有很多冀商遍布天下、贸通有无，他们一样推动着民族经济的发展，活跃着传统市场。

图 1-1 至图 1-3 这三张票据中收货方同为复义兴宝号，是开设在山西台邑（今山西五台县）的一家著名商号，其商品在山西省内外流通广泛、颇有声誉。

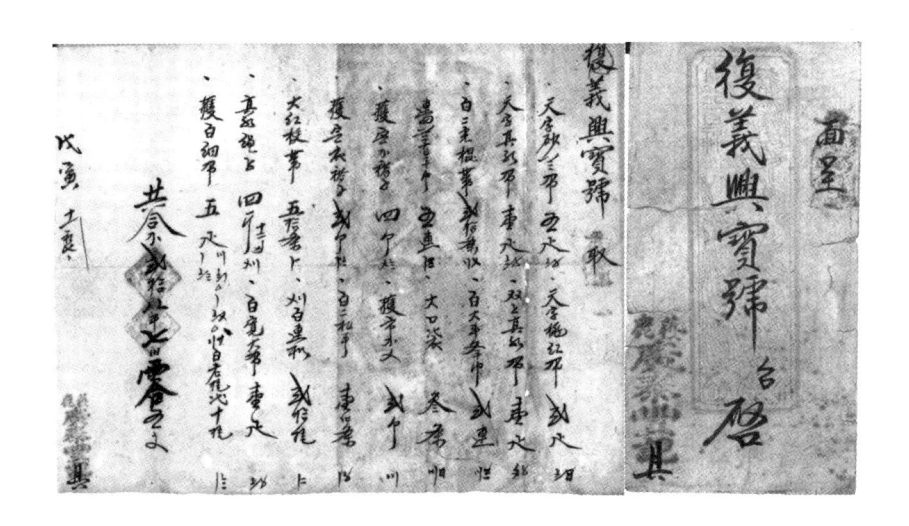

图 1-1　戊寅年（光绪四年，1878 年）获鹿广泰丰记书契式发票及信札

---

① 安国市地方志编纂委员会编：《安国县志》第七编《药业》，方志出版社 1996 年版，第 325 页。

② 安国市地方志编纂委员会编：《安国县志》第七编《药业》，方志出版社 1996 年版，第 360 页。

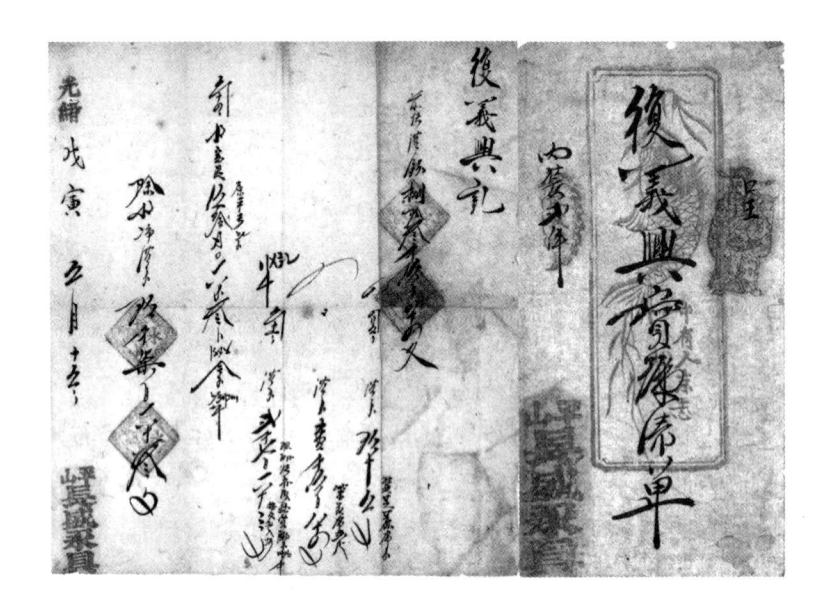

图 1-2　戊寅年（光绪四年，1878 年）平山长盛永书契式发票及信札

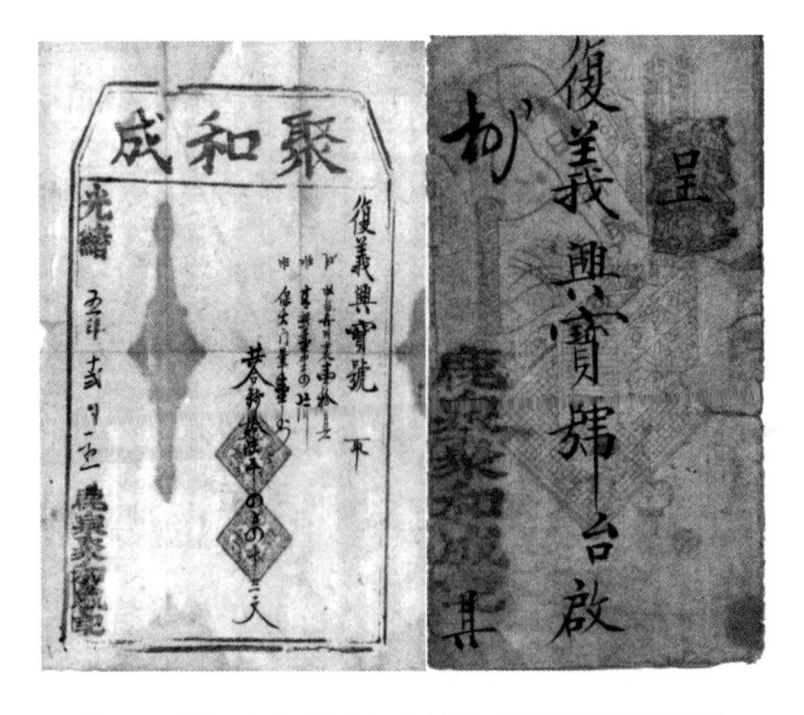

图 1-3　光绪五年（1879 年）鹿泉聚和成记雕版式发票及信札

图 1-1 中的发票载明获鹿"广泰丰"商号所发售"天字砂蓝布、获定衣褡子、获白细布"等商品信息，这些商品主要是河北获鹿当地所产各类布匹。图 1-2 中的发票为平山"长盛永"商号发往复义兴的货品。均系书契式。图 1-3 中的发票便是雕版式发票，票眉标有"聚和成"商号名称，中间填写货品名称及数量，最后标明货款总价"共合钞十六千四百四十三文"。三张发票的书写规律相仿，都是右侧注明"复义兴（宝号）"字样；中间明确货品名称及数量，最后标明货款总价，在价格上落有本商号押数章，并在左下盖商号尾章，尤其是第三张（图 1-3）雕版式发票，票面左侧最下方更明确印有蓝色"发票"字样。三张发票均放置在右侧信札之内，通常随货物同行，由收货人当面开启。封面均印刷有精美图案，取"仁义""聚财""有余"等寓意，右上方"呈"或"面呈"字样下均有花章，尤以财神爷印章瞩目，既是商家的广告宣传行为，又是经商求财美好祝愿之意。

时谚说"一京二卫三通州，比不上获鹿的旱码头"，获鹿、平山是山陕地区与华北地区商品集散的交通要地，山陕丰厚的物产停卸此地换取粮食、布匹等物资，华北的农产品、药材以及从京杭运河运来的茶叶、绸缎等又从这里运往山陕等地。这三张票据在一定程度上体现了当时河北与山西商业交往的频繁，印证了冀中地区在历史发展中的重要商贸作用。

图 1-4 为光绪二十二年保定文和裕商号与天津货物往来账本中的一张账页，从内容可看出，当年运往天津的主要货物是冀中一带盛产的各种粗细布匹、日杂土产、茶叶等。佐证着冀中商惠济京津的史志文字记载。

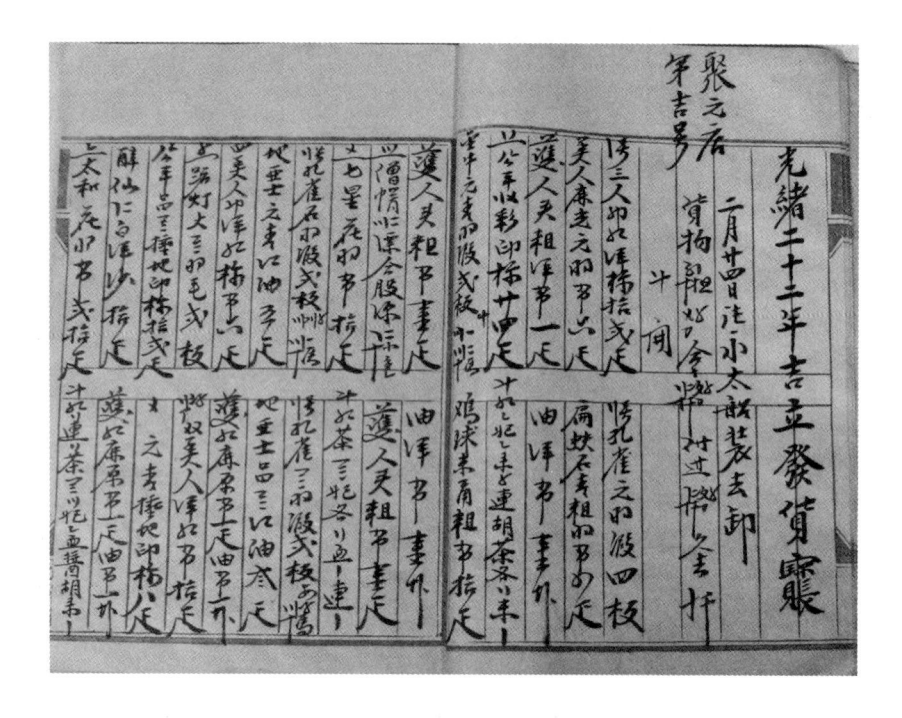

图 1-4 光绪二十二年（1896 年）保定文和裕与天津货物往来账

第二章　冀商经营的原则与策略

商业经营中最核心的问题，无疑是经营的原则与策略问题。被商界尊称为治生之祖的战国时代的白圭曾经说过："吾治生产，犹伊尹、吕尚之谋，孙吴用兵，商鞅行法是也。是故其智不足与权变，勇不足以决断，仁不能以取予，强不能有所守，虽欲学吾术，终不告之矣！"① 他的这段话，即从侧面强调了商业经营原则与策略的重要性。古今之理一也，尤其随着近代中国交通运输条件的改善，人口流动越发频繁，商品市场逐渐繁荣，外国资本和本国资本纷纷驰骋角逐在商场之上，竞争日益激烈，因此，货殖之道或丰或歉、或通或滞，其根本，就在于商人们是否能够恪守基本的经营原则，又是否能通时变、善抉择运用正确的经营策略。

第一节　冀商商业经营的原则

商业经营的基本原则是开展商业活动所要遵循的最根本准则。燕赵之地，自古即有慷慨悲歌之风，这里的人民在骨血中流淌的坚忍与勤劳、诚信与重义，也伴随着他们进入商业活动领域，从而终能在这个风云变幻的领域占得一席之地。

一　艰苦创业、克勤克俭

艰苦创业是商业经营取得成功的基础。如呔商武百祥，他自孩提时代就闯关东当学徒，按店铺规矩，三年内的学徒不许进栏柜，从早

---

① 《史记》卷 129《货殖列传》，中华书局 1997 年点校本，第 824 页。

到晚就只能是干杂活、装烟倒茶、扫地、倒屎倒尿,每晚掌灯后还要看穿堂门。武百祥在他的《五十年自述》中回忆道:"过堂风格外凉,墙角下忽然转过一阵冷风,不自觉地打个寒噤,接着紧一紧衣领,缩一缩脖,挣扎着忍耐下去,直到散柜。睡到后半夜醒来,摸一摸腿,仍是冰凉,才知道腿脚冻僵了,竟至朦睡过去了,到现在,每到冬天,我的脚还得冻。"他也曾走街串巷,摆地摊、蹲火房,什么苦累活计都做过,"除了遭罪受苦外,什么也没得着,只落得垂头丧气难见人"①。但他却从未退缩,白天在路边向人兜售商品,晚上则奔往各大烟馆剧院卖小零食,后来与人合办"仝记",经历了赔本、被骗、拆伙的过程,但依然不气馁,经过十数年的艰苦努力,终于获得经营事业的成功。

呔商刘临阁,自幼家贫,因生活所迫15岁随亲戚闯关东在长春学买卖,他品德淳厚,做事情肯于吃苦,因此受到掌柜的赏识,便安排他到账房当贴写(旧时商号指账房的小工,一般由学徒担任),让老会计教他认字、写字。他很珍惜来之不易的机会,于是一面刻苦学习经商技能,一面发奋读书积累文化知识,他对别人回忆那段经历时说:"日下忙生意,灯下习文化,鸡鸣入睡",几年以后,他不仅熟练地掌握了珠算技能,而且文化水平得到了很大提升,被任命当了账房先生,不到20岁就在商号里攒得了股份。

张家口商杨兆德,从十五六岁时就开始奔波在张库大道上做旅蒙生意,因为资本有限,做的多是些小本买卖,当时称作"走碎销"或者"跑草地",其中的艰险困苦是在内地转贩的商人们难以体会的。商贩们从大境门出发,由张库大道辗转而往库伦,沿途要穿越杳无人踪的茫茫草原、跋涉荒无行迹的戈壁沙漠,路途上的艰辛,是不仅要面对漫长旅程中的自然风险、恶劣天气和疾病,还要防范随时可能会出现的土匪强盗,或者突然而来的大批狼群,所以"有的时候甚至有生命危险",每年死在跑草地路上的人不计其数。杨兆德就曾说:"去

---

① 武百祥:《五十年自述》,载政协黑龙江省委员会文史资料委员会编《黑龙江文史资料》第二十六辑,黑龙江人民出版社1989年版,第3页。

库伦，一年里最多只能走两趟，如果到恰克图，一年也就走一趟，大部分时间都在路上。"① 那时跑草地的商贩们，每年秋季开始由东口出发，最早直到冬季临年根才能回来，然而即便如此，他依然坚韧不拔，活跃于这条艰辛致富之路。

冀州著名实业家史东初，早年家境贫寒，因家乡发生水灾便跟随父亲去往天津谋生，父亲靠卖苦力维持生存，而他年纪虽小，也竭尽全力帮助父亲分担，平时既要帮助父亲干活，每天清早还主动把住处周围商铺的门口都打扫干净。时间一久，附近商铺"成兴东洋来"货栈的经理就注意到了这个少年，非常赏识他的勤快和吃苦耐劳，愿意让他到店里帮工，史东初就这样成为货栈的学徒。到货栈后，他做事谨慎、不辞劳苦，深得经理赞许，很快获得了跟随经理去日本学习的机会，并成为货栈的正式职员，不久又被任命为代理人留在日本。史东初在日本刻苦学习，短短几年时间，不仅学到了先进生产技术和企业管理方法，还熟悉了多种轻工业品的工艺，掌握了许多日用化工产品的配方。1909年，他在天津创立"中成搪瓷厂"，这是中国北方地区第一家国人独资经营的搪瓷厂，产品畅销全国。后来，他还开办"中昌香皂厂""志成印刷制罐厂""建华银号"，期盼民族工业兴盛的愿景溢于言表。

傅秀山是又一位冀州实业家代表，他是我们到现在还在使用的民族品牌"金鸡"鞋油的创始人。早年也是因家境贫寒，14岁时去往天津，凭借老乡引荐在毛巾厂当学徒。傅秀山为人憨厚踏实、勤奋好学，还略通文字，因此得到了掌柜的重用，让他负责往有合作关系的百货店送货，送货的工作看似简单，实则非常需要任劳任怨、心思缜密，而傅秀山工作细致，且不论风雨明晦，送货从不迟到，百货店的经理们都对他非常认可，由此，他不仅积累起商业经营的实践经验，同时也广交朋友、扩展人脉，如与后来促成创立"金鸡"鞋油的关键人物杨桐岗等人建立起了良好的关系。

---

① 《冀商百年辉煌商史》连载之《从"东口"跑草地》，《燕赵都市报》2006年6月1日，参见搜狐网，http://news.sohu.com/20060601/n243523492.shtml。

青县商人宁世福，道光年间出生在一个贫苦农民家庭，少时给财主家佃种，吃苦耐劳也不得温饱，于是便在农闲时谋些生计，他在村落间卖草帽辫子、转贩粮食，还倒卖过私盐。从这些经历中他敏锐地意识到，流通是实现商品交换的重要环节，因此，从事物流行业非常有获利潜力，于是，当有了些积蓄，他就置备起一架骡车，专门受雇于货主进行长途的货物运输。他不仅起早贪黑勤勤恳恳，还积极联络同行组织车队，从直隶、山东、河南等地将草帽辫子包运到天津再经洋行出口，深得天津帽商信任。经过数年努力，他逐渐积累起资本，成为天津当地物流行业的"把头"。在他35岁时，英国商人维利参听说他能力出众，就决定聘请他为所经营的新泰兴洋行（当时与恰和、太古、仁记被称为天津四大洋行）主持业务，主要经营草帽辫、皮毛等土杂品出口贸易。宁世福上任后，恪尽职守，多方筹谋，历经20余年使新泰兴洋行从濒临破产到繁荣鼎盛，宁世福也得以享誉津门。

蔚县商人刘子厚，贫苦农家出身，当时在宣化府有很多贫苦百姓从事皮毛行业，皮毛制作需要全部手工操作，由于技术条件的限制，作坊环境通常是又脏又差，因此在旧时社会被蔑称为"臭皮坊"，将皮坊工人叫作"毛毛匠"，但凡能有途径获取收入者，通常都不愿意从事这一行。刘子厚离开家乡到宣化的皮坊当学徒时，按惯例，要先过三年给掌柜提茶壶、斟酒壶、倒夜壶的日子。三年学徒期间，皮坊只管吃饭，不发工资，三年学徒期满后，每年也不过只有9小吊钱的微薄收入，仅能够支付一些简单生活用品，到年终时，掌柜一般为讨吉利会给工人们发份红包，但数额也不过一月工资。然而，刘子厚从未抱怨过苦累，在此期间他日夜刻苦工作，每天晚上还点着煤油灯学习写字、记账，平时又非常留心学习修理皮子的技能、识别皮货产地成色的业务知识。待很好地掌握了这些核心业务技术之后，他顺利得到机会，被另一家大皮坊任用为采购员。由于他始终保持着勤恳好学的习惯，善于钻研业务，为人办事又诚实可靠、守然诺讲信誉，于是在包头、呼和浩特等皮毛产地都结交到很多客商，建立起不少业务关系，为他以后开拓自己的事业奠定了基础。而同县商人王朴，是晚清至民国时期传奇的一代巨商，至今蔚县民间还有"不吃不喝，赶不上王朴"的说法。他出身贫寒,自小跟着父亲走街串巷卖散煤,常常居无定所露宿街头,13岁时到宣化府学皮毛手艺,后来到张家口创业。他手艺精湛,所制作的绵羊皮袄、山羊皮褥质量都属上乘。不仅如此,他白天勤苦劳作、晚上也不休息,带着成品到各地客商所落脚的店铺主动叩门推销,由于态度诚恳、商品品质优良,而渐渐获得了名气,积累了起家的资本。

艰苦创业的精神之外,俗语有云:"勤者生财之道,俭者用财之节,圣人教不越勤俭而已。"治生在勤俭,勤则不匮,俭则广业。传统冀商多以小本起家,他们最终能够获得事业的成功,与其简朴的作风也是分不开的。他们认为节俭是一种必须养成的美德,"勺水渐积则成沧海""小空不塞,终沉大船",一点一滴的浪费是潜在危险,不可疏忽,如不养成节俭的美德,一味奢侈,不但危及自身,而且影响经营。比如武百祥就一贯俭朴、从不挥霍,身为哈埠商界巨富,他却不吸烟、不喝酒、不赌博、不抽大烟;每天的伙食基本上就是简单的牛奶和面包,常年穿一身蓝布衣裳;一年四季上下班不论寒冬酷暑都是步行,如果出门办事,若遇不到马车可乘,就依旧步行前往;还拒绝参加社交活动,不逛戏园子,和家人也从不上饭馆吃饭。被公认为益发合开创元勋的孙秀三,主掌商号事务28年之久,不可不谓功勋卓著,但他几十年间始终能保持谦虚低调、勤谨奉公的作风,因此深为同人所敬服。再如史东初、傅秀山等人,都是如此。哪怕是已经发家致富的冀商后人,也都继承了前辈祖训,以勤俭自律,如京东刘家第二代刘毅侯,虽出身豪门但洁身自好,据说,在他的食堂里有个条幅,上书"布衣暖,菜根香,诗书滋味长",借以时刻自勉。

商场从来是一个风云变幻、起落无常的领域,很多本金微薄的冀商之所以能够白手起家,与他们踏实坚韧,注重在经营中始终保持勤奋与谨慎息息相关,也因此,他们更能够清醒地审时度势,在瞬息万变的环境中争取成功。

二 诚实守信、以义取利

"信招天下客,和聚天下财",管理学和营销学原理都认为,商业经营不只是简单地向顾客兜售商品,其本质是信誉的竞争、职业道德的竞争，顾客是经营得以持续之动力，而只有遵守职业道德、重视顾客利益，关系才能建立、信赖才能产生，长久交易才成为可能，这样，顾客也能够再带来顾客而非带走顾客，商家才能最终达到顾客营销和社会营销的目的。

古语有云"利者，人所同欲，必使彼无可图，虽招之，将不来矣"①，也就是富从宽厚得、回头客才是不尽财源的意思。商业经营需要持久谋利，否则便无法在市场上生存，但正因为"名之所集，利亦归焉，名之所去，利亦亡焉"，良好的职业道德声誉能够吸引忠实的顾客，引发顾客、社会的认同，是商家竞争力的源泉。因此，出于长远的考虑，冀商们在经营中力图做到约己利人，不赚昧心钱，以忠诚立质、长厚摄心，以礼接人、以义应事，不屑欺诈机巧，不会见利忘义，坚守着"君子爱财，取之有道"的古训，将自身区别于蝇营狗苟于锥刀之利而忘记忠信之义者。在实践中，他们也往往因此能够达成"人不怨而己益饶"的目的，获取了顾客的信任，获得了经营的成功，也赢来了良好的社会声誉。

冀商诚信的传统，早在清代史料中就有记载。康熙间，献县商人安圣期，接受李洪锡的资金为之经营，然于途中遭遇流寇，为保全李洪锡的资金，安圣期"以败絮裹金五百，衣褴褛衣负之冒行，锋镝中返金"，李洪锡感动，嘉奖其诚实之举，安圣期则"笑弗受"②；成安县苗某，受雇于人"任牵贾负贩之责，其主人以其朴实悫直，认为财星，授以重金，命其独身单鞭逐什一于鲁豫之乡"，苗某经商至山东，却遭遇"叛匪四起，道途梗塞，音信隔绝"，金主推测苗某携款潜逃，却不想数年之后，"车声辚辚，苗某复归，且利获倍蓰，丝毫不染，完璧归赵，主人德之"③。宁津县李俊，贩丝货至山东，一布行店将绸缎误作布匹卖于他，"比至家展视非布也，乃悉数送还，仍易以布，

---

① 张海鹏等主编：《明清徽商资料选编》，黄山书社1985年版，第145页，第413条。
② 民国《献县志》卷11中上《文献志》，《中国地方志集成·河北府县志辑》，上海书店2006年影印本，第49册，第317页。
③ 民国《成安县志》卷11上《人物》，《中国地方志集成·河北府县志辑》，上海书店2006年影印本，第63册，第150页。

由是信义着闻",后其子辈人经商至亳州,"适有客携纱与夏布,为雨浸湿,人皆不予值,廉价求售,乃尽购之,及归开视,一如新出,诸笥竟无湿痕,后以纱葛短绌获利三倍,一时称为信义之报"①。

近代冀商如武百祥,始终坚持"道德事业","以道德、诚实、信用做利器,绝不施加诈术"是他一贯的经商理念。他认同商业的目的是赢利,但反对商人们目光只在赢利而忽视商业道德。早年摆地摊的时候,他就能因童叟无欺一个月获利90多元。他对商业道德与商人的道德做出归纳,认为:商业的道德在于不影射、不伪造、不投机、不二价、不欺骗、不诈取、守信用等,而商人道德则在于精神,如公平、正直、诚实、良心、和蔼、谦恭、通达、守规、守法、爱国等,这两者相辅相成。"未尝看见有不道德的营业,能造就出一般道德高厚的商人来的,而更未曾见的是一般人格破产的人,能做道德商业的。"他力图将同记做成真正的道德事业,要求企业上下"在各种道德上自宜逐渐施行……以成就本店名实相符的道德事业"②。对于为什么要强调商业道德和信誉,他在《大罗新政策》中写道,从前的旧商业"对于顾客专取用一个纯卖与的主义,只要能把顾主卖上,就算是个商业中的好手。因为人人心中存有这种成见,所以手段上,也就不遑择取,遂致常有虚诈欺伪以愚顾客等事,而商业之信用失,道德坠矣"③。他认为,商业信誉和商业道德是经营取胜的资本,因而要求同记上下必须树立以顾客为本的思想,绝对不许欺骗顾客,因此在所制定的《同记文明店规》中规定:"本店以盈利为目的,但不越商人固有道德规范,凡事以公平合理为要旨";"本店以'忠信诚爱'为根基,对外全凭信义,任何欺诈虚伪卑劣之手段为吾所不取"。并归纳出"货真、价平、优待、快感"四条便利顾客的核心原则,顾客选购商品时店员必须主动介绍商品的产地、性能、规格,真正做到童叟无

---

① 光绪《宁津县志》卷8《人物志上·义行》,光绪二十六年刻本,第38页b。
② 张润生:《哈尔滨百货业巨商武百祥》,载政协黑龙江省委员会文史资料委员会编《黑龙江文史资料》第二十六辑,黑龙江人民出版社1989年版,第138页。
③ 武百祥:《大罗新政策》,载政协黑龙江省委员会文史资料委员会编《黑龙江文史资料》第二十六辑,黑龙江人民出版社1989年版,第240页。

欺。对已售出的商品，除食品外也都实行保修、保退、保换，以达到顾客满意。①他在《同记工厂及附属事业》中提到："我们的成衣，因为工厂有一种好习惯，绝不会没收顾主的剩料，也不会冒开材料，所以信用颇著。"②武百祥秉持商业道德原则的举措，提倡了新的经营风尚和标准，为哈尔滨乃至整个东北商界风气的改善做出很大贡献。

又如京东刘家益发钱庄。钱庄信誉不仅要靠雄厚的资本，也得靠经营者的职业道德，讲究信用、一诺千金是钱庄经营发展、吸引客户的根本。益发钱庄主要经营汇兑和贷款，雇员都要经过多次考察精挑细选，务求精明能干、工作效率高、服务态度好。益发钱庄经营的信誉，在于可以做到日清月结，从不积压拖欠钱款，也不会在贵重金属交易中以次充好，这些都是其他钱庄所不能及的。正因如此，各地商家都愿意和益发钱庄打交道，故而生意兴隆、利源广茂。不仅如此，由于市场信用良好，益发钱庄的汇票一度被当作货币流通使用，如果遭遇丢失或被抢，还可以办理挂失，安全系数较之存款都高。于是在有的年份，益发钱庄竟能积存几百万不被兑现的汇款，钱庄就可以利用这笔资金来周转获利，扩大经营规模。京东刘家的合德堂还曾有位女掌门刘张氏，她出身经商世家，自幼耳濡目染于经营之道，某年各商号掌柜来东家报账，有几个商号用从事投机倒把的不正当手段赚了大钱，报完账等着东家赏识。刘张氏却说："把那几个赚大钱的商号关掉！"语惊四座，大家不知何意。刘张氏接着说："你们的钱是投机倒把赚来的，我不喜欢投机倒把的买卖。"③话虽简单，言语中却点出了经商之大义。

呔商李云亭经营的天丰涌是经营批发和零售的大型杂货店，在哈市民族企业中也占有一席之地。其全盛期，经营品目达300多种，货源则来自十几个省市，范围遍及东北、华东、华南，与其建立长期合

---

① 刘实秋：《同记的业务经营》，载政协黑龙江省委员会文史资料委员会编《黑龙江文史资料》第二十六辑，黑龙江人民出版社1989年版，第126页。
② 杨占国等：《走近武百祥》，乐亭县武百祥研究会2010年印行，第185页。
③ 乐亭县《呔商之路》编写组编：《呔商之路》，中国社会科学出版社2010年版，第275页。

作关系的货栈众多。客户的求购方式有书面、有函电，也有口头约定，但不管是哪种形式预定的货物，都由员工严格按照对方所提出的要求装箱、打包、发货，买方验收无误后，才汇出购货款。如对方反映发货不符质量要求的，一律退货更换。由于天丰涌讲信用、声誉好，通过各种方式办货的客户越来越多，年获利达5000两白银之多。[①]

同是冀东商人的张希孔，青年时代到吉林一家木匠铺当杂工，因为为人忠厚诚实、做事情又勤快麻利，后来得人信任资助开了个小木匠铺。有一年，恰逢东北"木帮"刚砍伐下来的一大批木料暂时积压未能出售，他们又急于离开，就将这些木料赊给了他，双方协议讲明次年秋后付款。可是，这些木帮人离开四年都再也不见踪迹，并未返回来取货款，但张希孔却一直专门留着这笔款项。[②] 再后来，当地遭遇火灾，大量灾后房屋需要重建，木料自然走俏，张希孔借此而获厚利。以这笔资金收益做资本，他开设了万合木局，因为诚实守信的声誉，盈利逐渐增加，又渐次开设了万合兴、万增兴商号，兼营木业，发展成为乐亭的四大富户之一。

武安人的商号，同样普遍讲究商业道德。尤其是药商，他们懂得作为医人性命的药材供应者，职业操守与责任意识更是至关重要。他们认为"医药及仁"是做药材生意的最根本宗旨，善莫大焉，因此始终把自己的活动与"救死扶伤""积德行善"联系在一起。前文说过，他们进行药材加工，并开发、制作中成药，大多都拥有自己的主打名牌药品。他们常讲的一句话是："修合虽无人见，存心自有天知。"在这样的氛围下，武安药商一般都能做到"用药地道，炮制如法"。用他们的内行话说叫"品味虽贵，必不敢减物力；炮制虽繁，必不敢省人工"，以保证药品的质量。武安商人的药店普遍允许顾客赊账，抓药者记下账后即可先行离开，秋后或年底时药店再派人上门

[①] 乐亭县《呔商之路》编写组编：《呔商之路》，中国社会科学出版社2010年版，第151—153页。

[②] 葛辛垦：《昔日乐亭人经商发迹的历史》，载政协河北省委员会文史资料委员会编《河北文史资料》第三十三辑，河北文史书店1990年发行，第150页。

收账，若遇到遭受天灾人祸的人家，仅仅只要象征性地给一瓢高粱米或其他物品，就算清账，下年照旧可以去店里抓药。如此长久以往，武安商人治病救命的仁义之事不可胜数，也带来了他们在当地卓著的信誉，口碑甚好。

冀商这种诚信为本、以义取利的理念，不能不说是他们取得商业经营成功的关键。"盖必有忠信诚悫之行，淳谨节俭之风，以修于己而孚于人，故能长享其利，阅数十百年不衰。"[①] 遵守职业道德，使商人们在贸易往来中信用昭著，在商业竞争中就更具优势，自然殖产愈丰。

图2-1中这张发票是张家口蔚县与定州西关天顺老店商号往来的运输发票，它与普通的商品交易发票有一定的区别。其主要内容是：立承揽人定州"公顺店"，顾（雇）到唐县脚户安估（至?）科，今驮去姓东□客人"复诚德"爷名下新布半驮，每驮□□（应为"脚钱"）1250文，共该脚大钱575文，现附（付）脚，下欠脚，全欠，送至西合营父卸本号（?）爷查验，收其货物短少风雨损坏，脚户照时价赔补，关税在客渡口脚户一面承认，恐口无凭立发帖为证。计开白布一卷。咸丰二年新正月十三日，第六□（号），限至本月十九日到。定州西关天顺店发行。

从版式可见，客店应当是提前专门印制好这种有固定格式和责任条款的发票，票面上留有根据不同服务对象填写具体内容的空间，并可填写详细的开具时间，且编有号码，据此推测这种行为并非偶然，而应是商业贸易中的常见形式。这张带有契约性质的凭证，记载了货物的名称、数量以及运输费用，约定了送达地点、送达时间、违约责任及损坏赔偿等条款。就从其中具体内容即运费为货到付款、限定送货时间、明确沿途关税及其他风险责任、验查无误后付费等信息可知，服务意识与诚信精神早已为冀商们在实践中加以力行遵守。

---

① 李华编：《明清以来北京工商会馆碑刻选编》，文物出版社1980年版，第19页。

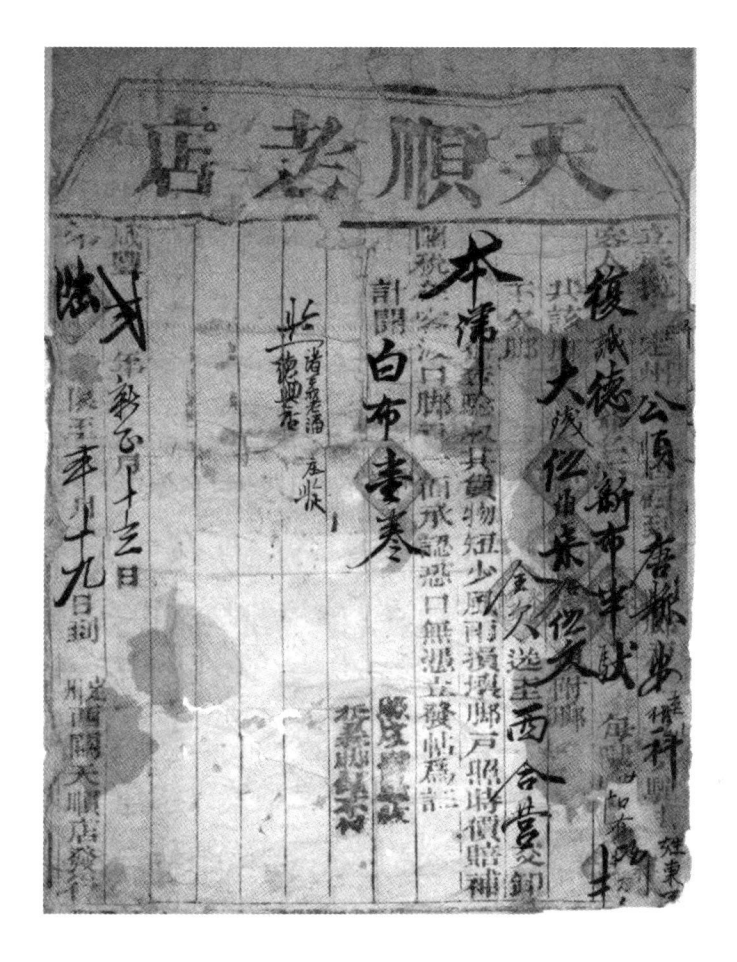

图 2-1　咸丰二年（1852 年）定州天顺老店发票

图 2-2 中这张发票在票面中央的位置，同样印制了发货承诺，且信息更为全面："如有货物勐称件数短少，风雨损坏，河淹水湿，系脚户照市价赔补，关津渡口不与货主相干，恐人失信，立发帖为证。"清清楚楚地把守"信"作为经营准则写在票据之上。前一张脚票规定了送达日期，而这张则明确了惩罚的措施："限至本月十二日送到，如误日期，脚钱按七扣付给。"

图 2-2 民国六年（1917年）宣化德生茂货栈发票

图 2-3 中这张发票为雕版式，明显可见版面设计由过去呆板的粗细线条边框，变为嵌入蝙蝠（取"福"字谐音）的花边装饰，增加了票面美感。此外，发票右边框外还设定编号以备查验，此页即以苏州码子标识为 25 号。票面内容记有"今收到，沅吉生货箱壹件，此致，恒义宝号台照"，现代人文字交往中常用的"此致"也出现在发票上，落款为天津文元栈商号。另外，票面左侧上方时间处，本已印

有"光绪""年""月"等字样,系将"光绪"加红印改为"宣统",应是为了节约发票重印成本。

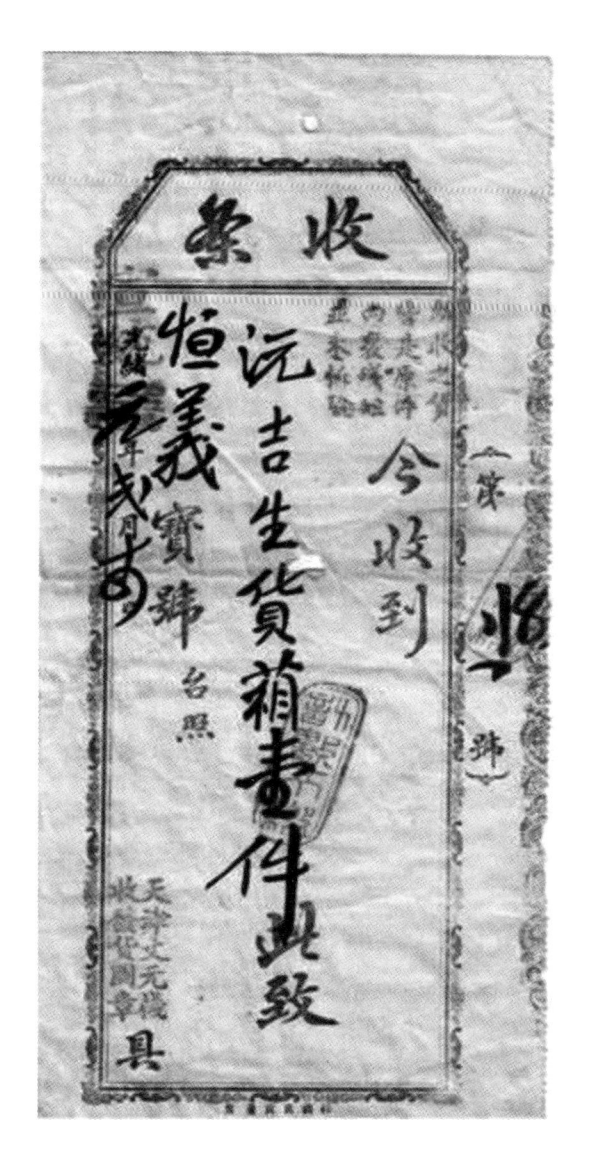

图 2-3 宣统元年(1909 年)天津文元栈发票

而特别值得注意的是,票面右上方注明"所收之货,皆是原件,内里残短,并未拆验"字样,目的是防止货物有残破,以便以后退换,体现了买卖双方诚信交易的宗旨。

图2-4中这张发票中在盖有"河北天津"印戳的印花税票下,写明"凡遇关税、贵客自理,货物出门,概不退换"字样,右侧发奉大字下,印有"各货一言为定,早晚市价不同,出入一律大洋,小洋照市贴水"字样,并在落款商号印章里有小字"忙中有错请即更正,银钱货物不准支取"。所有在商品交易中可能发生的争议,如税费、价格、货币、质量问题,乃至对柜上人员发货过程中可能存在的失误以及冒支的注意事项,都言简意赅地加以说明和约束,买卖双方一目了然,信用明白,提高了交易效率,也减少了交易纠纷。

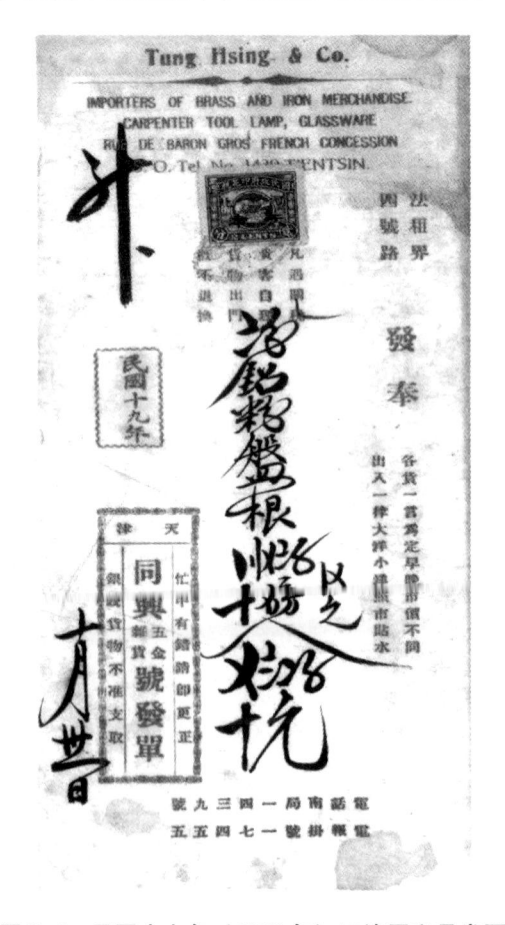

图2-4 民国十九年(1930年)天津同兴号发票

图 2-5 中这张发票为东口瑞兴源商号发给裕顺成商号的货品，内容为"今发去老羊皮一十七张，29.3 元，山羊皮四十五张，14.45 元"。当年商家通常最多使用三枚图章，即抬头章、压数章、落款章，而这张发票，不仅各章压注严谨规范，并右下角有"敝号人员浮借银钱，概不负责"的特别提示，更重要的是，为标明信誉与契约精神，这张发票还增加了一个"言定货价"专用章，压注在苏州码子书写的价格上。

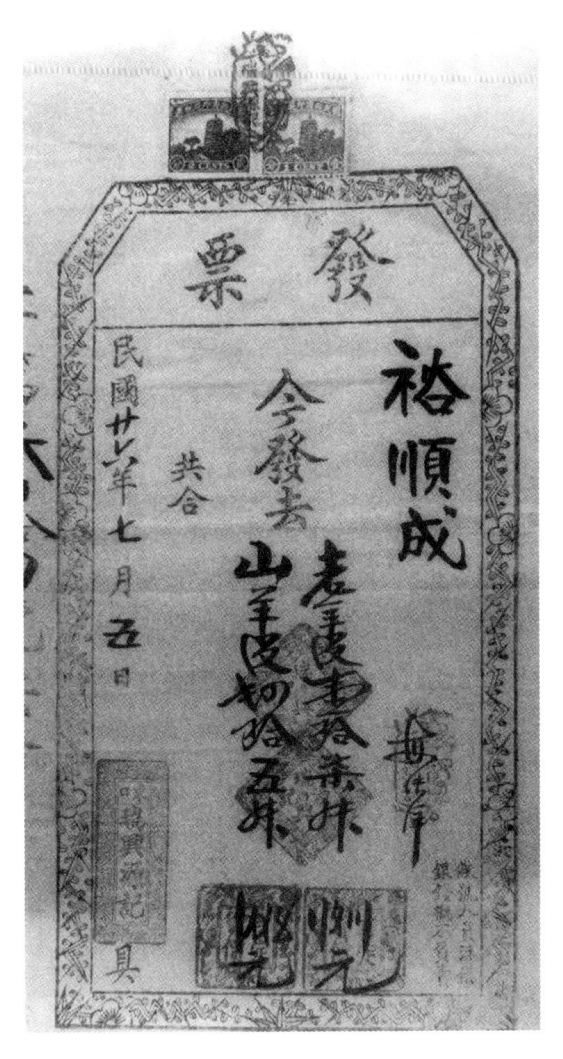

图 2-5　民国二十六年（1937 年）张家口瑞兴源记发票（中国税务博物馆馆藏）

图 2-6 中这张发票左侧边框外缘,有"(注意)物有高次,分别贵贱"的提示语,这体现了商家实事求是的经营态度,提醒顾客商品质量不同、价格也有区别,而并非不加区分以次充好,字数不多,但诚信经营的理念可见一斑。

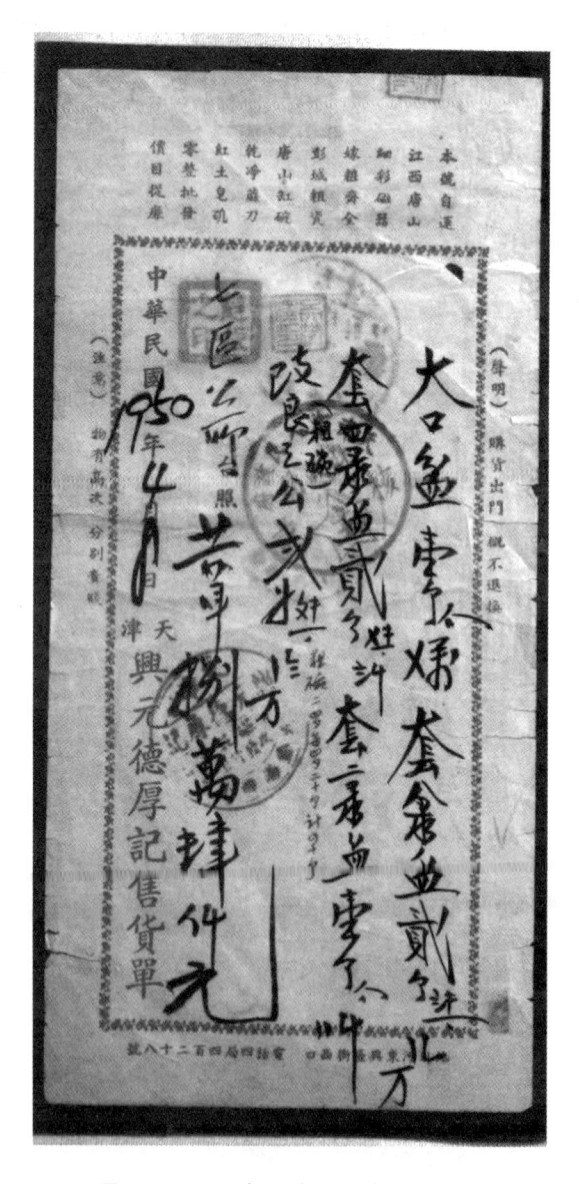

图 2-6　1950 年天津兴元德厚记发票

第二节 冀商商业经营的策略

在社会经济繁荣发展的推动下,国内商品市场相当活跃,竞争也越发激烈。那么,冀商在介入和占有某类商品市场时,运用的又是怎样的经营策略?

古语有云:"贾者,必相时度地居物而擅其赢",这体现了商人开拓商品市场以利润为导向的基本原则。而随着商业竞争的逐渐激烈,为了保证获得更多利润,被动地适应、迎合顾客需要,固定地和他人分享某一个市场已经远远不够,还要能灵活机变,主动进行市场分析以取得对某一商品市场的竞争优势,通过各种具有先见性的策略进行市场开发和占有,对此,很多冀商用心颇深。

一 占领先机、开拓市场

俗话说"先知三日、富贵十年",能够抢占先机是赢得市场的首要因素。"来而不可失者,时也;蹈而不可失者,机也",商人们深谙商业经营不仅要善于等待机会,更要善于把握机会、当机立断,适时加速、适时减速,才能事半功倍。契合时机的行动,就会带来财富。然而商品市场是十分复杂的事物,善于识别与把握时机并非易事,其前提是要能准确判断市场或社会形势的变化。商业经营中有个非常重要的理念,即对市场进行细分,以确定某一市场有现实需求或潜在需求,而后结合自己的资源条件,开展该领域的经营。很多冀商便善于审度供求形势,精思明察,冷静分析,因此遇到商机,他们往往反应非常敏捷,能见人所未见、发人所未发,先人一步抓住时机,抢先占领市场。

前文所述老呔帮的起源,以京东刘家为起点,大批冀东人踏上闯关东之旅,刘家则发展成为清末民初东北地区实力最为雄厚的商业家族,商号遍及关内外,还扩展至青岛、上海等地,海外如日本亦有刘家足迹。刘新亭"家本微寒,房止半间",最初只是走街串巷的货郎,但他眼光敏锐、头脑灵活,当听说东北龙湾(今吉林农安)一带正在招垦开荒，便意识到做农具和日用品生意会比开垦土地获利更多，于是毅然做出开展长途贩运的决定，很快，他从家乡收购了大量的农具和土布、棉花等日用品运往关东，再转运关东的烟草、粮豆等土特产回京畿地区销售，十年间大获其利，取得他原始资本积累的第一桶金，创办了"益发合"。刘新亭之子刘如珴，也是眼光长远、善察商机。道光七年（1827年），清廷将长春西北部、农安西部及西南部放垦召民领种，这些土地横跨在长春和农安之间，被称为"夹荒"。刘如珴瞄准时机，定购大量的锄板、铁锹、镐头，同时收购土布和棉花，再从沿海收购海米、虾皮、咸鱼等干海货，雇用车帮一趟趟运往农安。他目光长远，深谙关内外市场行情，在他的谋划下，刘家从惯营行商发展成为既行商又坐贾的双轨发展模式。

清末的东北币制极为混乱，作为东北中部首当其冲的交通商贸中心，同时，又因为是日俄两国势力的经济战场，长春的钱庄行业很是兴盛。借此商机，1904年，益发合筹建起益发钱庄。尤其是孙秀三出任经理后，以敏锐的目光对金融市场进行了全面考察，他认定要想办好钱庄，最关键的是要有雄厚的流动资金，如此才能掌握市场的主动权。当时长春金融业基本处于日本人控制之下，于是，他便将目标锁定于日本人开设的横滨正金银行。他及时抓住和正金银行有着极为密切关系的同和盛银号宣告破产的机会，聘请该银号的业务精英，通过他们从中斡旋取得了正金银行大量贷款。之后，随着汇兑和买卖钱钞业务的开展，在经营期货的过程中，孙秀三借助新兴的电话手段运筹帷幄，及时了解各地兑换行情，随时买进抛出，从中获利。然而，虽然钱庄生意蒸蒸日上，但孙秀三认为金融业风险太大，买空卖空始终不是企业发展的稳妥正途，于是，他审时度势、及时调整经营方略，变务虚为务实。当时，随着东北土地开发越来越多、粮食产量大幅度增长，而且随着人口增加销路大开，他看到了发展粮油加工企业的大好时机，并在财东刘家主柜管事刘毅侯支持下，带领益发合走上了实业发展的道路。刘毅侯老成持重，深受"实业救国"思潮影响，并常以近代实业家张謇为榜样来激励自己，于是，益发合相继在长春建立了当时最大的动力榨油厂，在长春、哈尔滨建立了三个大规模面粉厂，同时建立了酿酒厂、织布厂、磨米厂等，使益发合的工业体系迅速发展起来，几乎垄断了当地面粉和豆油市场。长春周围盛产粮豆，1921年榨油厂建成投产时，是当时长春规模最大、设备最先进的机械动力榨油厂，他又在大豆产区建立了很多分庄，大量采购大豆供应榨油厂，因为质量上乘，就是当时日商的油坊也无法与之抗衡。在长春23家榨油厂中它一直保持着行业的领先地位。榨油厂建立以后，1924年，益发合又投资购买了日商的中华面粉公司，在产粮区的哈尔滨、齐齐哈尔、绥化、海伦等地建立分庄收购小麦，挑选上等品作为加工面粉的原料，并高薪聘请外籍人员做技术指导，设立专门的检验人员从配料到加工严格检查产品质量。在建立面粉厂的同时，益发合还建立织布厂为面粉厂生产面袋，自行印制"龙马牌"面粉商标，龙马牌面粉还在当时大连举办的国际博览会上被评为一等奖，自此驰名，畅销东北。为扩大生产规模，1928年益发合又在哈尔滨租用了永盛公司的火磨（即面粉厂），建立了第二面粉厂。1929年，益发合与同为乐亭商人的刘临阁创办的"裕昌源"合资购买了裕滨火磨，建立了第三面粉厂。至此，益发合三个面粉厂的龙马牌面粉年产量逾530余万袋，合21200万市斤，击败了众多久负盛名的对手，几乎占领了整个东北市场，成为东北最大的面粉加工企业。在日本对华实行经济侵略的情况下，民族工商业举步维艰，但益发合却创造了在夹缝中快速发展的奇迹，一方面，孙秀三坚持将日资拒之门外，另一方面，他向日伪经济统治尚未强化的地域发展，如在大连设立出口部，直接向欧洲、南洋各地出口粮油、大豆、豆饼等商品；在长春、哈尔滨适时兴建商场；还利用机会在长春增建了新面粉厂，在天津设立面粉厂、碾米厂，在青岛设立织染厂，又在长春设立制酒厂、制米厂和第二制油厂等，在四平设立了制油、制米厂等以及在刘氏企业发祥地农安设立了制酒厂等。

随着形势的发展，1936年，孙秀三又适时提出成立股份有限公司的主张，同年7月成立"益发合股份有限公司"。股份制的建立，标志着益发合完成了由旧式商号向近代民族资本主义企业的过渡。虽然承受着日伪的重重经济压制，但经过孙秀三等人积极谋划，从1936

年 1 月至 1940 年 6 月四年半的时间，益发合共计盈利 634 万银元，年盈利为其资金总额 300 万银元的 38.4%。① 尤其值得一提的是，粮豆市场是益发合的传统经营领域，他们非常注意保持自身的优势，当时东北粮食主要由大连集散，因此行情往往以当地市价为转移，而为了及时掌握粮食市场信息，益发合每天都定时向大连分号打电话询问行情，再按照大连的粮食行情，向各产粮重镇的分支机构布置营业任务，及时囤积粮食，从中赚取利润。而随着粮食的大量收购，运输成为必须要解决的问题，益发合则提早准备，雇用与铁路有联系的日本籍雇员，急需运输而运力发生困难的时候，就利用他们联系车皮，经常运载一火车粮食就能获利一倍以上，积累起大量财富。

再如武百祥，20 世纪初哈尔滨随着中东铁路通车迅速发展起来，逐渐成为国际化的商贸城市，而商品交换日益频繁、市场行情千变万化，也使得激烈的竞争无处不在。武百祥在经营中始终秉持"别人做到的，我不去做，别人做不到的，我能做到""人无我有、人有我优"的指导思想，他自己说："利用时机是我的习惯"，能够冷静地观察供求形势，善于抓住时机，抢先占领市场。他看见当时哈市流行的外国商品中有种名为"双枪牌"的怀表，东三省各地时有来采购这种怀表的商贩，遂抢先动作，经过多番努力，终于从外国表行取得代销权，从此各地客商进购双枪怀表大多须经其手，使他获得丰厚的利润，但他并不自满，随即更长远地想到怀表需求增加必然引起表链销路扩大，于是大量购进表链，又盈利不菲。他回忆说："东三省一般普通人，每人都要戴一块怀表。凡来哈尔滨置这种货的，大约有十分之七是由我经手。"有一次他从法国人开的表行里进表链七百打，"不出 3 个钟头全部卖出，获利 4000 多元。"② 之后，武百祥凭着他敏锐的商业眼光继续拓展新商品。1907 年冬，从京奉铁路北上的旅客中很多人戴着英式鼠绒皮帽，因此常有顾客上门询问。当时哈市通往关内

---

① 乐亭县《呔商之路》编写组编：《呔商之路》，中国社会科学出版社 2010 年版，第 183 页。

② 武百祥：《五十年自述》，载政协黑龙江省委员会文史资料委员会编《黑龙江文史资料》第二十六辑，黑龙江人民出版社 1989 年版，第 17—18 页。

的铁路尚未修通,武百祥虽很想去北京购进,又怕货到过季,但他并未因此放弃,而是很快买了台缝纫机,并弄到一顶英式鼠绒皮帽做样,自己夜间琢磨着裁剪仿制,白天便将成品摆上货架售卖,所制的帽子颇受顾客青睐,销量非常好。到辛亥革命后剪发盛行,这种皮帽越来越畅销,他深感机不可失,于是进一步扩大生产,购买了哈尔滨道里外国洋行进口的全部羌绒鼠皮作为原料储备,高薪聘请苏浙的老手工匠人日夜赶制,不断增加帽子种类,由于同记制帽质量上乘、品种丰富,样式也新颖,众多顾客慕名而来,不到一年工夫,就盈利11600 银元。后来,武百祥派专人赴日本学习研究帽子制作技术,还进口制帽机以及发电机、蒸汽机等设备。1913 年,同记工厂投入生产,松辽平原上出现了中国人开办的第一家制帽厂。在中国做毡帽,同记是首创,以后品种不断增加,毡帽、绒帽、草帽、呢帽、英式日式皮帽、俄国大头帽、冬季防寒帽、美容帽,以及一年四季的时兴帽样不断问世,每年的产值达 10 万元上下,成为全东北制帽生产和经营的中心。

随着同记的发展,武百祥还不断引进外国先进技术,全面开展工商兼营,使产品逐步配套。辛亥革命后人们剪发易服成为风尚,武百祥便迅速组织技术高超的手工业者,建立起整套服装生产体系,制造西服、学生服、制服、风衣、雨衣,甚至各式鞋子,从头到脚,还兼制皮箱、皮包,为顾客提供搭配成套的服装箱包,抢先一步占领市场。不仅如此,在较为美观舒适的洋袜畅销东北,上海"船牌"和"墨菊牌"袜子也占有很大份额的情况下,武百祥从美国购买先进设备,考虑东北严寒的特点,制造出更合适北方气候的棉袜,取名"白熊牌",后来又生产出"雄鸡牌"女袜,因为保暖效果良好、价格也低廉,很快赢得了声誉。同时,出于尽早占领市场的需要,他还对某些优质商品采取包销的办法,也就是提前与该产品的出产方签订合约,由同记买断并独家经营。他还特别注意优先销售本国、本地产品,尽力支持产品有市场潜力但资金较少的厂家,在资金往来上始终能做到货到付款或预付货款、从不拖欠。① 他的这些做法深受供货厂家欢迎，制造产品自然会更尽心尽力、严格把关。不仅如此，武百祥对同记商场还规定，无论畅销与否或利润高低，凡日常销售的商品，都要力求种类、规格齐备，尽量满足顾客需求，如铝锅，通常中号为畅销货，大号、小号都不好卖，但也要适当进货以备不时之用；对于人们常需的市布、棉毯、红糖等商货也需齐全，微利或无利甚至折本都要销售，以树立和维护"百货俱全"的商誉，有利于占有市场、争取顾客。

在沈阳也有位以制帽起家的乐亭商人张怀禹，东北地区冬天极冷，男人都戴毛皮帽或毡帽头，然而，他却发现，当时市场上并没有一种能供妇女戴的帽子，于是想到了做老太太帽。他反复研究琢磨，最终研制出一种样式好看、又经济实用的黑绒帽。帽子是软胎便于携带，在右侧缝有一朵黑绒花，优雅大方，一经面世就热销，不到一年工夫风靡东北、供不应求。当时东北民间就流传着这样一首民谣："新年到，新年到，姑娘要花，小子要炮，老爷子买个旱烟袋，老太太要顶黑绒帽。"1930年张怀禹的"奉天兴盛久平记服装制帽厂"正式建成，他不惜重金从德国进口30台缝纫机，又招募40多名工人，开始了机械化的服装加工制作，每年制作的老太太帽都在十几万顶，最多的年份达几十万顶，工厂因此逐渐兴盛起来。他还研制出一种镶嵌珠花的女帽，专为迎合追求高档服饰的有钱人家需求，式样精致、销路亦广，不仅热销东三省，还远销苏联、朝鲜、日本，订单应接不暇，利润丰厚。他还在军人帽子基础上，研制了一种工农便帽，又研制出一种适于青年学生戴的亮皮帽舌的学生帽，大受欢迎。他还改进了冬天的传统棉皮帽子，在帽耳开洞便于传声，洞外加扇便于保暖。"兴盛久"的服装、帽子以原料好、式样新、做工细而信誉日著、销量领先，每年秋凉开始，前来订货的客商就络绎不绝，特别是老太太帽，一直热销到新中国成立以后。张怀禹不仅善于开拓市场，也秉承

---

① 葛辛垦：《商界泰斗武百祥》，载政协河北省委员会文史资料委员会编《河北文史资料》第三十三辑，河北文史书店1990年发行，第160页。

诚实守信的信条，讲究质量第一、信誉至上，生产的服装以样式新颖、面料考究、货真价实享誉奉天。1940年他又建"远大针织厂"，专门生产当时奇缺的秋衣、秋裤、背心、运动衣等。针织厂生产的半袖背心曾被作为奉天城里多所学校的校服，并行销津沪等地。他还别出心裁，让印刷厂商在衣服胸前印上艺术图形或颜色字，在后面印上号码甚至学校名称，如此，引得机关学校都来定做，顾客盈门。[①]

张家口商人常万达甫入商界时，恰逢中俄、中蒙贸易日渐繁盛，尤其是俄、蒙对茶叶的需求与日俱增，但限于各种因素，此项经营者尚不算多，于是他看准商机、果断决策，决定致力于发展国际贸易，将张库大道上的库伦、恰克图发展成自家商号的销售终端，专门对外出口茶叶。为保证对现有市场的供应和潜在市场的开拓，常家还在武夷山包买茶山，不仅种植茶叶，也进行茶叶加工。因为他们的茶叶品质优良，且非常注重诚信，不久便将生意扩展到俄国境内，开设了众多分号。

蔚县传奇商人王朴，为人聪敏精于生意，当时外国人常来张家口贸易，王朴便瞅准机会，在自己经营皮毛的同时，代一位德国商人收购。当义和团运动波及张家口时，王朴救助了这位德商，德商为报恩便帮助王朴扩建皮毛厂，王朴头脑很灵活，他把德商"悝成洋行"的头衔加在厂牌"德和隆"三字之上，借以提高声誉、扩大影响力。这个办法迎合了时人心理，果然吸引了很多商家来洽谈合作。王朴谋划长远，他深知经营皮毛生意如果只是在内地做加工、当中介，始终难以求得大的发展，只有以张家口为基地，汇聚货源、打通出口渠道，才能获取更丰厚的利润。而北方出口商埠首属天津，于是王朴将弟弟王槐推荐给德商，到天津历练，而随着需求量的不断扩大，仅凭德和隆每年的收购很难满足市场，王朴反应迅速，很快在宣化开设分号，又向大同、包头等地派出大批常驻人员，随时与他通报行情，就地收购。这样，王朴在内蒙古、坝上、京绥沿线建立起星罗棋布的信息

[①] 乐亭县《呔商之路》编写组编：《呔商之路》，中国社会科学出版社2010年版，第212—213页。

网、收购点，果断占领了市场先机，大量皮毛产品源源不断地运往天津，滚滚而来的利润则被汇向内地。①

冀州商人傅秀山也极具商业眼光，1941年，在津门经商的他得知由于太平洋战争爆发，进口鞋油断货，而当时国内还没有生产鞋油的厂家，便敏锐地意识到这是个大好商机，于是与人开始着手研制鞋油。鞋油虽是小商品，但生产起来并非易事，他曾说："蜡的含量不容易掌握。人低了没有光泽，太高了又发脆容易剥落……另外颜色和蜡要有极强的亲和力才能渗染皮革，合适的溶剂也很重要。"② 他们没有制造设备，也没有现成材料，便延请一位化学老师帮忙解决技术问题。经过将近一年的试验，鞋油终于研制成功，因为金鸡在我国历来被视为吉兆，取"金鸡报晓，久鸣不衰"寓意，傅秀山他们决定命名鞋油为"金鸡"牌。由于金鸡鞋油大量使用国内原材料，所以成本较低，而且易涂抹、颜色纯黑，长期存放也不会干裂、粘连，质量丝毫不比进口鞋油差。刚生产出来的鞋油，他们先没有急于出售，而是在街边张起"金鸡鞋油免费试擦，请君提出批评"的广告条幅，免费为路人擦皮鞋。"起初的时候，过路人都不敢靠近，怕是骗人的。可是外国人敢来，他们擦完了感觉好，还给放钱，我们不要，就追着他们还钱。后来就越来越多的人来试用了，都给了不错的评价。"③ 为扩大影响，这种义务擦鞋从天津甚至扩展到北京、沈阳、哈尔滨等城市。1943年初金鸡牌鞋油开始正式上市销售。在很短时间内，金鸡鞋油就以其上好的质量和低廉的价格赢得了顾客青睐，占领了津门各百货商店的柜台，结束了洋鞋油独霸市场的历史。鞋油厂规模也逐渐扩大，从最初仅有20来名工人逐渐增加到100多人。虽然金鸡鞋油销路极好，在本地市场上有很强竞争力，但傅秀山并没有满足于此，决定向"三北"市场扩展，他看准这些地区秋冬气温低、适宜穿皮鞋的时间

---

① 刘徙主编：《张家口历史文化丛书·知名的历史人物》，党建读物出版社2006年版，第122页。
② 武岩生：《傅秀山创立金鸡鞋油久鸣不衰》，《燕赵都市报》2006年6月2日，参见搜狐网，http://news.sohu.com/20060602/n243523616.shtml。
③ 武岩生：《傅秀山创立金鸡鞋油久鸣不衰》，《燕赵都市报》2006年6月2日，参见搜狐网，http://news.sohu.com/20060602/n243523616.shtml。

长这种情况，推断市场需求必然巨大，于是派出销售人员赴北京设立办事处，以专门对西北和口外的商贩供货，与此同时还派人常驻沈阳、哈尔滨，以辐射东北市场。就这样，金鸡鞋油逐渐声名鹊起，打开了全国市场。

冀州商人善于开拓市场也表现在贩书业上。河北人到北京琉璃厂经营店铺的历史可上溯到明万历年间，冀州书商孙殿起在所辑《琉璃厂小志》中说，最初在京经营书肆者江浙人居多，咸丰末年以降，河北人逐渐代替江浙人占据整个市场。新书靠出版，而古旧书的货源很大程度上要靠自己去组织，古旧书收购方法有多种：门市坐收，旧货店、小商贩送来，废品收购站或夜市拣选收购等，但最主要的方式还是主动外出收购。书商们不但紧密联系藏书家、专家、学者，上门收购，还要深入民间挖掘，冀州书商"于此道最所擅长，千方百计，四出联络，凡通都大邑，穷乡僻壤，有古书可收罗者，不远千里而往，甚或派员常川驻守，期在捷足先得，不令错失时机。而名著善本之为前人所著录者，现存何处，为何人所收藏，胥能详其源流，深悉底蕴，射鹄中的，矢无虚发。其用心之专，任事之勇，有非常人所可推测者，可谓不惮其烦，不惜其力"①。如孙殿起，千方百计挖掘古书书源，搜罗古籍、碑帖、法书，还经常到全国各地城镇乡村搜罗，足迹遍及大江南北，访得珍本、善本古籍无数。在他的通学斋营业最兴旺的 1925—1935 年，年均收售古旧书刊一万到两万（部）册，营业额大洋三四万元。② 又如文禄堂书肆店主王晋卿积三十年之力，勤苦搜访，"访求书籍，穷极区时。履綦所逮，北至并，东至鲁豫，南至江淮吴越，故家世族精椠秘籍，经其目睹而手购者，无虑数万种，蜚声当世"③。冀州商人还注重在差异竞争中稳步发展。如松筠阁所营古旧书生意惨淡，适逢五四运动后各类新期刊印行如雨后春笋，店主刘际唐的长子刘殿文便及时转型，改经营古旧书为专营杂志。他每日不辞辛苦到西小市或鬼市上"抓货"，对别人不屑一顾的旧杂志，用极低廉的价格

---

① 徐雁：《中国旧书业百年》，科学出版社 2005 年版，第 19 页。
② 周岩：《我与中国书店》，河北教育出版社 2004 年版，第 145 页。
③ 王文进：《文禄堂访书记》序一，上海古籍出版社 2007 年版。

购进，然后整理配出完整成套的杂志出售。由于进价低廉，利润非常可观，加之业务娴熟，服务周到，成为名噪一时的"杂志大王"。①

唐山商人丁际平，曾先在开滦矿务局当练习生，又进启新洋灰公司，再任青岛中美合资大昌实业公司经理，当逐渐积累起经营管理近代企业的经验返回唐山后，他开始运营"宝顺德"和"宝顺兴"商号，主打五金、陶瓷批发零售行业。几年间，他引入近代企业的经营方式，在管理上不断改进，如在会计工作中变旧式账本为新式簿记账，这在当时的商界首屈一指。随着企业经营管理方式的改进，他也积极根据市场需要及时扩充产品种类。经过市场分析他发现，铁丝和钉子这类五金配件的城乡需求都很广，但当时却只能主要依靠日本进口，于是果断筹集资金，引进技术和人员，于1930年创办了宝顺德拔丝制钉厂，这是唐山最早的拔丝制钉工厂，建成投产后生意兴旺，很快发展到经营大小五金、油漆颜料、工农用具、建筑器材、电器材料等产品，盛时工人、店员百余人，其经营品类之全、规模之大，在同行业中居于首位，几乎垄断了津东一带的五金销售。

天津利生体育用品厂创始人孙玉琦，1912年应张伯苓之聘到天津南开中学堂做教师，此时篮排足等球类运动已风靡世界，在我国也渐渐普及，然而，当时各种球类及其他体育用品均为外国厂家制造生产，价格昂贵，普通市民无力问津，面对这种情况，孙玉琦认为国人自己完全可以加工生产，即着手仔细研究其用料及构造。最初，他使用天津华北制革厂所产皮革缝制篮球，然后把试制品与外国篮球反复比较，不足之处不断进行改进，通过近两年时间的艰苦试验，试制产品各项性能指标终于达到了国际标准，利生体育用品厂作为中国第一家专门制造体育用品的工厂，逐渐声名鹊起。后来随着体育用品行业竞争局面日益激烈，为能够及时改进技术，巩固并扩大市场占有，孙玉琦决定扩建利生，形成原材料加工、球类制作、对外销售的一体化经营。他将"我们给大家忠心做事，大家必定给我们饭吃"写入利生的办厂宗旨，并为树立国产篮球、足球等体育用品信誉，为工厂制定

---

① 田卫冰：《松筠阁史略》，《衡水学院学报》2015年第5期。

了"品质、服务、价钱、担保"四项承诺的经营方针，利生厂越办越红火，产品供不应求。

对市场的及时占有和开拓，要以对商业信息的充分掌握为前提。商界俗语说货有盛衰、价无常例，因此有着"三天不预测，买卖不归行""行情灵通，买卖兴隆；行情不明，瞎子观灯"之语。随着市场规模不断扩大，行业形势变化莫测，冀商们非常注重及时获取和充分掌握信息，以预先了解市场上商品供应与价格变化、人们消费方向变化、甚至社会风气和时局变化，这样便能从中预测出供求关系走势，在知己知彼的基础上审时度势预测需求，把握商机，做出及时、正确的决策。因此，在很多记载中，我们都可以看到冀商善于察缓急赢缩，注重收集并分析市场信息的行为。为了解市场行情以及本商号营业状况，冀商采取多种措施，在一些大的商号，总号对各分号都有明确规定，一般要求三日一函、五日一信，月终汇报公示全月情况，如此，总号和分号、连号都能够做到及时、多向互通信息。尤其当现代通信设备逐渐得到应用后，一些资本雄厚的商号还不惜投入重金，搭建专线电话，或者利用自行发明编制的电报密码，随时沟通市场动向。大商号还通常会派出经验丰富的采购员、推销员（被称作"老客"）常驻全国各大城市和日本、欧洲各国的交易中心，与进销客商互通信息，及时掌握商情。

武百祥一直的经营原则是："采办全球货物，搜罗国内产品，你无我有，你有我新，以全取胜，以新制胜。"为及时掌握行情，他派出得力人员在英、法、德、日等国和京津沪、沈阳、大连等城市设立驻庄（即采购点和办事处），直接与国内外生产厂家接洽业务、签订合同，并要求同记驻外采购员每周写信汇报当地市场供需情况，同时设专人随时给采购员回复市场需求变化、沟通销售中遇到的问题。对驻外的采购员，武百祥还详细制定了定期轮班的制度，这样，采购员们流动起来，就能够更全面地掌握各地行情，也能够更好地了解市场动向，适时购进适销对路的商品。不仅如此，他对季节性商品的采购非常注意，为了保证充足的优质货源，通常采取季前储备、季中补进的办法。比如对茶叶，采茶的季节刚到，他就责成采购员从速去产地收购原茶，尽快加工，也尽快发运回商场，以保证抢先投放市场。由于信息准确、及时，商品既能适销对路，又可做到先人一步，同记企业借由提前占有市场而稳得先机，不断壮大。

呔商李云亭创办的天丰涌经营山海杂货，为掌握行市涨落变化，除了派人常驻几个重点城市的常规做法，其他各大城市的商情就通过函电往来沟通，柜台专门设置一名文书与外地进行联系。各大城市的行情和货单，天丰涌要求隔天就要收到一次，再汇总这些信息，从中甄选价格合理、运费适当的商品来订货，根据市场变化而灵活调整。天丰涌还会隔天召开掌柜会议，分析研究商情，若遇到所销售的商品价格高于同行业售价，就会马上通知柜台修改价格、挂牌明示，以保持商号在市场上的价格优势和在顾客中的信誉口碑。[1]

孙玉琦的利生体育用品厂也非常注意搜集信息，他专门设立懂外语的翻译官去查找、翻译国外的资料，比如各类体育运动的比赛规则、体育新闻等，而且对于国外的名牌体育用品，无论器械还是鞋服，都会留意相关的文字资料及产品图片，通过对比研究，取长补短加以改进，使产品品质始终符合国际标准、紧跟世界潮流。

辛集"全聚皮庄"掌柜杨瑞庭，将收购和推销人员派到津浦铁路从德州至徐州、京汉铁路从邢台至武昌各个车站，在京津沪哈等各大中商业城市，几乎也都设有分号或派出机构；皮庄还在产区建仓库，储存生皮毛原料和皮毛制成品，以保证随时都有货源供运销。在各地派出的业务员每天都必须写信汇报有关行情和本庄业务，每天他要处理的信件达六七十封之多。他会在全部审读过后，对行业的整体发展动向做出估测预判，再确定次日在辛集市场上销售的产品价格。而正是因为他对行业动态了然于胸，所定价格通常都能符合市场供需的变化与要求，当时人们都赞叹说，杨瑞庭开出的皮毛皮革价格就是全国皮毛皮革的价格，不仅决定着本地市场，甚至影响着全国皮毛皮革市场。

霸县商人卢炳光经营糖业，为随时掌握准确、可靠的物价变化走

---

[1] 乐亭县《呔商之路》编写组编：《呔商之路》，中国社会科学出版社2010年版，第154—155页。

向，他不惜用重金购买一台高级德国收音机，收听国外国内各地行情以及时局发展趋势。1945年日帝国主义宣布投降后，他借物价暴跌的时机将资金除留少数周转外全部换成黄金，又待几个月后物价回升，变卖黄金大量收购行业内积压糖货，使他的同丰糖庄既有存货又手握大量黄金，货源和资本都十分丰厚。糖庄由全国各产地直接进货，并派驻业务人员随时开展采购活动，由于各地行情不同，善于利用差价就能获得利润，于是，他待价而沽、相机而动，如1948年年底他在北京封城之前购买了一批存在西直门外价格极为便宜的白糖，组织全体职工连夜抢运进城，便在其后的销售中获得厚利。

可见，信息网络的广泛建立，对于扩大市场影响，收集市场需求信息，及时顺畅地进货、销售，随时迅速集中资金等，都是非常有帮助的。此外，冀商不仅关注国内市场，还留心国际市场信息，积极推广本国产品，尽可能地去参与国际竞争。如安国药商成立"黄芪研究社"，加工出口黄芪每年高达300余箱；再如辛集皮革产品，鼎盛时80%的份额都用于出口等。

总之，冀商的商品市场开发策略大体能够归纳为如下几种：第一种，也是最具代表性的，就是积极占领市场先机，进行创需开发；第二种，适应市场供应不足的商品需求，进行填需开发；第三种，分析现有市场，对商品工艺不断改进、创新，使之领风气之先，进行扩需开发。在及时掌握市场信息的基础上，对这些策略的灵活运用，才使得冀商们能够在纷繁复杂的市场中稳健立足、继而蓬勃发展。

图2-7中这张发票发货内容为："英式帽盒一百个，5.6元；新式帽盒一百个，5.6元"，落款发货方署日升东纸盒铺。如正文所述，武百祥抢占市场先机，以制帽起家，由于质量上乘并且样式新、品类多，成功吸引了众多顾客，很快占领整个东北制帽与经营市场。从这张发票中便可以看到，因同记自有工厂制造，所以票面上并没有帽子的信息，而是同记为放置帽子专门定制的纸盒，且是根据不同式样所做的定制。这张发票开具的年份注为伪"满洲国""康德6年"即1939年，因此，发票上所粘贴印花税票为所谓"满洲帝国收入印纸2分"，在现存同记的大量发票中，均贴附伪满印花，从某种角度看，

或可通过它们，联想当年民族资本工商企业在帝国主义管制压迫下的如履薄冰、举步维艰之困境。

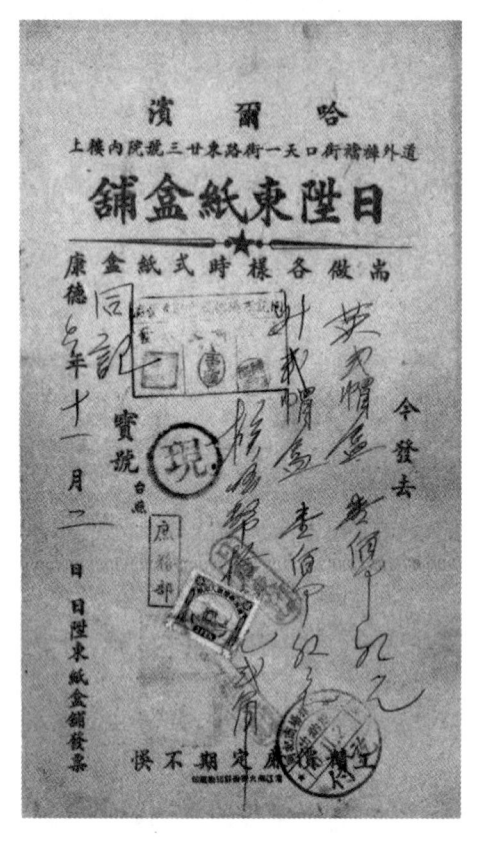

图 2-7　1939年日升东纸盒铺给同记商场开具的发票

不过要说明的是，从现存发票来看，同记与各类帽庄都有往来，如购买帽头、耳帽、军帽、毡帽、皮帽、英美帽、大头帽、保甲帽、协和帽、坤帽、小孩帽种种名目，数量都不大，推测应该是补同记工厂生产品种或产量之不足的。

图2-8中这四张发票发货内容分别为："特皮高腰棉坤1双，5元；特号牛皮抽代黑1双，4.8元"；"大号牛皮加带黑25双，2元7毛；小号……25双，2元3毛"；"大号加代黑2双，4元1毛，8.2元；小号……2双，3元7毛，7.4元"；"特号五眼鞋1双，14元；加高（?）代鞋1双，15.5元"。各种型号式样俱全。反映了武百祥

在经营中所规定的，对于人们常用的商品，同记都务必品种、规格齐全，无论畅销与否或利润高低都要经销，以尽量满足顾客需求，树立"百货俱全"的商誉，提高信用度、争取顾客，占领市场先机。

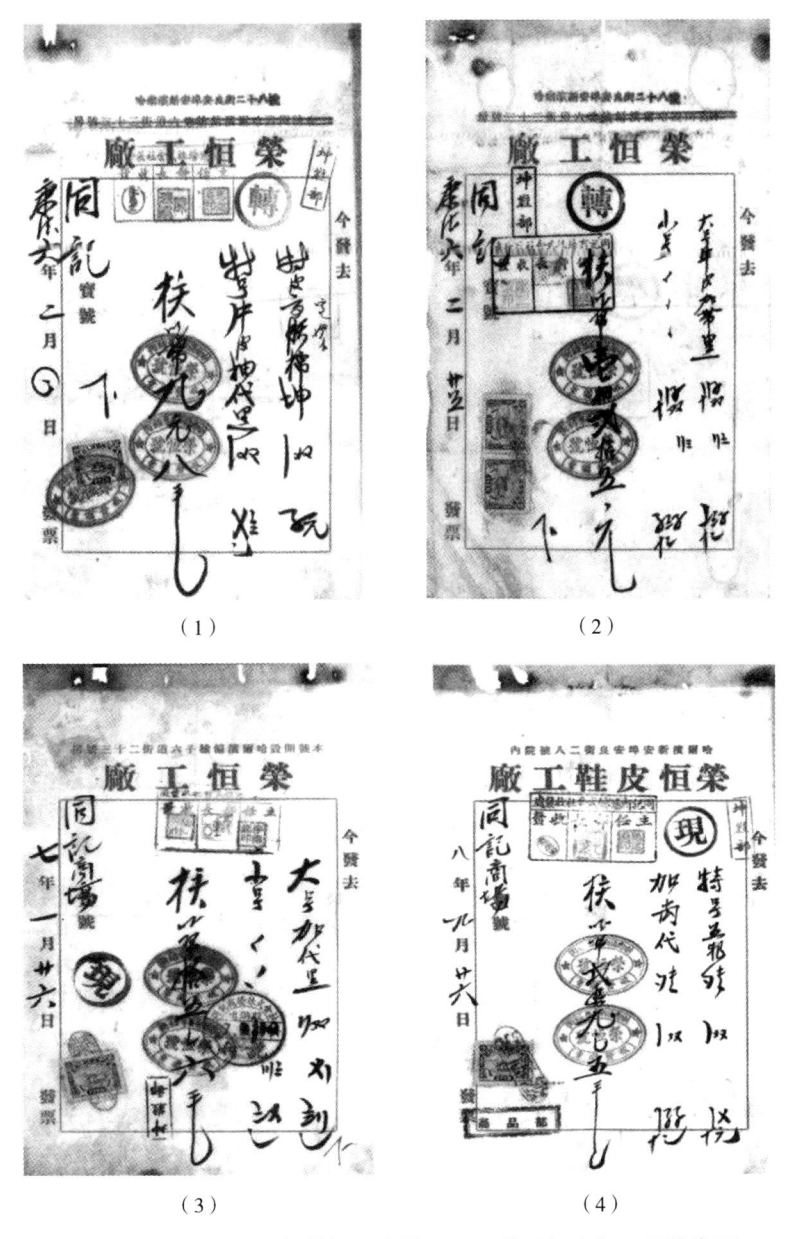

图 2-8　1939—1941 年荣恒（皮鞋）工厂给同记商场开具的发票

图 2-9 中的这四张发票，均为同记商场在 1940 年购进各类商品的发票，略可窥见同记进货务求商品货号齐全的一贯宗旨。

（1）

（2）

（3）

（4）

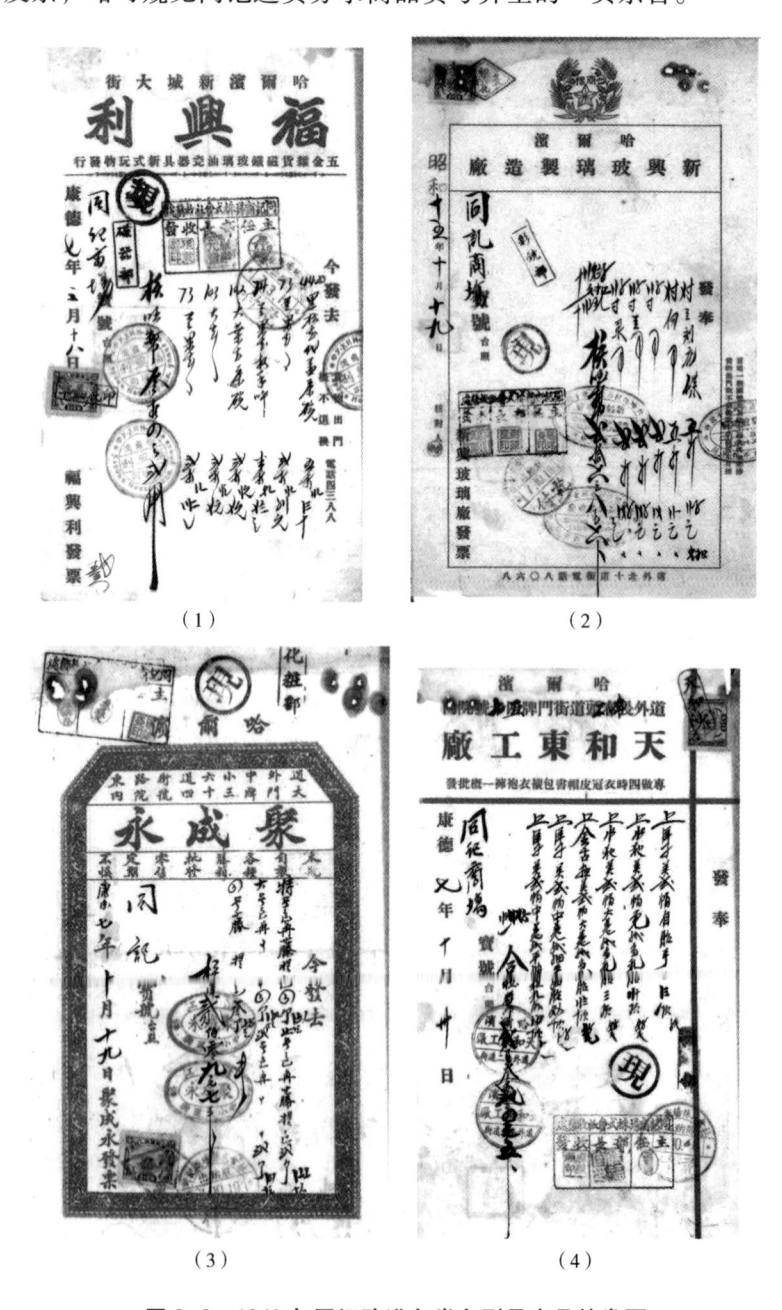

图 2-9　1940 年同记购进各类多型号商品的发票

第一张为 1940 年 3 月 18 日福兴利五金杂货店发货单，商品为"4420 黑松花代（应为"带"）盖茶碗五打；73 蓝黑花～～二打；74 蓝黑花杈手呼（？）半打；102 大叶花茶碗二打；103 大花～～二打；73 蓝黑花～～二打"。系各种样式的茶碗，商品名目前的数字为该类商品型号，"～～"表示与前述相同内容省略，同样 73 号前者有盖后者没有，所以分列书写。

第二张为 1940 年 10 月 19 日新兴玻璃制造厂发票，内容为"4 寸兰刻花碟五打；4 寸白卩（意为同上）五打；2.5 寸卩二打；2.5 寸兰卩二打；2.5 寸录（绿）卩二打"。系各种尺寸和颜色的刻花玻璃碟子。

第三张为 1940 年 10 月 19 日聚成永发票，商品为"特号包角藤提包四个；土（推测为壹字略写）号包角藤提包二个；大号包角～～四个；二号包角～～二个；四号藤提包三个"。系各种型号包角藤提包。

第四张为 1940 年 10 月 30 日天和东工厂发票，商品为"上洋刁（推测为'貂'字讹误或简写）美式帽自胎手工 130 顶；上水蛇美式帽霓（呢）绒刍礼胎二十顶；上水蛇美式帽大羔绒刍礼胎三顶；上金古拉美式帽大羔绒刍礼胎 28 顶；上洋貂美式帽中羔绒细平绸胎 94 顶；上洋貂美式帽中羔绒平绸粗礼胎 15 顶"。上述文字详细列出相应货品的材质（貂皮、水蛇皮）、风格（美式）、衬里（细平绸、平绸粗礼）、制作工艺（手工等）等信息。

图 2-10 中这张货票主体内容为"30 唐太宗花服绸五匹，7一，164.5 元，合洋一百六十四元五角"，右侧小字注"七残 5 毛"。也就是说，洪茂昌向同记商场发了三十份唐太宗花服绸，每份单价 7 元，但其中有 7 份残次品，是按照 5 毛的价格来计算，因此价格合计 164.5 元。这些残次品并不是同记商场查验出来的，而是发货方洪茂昌注明的，这说明是同记商场的主动购买，那么，同记商场为什么会购进残次品？考虑同记的两大商场，大罗新定位为高档客户、同记商场定位为中低端顾客，又以同记素来绝不以次充好的经营理念推测，残次品价格低廉到正品价格的 7% 多一点，质量差别却可能并不大，因此，这些残次品应该是针对中低端客户的购买能力和需求而购进的。

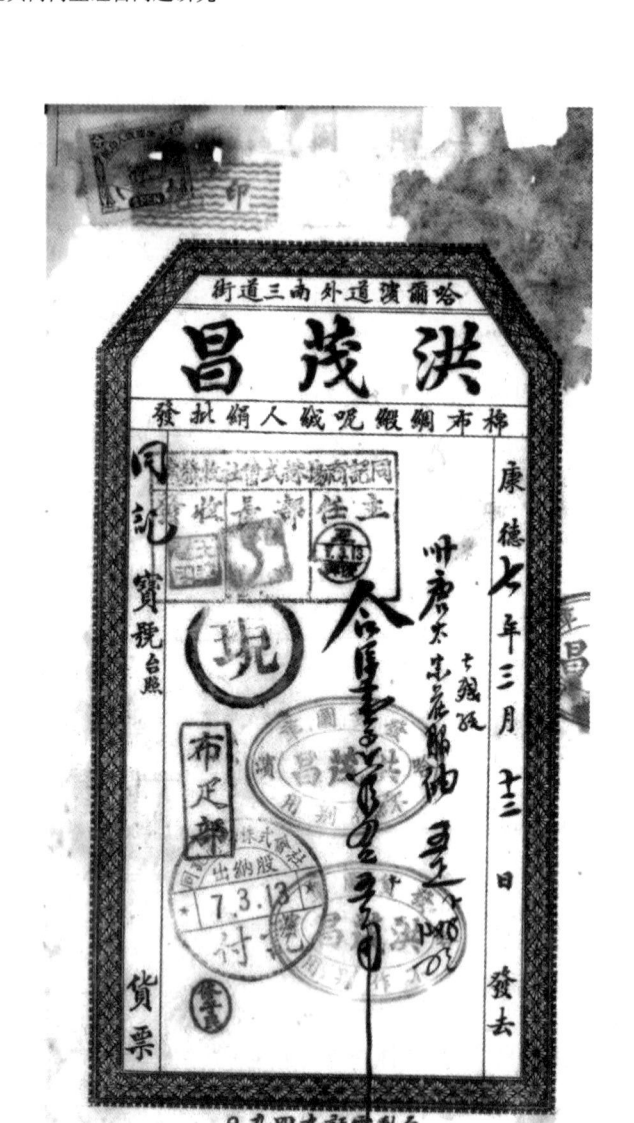

图 2-10　1940 年洪茂昌给同记商场开具的发票

二　物美价宜、讲求品质

商品品质是商家最重要的脸面，也是一切商业竞争的基础，"质优价宜"的经营策略早在汉代就被先商们提出，它是商业经营最基本的策略之一。商业经营不仅是简单地向顾客兜售商品，而是应建立起良好的顾客关系，满意度高的顾客对商家的忠诚会更持久，这才是商家竞争力的源泉，是商业经营取得成功的关键。在冀商的经营实践中，我们经常可以看到，为了建立与顾客之间的信任、构建和谐的买卖关系，他们以顾客满意为标准，把物美价宜、品质优良作为经营最根本的追求。

（一）百货业

武百祥对这一问题颇有见地，他认同商场之上首要的事情是谋利，但也认为，经商并不是把货卖出去就算了事，他说："古语云'经营有道，见利思义'，英谚云'顾客者，产业也'，这都是以顾客为商业本位的意思"；"必要注重顾客的利权，满足顾客的需要，使顾客均要得着美满和愉快的感觉，才可以使营业发达"。[①] 怎样才能做到这一点呢？他明确提出"利顾客"的经营思想，因此同记自开业始就十分注重商品品质与价格，其最根本的要求就是"货真价实，言无二价"：首曰货真，即柜台所售货品，均需清楚标明来源、产地，绝不准以假乱真、以次充好；次曰价平，不仅普通货物要价平，不能漫天要价，就是短缺物品、应时新货和稀缺商品，也"决不可使掠夺手段而高提价格"。

同记郑重声明："本店售货明码标价，童叟无欺。短斤少两者，差一赔十，质量不佳者，包退包换"，以名优商品赢得顾客，并且对已售出的商品，也实行保修、保退、保换服务，以达到顾客满意。为保证商品品质，武百祥在进货方面规定了必须遵循的原则，即产品必须确保质量、恪守信誉，否则一概不能进货，即便进了货也要马上退回，并要求采购人员严格执行，绝不准营私舞弊。当时同记商场曾经售卖过上海产的"双妹牌"雪花膏，有一次发现一批货质量不合格，他立即通知柜台停止销售，并联系厂家要求进行退换，但对方却自恃是市场畅销的名牌商品，百般推诿而不肯积极处理，武百祥便断然与其终止合作，改为销售上海另一家知名企业先施公司的雪花膏和化妆

[①] 武百祥：《大罗新政策》，载政协黑龙江省委员会文史资料委员会编《黑龙江文史资料》第二十六辑，黑龙江人民出版社 1989 年版，第 242 页。

品，因其质量优良，很快得到哈市消费者喜爱，原厂家却因为丧失了巨大的市场而后悔莫及。① 不仅如此，武百祥主张所售卖的必须是对社会生活有助益之商品，有伤社会风化的物品即便利润丰厚、能赚大钱也绝不考虑涉足，如当时卖赌具利润很大，同记有很多人见利心痒极力主张出售，而武百祥则坚决反对，他坚持"宁可把每年净赚四五千元的买卖不作，也不为魔鬼卖这份赌具"，最终说服了同人，表现出弥足珍贵的社会责任感和道德追求。

不仅是同记商场，同记工厂所生产、研发的诸多畅销商品，如白熊牌袜子、大罗新月饼和永年牌小人糖等，也都由于从源头就非常看重产品品质，因此赢得了广大顾客的认同和喜爱。如白熊袜子，武百祥从美国购进了成套先进设备，认真研究当时几乎垄断全国市场的两种上海名牌袜，取长避短，严格把握技术标准，不准有任何瑕疵，最终制造出最优质的袜子。在检验过程中，达不到规定标准的副品，也绝不以次充好，而是以质论价：若是产品经检验存在跳线、掉针的问题，但经修整后看不出瑕疵的，贴"鹦鹉牌"商标；若是经过修整也还能看出些瑕疵的，贴"玫瑰牌"商标；若是虽经修整，但瑕疵依然明显，不过并不影响使用的，贴"虎头牌"商标。在销售价格上，就要根据商品质量高低进行区别，数额差异几乎能达一倍。② 很快，同记的袜子因为质量优良、不欺主顾在哈尔滨市场上获得了很高信誉。为进一步发展，同记工厂开设了大罗香食品厂。当时在哈尔滨，除了外商的秋林洋行外，几乎没有店铺经营像样的点心和糖果，于是武百祥不吝重金，派高级经理专程赴天津聘请被人称为"天下第一糕点土"的点心师傅苏庆祥，又聘请来孙孝三、张玉亭等点心手艺高超的师傅。几经研制，所生产的"大罗香月饼"集全国各地月饼之精华，用料精良，加工考究，名噪东三省。"永年牌"夹心酥糖，像姿态各异的小人，式样独特、材料丰富、香脆可口，行销全国各地，被北京

---

① 葛辛垦：《商界泰斗武百祥》，载政协河北省委员会文史资料委员会编《河北文史资料》第三十三辑，河北文史书店 1990 年发行，第 160 页。
② 王立民：《哈尔滨同记工厂名牌产品的形成》，载政协黑龙江省委员会文史资料委员会编《黑龙江文史资料》第二十六辑，黑龙江人民出版社 1989 年版，第 184 页。

市场誉为"东来香"。

与此同时,在当时商家售货普遍报价要谎的环境中,武百祥坚持"处处要以道德、诚实、信用作利器,决不施用诈术"的原则,顶着各种非议压力,坚持在同记商场中实行"明码实价、言无二价"的做法,他提出宁肯受"言无二价"的损失,也不做撒谎发财的买卖。因此,对所售商品全部使用价码牌,进行"明码标价",在销售时童叟无欺,顾客和店员无须讨价还价,店员则皆要依牌价售货。这个开天辟地的举措,在哈尔滨,甚至可以说当时在全国都是首创,引发了一场改变旧式商界陋习的深远革命,同记也因此声誉更盛,顾客慕名而来,营业额剧增。

(二) 鞋服业

武清商人赵廷开办的"内联升"鞋店,素以穿着美观、舒适为追求,对产品品质要求很高:其靴面只选用南京特产的上等贡缎,缎面平整厚实,色泽也润泽黑亮;靴底要用上好的白布层层压平绷紧后缝制,务必骨力均匀、厚薄一致;甚至连纳鞋底的线,都是选用产自温州的上等麻绳,要求"麻绳粗、锥铤细、针脚齐、拉力大、勒得紧、针码匀",标准是每平方寸靴底至少要纳81针,如此料细工精打造出的靴底,被时人赞誉为"千层底",意即称美其坚实耐磨、久穿也不易走样,而且,内联升每定做一双鞋靴,都会反复为顾客合尺寸、试样子,直到顾客表示满意方止。因此内联升开业后不久,就声名远播,引得四方客似云来,晚清朝廷自皇帝到王公大臣都是它的常客。

天津老字号"同升和"鞋店,其立店理念就是用料考究、做工精细、品质上乘。在营办之初,鞋店为扩大声誉,本着宁可"三年不赚钱"的决心,从质量上严格把关:自产不合格的鞋不推广,外购未验收的鞋不入库,未盖同升和戳记的鞋不上柜。尤其是在李溪涛担任经理期间,同升和生产的鞋帽,不仅小自满月婴儿大到特码成人,号系齐备,花色品种俱全,且交货及时,从不误主顾穿戴,更重要的是,他对产品品质非常讲究,选材用料精益求精。如制作高档帽品所用的缎料,都是从南京著名的裕昌厚大绸缎庄购进,要使用旧时进贡给朝廷的所谓"贡素"作面,以最优质的海虎绒做里,夹层填充以最好的长绒棉；就连草帽，也是从日本进口原料或者他国进口帽胚，根据需要自行编织制作；即使是做便鞋用的布匹，都会选用品质上佳的新布；皮鞋更是必须要使用头层好皮，务求漂在水上也不会渗漏变形，穿着再久鞋底磨坏也不会开缝掉底。

呔商张怀禹开设在奉天的平记兴盛久服装制帽厂，质量把关十分严格，比如做帽子规定一寸13针，做衣服一寸19针，裤子的立裆、横裆21针，他每天都要抽样检查，一针一针数针脚，多一针不行，少一针也不行，不合标准的，无论工期多紧，他也要当着大伙的面，把衣服撕开重做。衬衣上一般钉小纽扣，小纽扣易掉，所以，每件衣服内襟上必须有一个备用扣。有时工人忙了忘钉，只要让他发现就会全批量返工，他也全程陪着直到工作完成。

经营丝绸生意的武安商人，如河南赫赫有名的贾三合绸缎庄，其所经营的绸缎和布匹主要是从江南产地进货，质量由上海驻庄的采购人员严格把关，所以货真价实、坚固耐用，当时开封城里最有名的恒同裕鞋店，数十年间一直用贾三合的呢料做鞋面，鞋子直到穿坏，鞋面仍旧不生毛茬、不褪原色。不仅在门店销售，当附近县市有庙会时，贾三合都会派人到庙会设立摊位出售。为了让不认字的百姓买上放心布，他们还别出心裁，在本店布匹上画三道印作为标记，凡是来买布的人，看见这个标记，就能识得这是贾三合的好货，可以放心购买，当时口耳相传的顺口溜说"三道贾绸缎，言无二价，货真价实"，可见其在百姓中信誉度极高。良好的信誉自然带来丰厚的利润，咸丰三年（1853年）贾三合结算，三年内盈利达8万两银子，纯利润就有3.85万两。①

（三）医药业

主营药材的武安商人，素以德行、操守与责任心为要务，提倡"医药及仁"，"所谓生意之最善者也"，认为自己的经营活动是为"救死扶伤""积德行善"，因此，保证药材品质是他们始终恪守的基本准则。当年东北流行"三大硬"的说法，即和发"货硬"、德泰

---

① 王兴亚：《河南商帮》，黄山书社2007年版，第41页。

"嘴硬"、顺诚"钱硬"。其中和发就是"徐和发"药店，其售出药材，会完全按照主顾所要求的药品名称以及产地、重量进行操作，为保持最佳的药性，他们在全国各地广辟进货渠道，精选地道药材，对购进药材要全部进行淘洗、过箩、筛检，去杂去劣去霉变等技术处理，并对存储用的药橱定期进行清理，保持中草药熬煎后无泥沙杂质沉积，还邀请顾客来监督柜台抓药，保证从不以次充好；而德泰兴则是有百年老店的金字招牌，嘴硬是指它信誉卓著，伙计们说话办事底气十足，口无二价，童叟无欺。

武安房氏在银川开办的德泰永药店，在经营中坚持"四不"：一是未经挑选的药材不许出售，二是不按程序炮制的药材不能出售，三是杂质未拣净的药材不得出售，四是不合格的药材及成药不能入库。不仅如此，武安药商以德为尚，还表现在经营中，凡是来抓药的人，钱若不够也照样给药，穷苦百姓则是免费送药；配置中成药时不论药材贵贱，一定会给足分量；抓药时，如果一个药方需要分开五服，店员都会耐心地一服一服加以准确计量。

再如始创于明嘉靖间的西鹤年堂药店，素以汤剂饮片享誉京城，其饮片均选用上等地道药材精细加工，在刀工上也极其讲究，外表匀称美观、便于煎服。而老字号同仁堂，自创始就谨遵"炮制虽繁，必不敢省人工；品味虽贵，必不敢减物力"的古训，店堂都需挂有"修合无人见，存心有天知"的警语，以此为自我约束、自我监督的铁律，代代相传。他们进药，"大黄要买瓷实的，带泡的不要；细料要做好的，下脚的不要；麝香要买怀帮杜盛兴的，不怕价高，但求货好"等，而正因所选的药材精益求精，才造就了几百年不倒的金字招牌。

在药都安国，当地药商也自古坚守"诚信为本，童叟无欺"的规矩，绝不以次充好，以其品质优良赢得了"草到安国方成药，药经祁州始生香"的美誉。他们在交易中还有个不成文的规定，即凡在安国与外地药商发生纠纷者，无论谁对谁错都先批评、处理安国人。安国当地有许多专门为买卖双方牵线的中介经纪人，旧时称之"跑合的"，这些经纪人在促成买卖后，只收明文规定的交易额2%佣金，从不私自截扣或坐地起价。不仅如此,他们还承担着交易风险,凡经手成交的买卖,如到期买方不能按时付款,不论出于何种原因,卖方的损失均由经纪人包赔,而当买卖双方因称量不符或药价高低争执不决时,经纪人往往牺牲佣金也要把买卖做成,因而信用昭著。

(四) 食品业

在食品界经营的冀商,开创出许多至今驰名的老字号。如全聚德烤鸭由冀州人杨寿山创建,他秉持"生财有大道,以义为利,……见义不为无勇,则因义而用财,岂徒不竭其流而已,抑且有以裕其源,即所谓大道也"①的理念,将店铺命名为"全聚德",即取"以全聚德"之意。烤鸭从选用原料到烤制方法,都一丝不苟地严格要求,如合乎上炉标准的鸭子,并不从市场上随机选购,而是由专门的饲养坊供应,生长期要控制在百日之内,重量也必须适宜,一般在五至七斤之间,必须使用挂炉来进行烤制,而所烧燃料必须是枣木等质地坚硬且有果味的木材,鸭子不烤至通体焦黄酥脆不可上桌。全聚德历任掌柜都能坚持这一原则,据说有次吴佩孚大摆筵席要200桌饭菜,数量过于巨大,有人便劝说当时的新任掌柜李子明,万不得已时可以偷梁换柱,将有些低级军官餐桌上的烤鸭以次充好,李子明听到后却断然表示拒绝,他随即动员全体员工上阵采购原料,对不符合上炉标准的鸭子坚决弃用,聘请手艺高超的厨师,最后,终于出乎人们意料地在限定日期内完成了配餐任务,从此后全聚德名声益隆,生意蒸蒸日上,达官要人、遗老巨商酬酢都以全聚德为首选,每天门庭若市。

沧州人丁德山创办东来顺,不仅选肉精致,片薄肉嫩,而且涮肉时所用佐料、辅料也十分讲究、独到,如他用特制的"铺流"法精心炮制出堪称一绝的酱油,以保持涮羊肉的独特味道,哪怕配制小小辅料糖蒜,都必须是赶在夏至前挑选出的清一色大六瓣蒜头,经多道工序历时三个月制作后才能食用。不仅如此,他还非常善于饥饿营销,即以"修灶"为名挂出暂时歇业的招牌,但在歇业之前的几天时间,他就嘱咐伙

---

① 同治《黟县三志》卷15《艺文志·人物类·舒君遵刚传》,清同治十年刻本,第29页b—30页b。

计待客要用最鲜美的羊肉、配上味道最足的调料，当食客们都感到涮羊肉味道正是最佳的时候，就开始宣布歇业修灶，食客们只能转赴其他羊肉馆，但却品尝不到那么鲜美的口感，于是苦等歇业期一过，便蜂拥而至东来顺，还往往因此能招来大量新客，可谓善贾。

狗不理包子创始人青县高贵友，以进口的美国兵船面粉做皮，嫩猪肉肥瘦配比手工剁馅，再将大骨头汤熬制到发白后搁置冷却，待凝结成糕拌入馅内，加之绍兴所产酱豆腐，煨上葱香的香油，成品鲜而不腻，很快驰名津门。耳朵眼炸糕创始人刘万春，他的炸糕皮面黏米必选北河、西河一带所产上等货，豆子一律精选上好朱砂红小豆，然后用优质红糖熬汁兑入调和，用油也讲究，要全程使用纯正的生芝麻油，这样做出的炸糕外皮酥脆馅料绵甜，勾人食欲。十八街麻花创始人大城人范桂林，创建字号之初天津炸麻花的店已经不少，于是他改良炸麻花的方法，使用发面，还夹上桂花、桃仁、冰糖、青红丝等各种小料酥馅，这样别出心裁的创新，使麻花更加香甜酥脆且易于保存。

柴沟堡熏肉的创制者张家口郭玺，精心钻研博采众家之长，以独特的烹制法将精选的肉料以老汤煮熟，再用柏木加以熏制，制出皮烂肉嫩、味道香浓、肥而不腻、瘦不塞齿的熏肉，时人有"飘香熏肉知多少，惟有'郭玺'入万家"之称。正定府闻名遐迩的马家老鸡，一度是清廷贡品，声名远播，创始人马洛发给后代定下的规矩就是："先做人、后经商""买多买少都是买卖，小孩老人童叟无欺"。乐亭刘美烧鸡也是如此，集色、香、味、形于一身，一时街头巷尾到处传扬"冀东烧鸡，当属刘美"，盛名传遍京津唐及东北各地。

闻名全国的保定酱业，代表者如槐茂酱菜，制作前都是认真甄选原料，毫不敷衍应付，如收购萝卜时采用向菜农直接采购的办法，按个给价，价格要高于市场上普通萝卜一倍，但要求菜农必须保证口感优良；同时，会与菜农约定协议："定货生产，籽种固定"，也就是不许随意变更种子种类，从而自源头上确保原料的品种精良。

类似的冀商经营例子还有很多，如呔商王玉堂在长春开办"积德泉"酿酒厂，从开业之初生产管理和产品质量就相当规范，选用的原料必须是当年产籽粒饱满的红高粱，保证不发霉不变质，辅料也非常考究，大麦、小豆同样要求新鲜，对装粮食的囤子、蒸曲的器皿，都要时常刷洗。酿酒用的泉水取自封闭式水井，以防掉进杂物，挑水都由专人监督，因此，积德泉的纯烧酒醇香绵柔，口碑越来越好，产品很快家喻户晓占据了东北市场。还有衡水人萧秉彝在琉璃厂开设的信远斋，所贩卖的酸梅汤闻名远近，其特点就是熬制得特别浓，熬好装坛后决不再往里掺水，还冰得很透，能够保证任何时候取尝都口感浓郁、味道清香，最喜欢信远斋酸梅汤的张恨水就曾说："一盏寒浆驱暑热，梅汤常忆信远斋。"保定赵遇和创办的福和公面粉厂，从小小粮店发展到颇具规模的大型面粉企业，所生产的"天水桥"牌面粉畅销保定及周边地区，依靠的就是品质过硬、信誉良好。赵遇和做生意的理念是：物美价廉，才能受到顾客欢迎，才能对同行有竞争能力。因此，他在经营粮店时就务求品种齐全、质量上好，粮店所在是回民和旗民集居点，这些人收入不高且购买零散，但即便如此，粮店也备置种类齐全的面粉，而且都保证色白、面干、量足，价钱却不贵，深受百姓欢迎，生意便越做越兴旺。

（五）日用品业

在日常用品行业，冀商也不落人后。如刻刀张创始人冀县张正新，幼时逃荒到北京，初以制作镊子为生，因为精工好用导致假冒名号者日众，他只能另谋营生，当看到市场上对刻刀需求量很大，而制作刻刀的铁铺很少且质量很差，于是便从事起经营制作刻刀的生意。他依然本着精工细作的原则，为制作好刻刀遍寻好钢材，当时质量最好的钢只有清政府的工部才有，被称作库钢，几经探访寻找，张正新终于在某胡同废铁铺找到了废弃的库钢，他马上全部买入并和掌柜约定，但凡今后遇有这种钢他会全部收购，后来再经过反复试制积累经验，终于做出了不锈不卷的刻刀，在京城声名鹊起。

在京师开办百年老店"天合成"的衡水人刘福成，最初靠起早贪黑走街串巷的货郎生意积累资本，他在经营实践中最看重的一条原则是"不怕不卖钱，就怕货不全"，而且商品虽小但质量必须上乘，宁肯成本提高也要备置优质商品。如妇女纺织缝补和清洁用品中，钢针是从南河漕有名的"钢针张"进货，顶针从东大石桥"顶针李"作坊中选货，胰球和玫瑰碱就专从前门外珠宝市"花汉冲"进货等。不仅如此，考虑到劳动妇女买东西总会精打细算，刘福成懂得顾客心理，像卖棉线，虽然售价与别家相同，但天合成却会比别家店铺多给出来一两圈，因此赢得了不少回头客。

更值得一提的是，为推动国人体育事业发展而创办天津利生体育用品厂的孙玉琦，其立厂根本原则就是"守着商业的信用去选择最好的材料，用精巧的技师做最适用的成品"，所以利生人无不自豪于"用过我们东西的主顾们，没有不承认我们的产品质地优良、制造得法的"。他们恪守信誉，提出"凡我们有担保记号的东西有了毛病，我们情愿给您修理或退换"，恳请顾客"千万来信指明不满意该物的原因，并将详细地址告知利生厂家"，以求得产品改进。孙玉琦还兴建体育场馆如网球场、游泳池等运动场所和儿童游乐场，将新研制的产品在这些场所进行免费试用，以了解产品性能优劣、不断完善。正因如此，利生厂生产的体育用品的质量水平在20世纪30年代已达到国际标准，不畅销仅国内，还远销亚非欧70多个国家和地区。在国内重要体育运动会与一些国际赛事上，利生的产品经常被选为指定用品。当时率队参加世界运动会的中国篮球指导董守义说："在天津万国篮球比赛及华北球类比赛中，以该厂出品几经考验，认合标准，即正式采用该厂出品之球作为比赛之用。在中国由西人认为合格采用者，利生工厂实开最先记录也。"南开学校校长、教育家张伯苓先生说，利生"出品更较前精而价仍较低廉，但求便于众，利于国，个人利皆非所计，这种牺牲精神是很可佩服的"[①]。

商品是经营的第一要素，当商品质量足够优良，且为社会大众所熟知，在其心目中拥有极高的信誉和认同感，就会形成非同一般的社会影响力和号召力，是故，商家所营商品的声誉在很大程度上就能够象征自身的信誉、为自身创造声誉。换句话说，在经营竞争中如果想赢得优势，商品本身才是关键。因此可以说，以品质赢市场，以货真

[①] 刘新文：《体育用品的开拓者孙玉琦》，载河北省政协文史资料委员会编《河北历史名人传·工商经济卷》，河北人民出版社1997年版，第172、176页。

价实、质量可靠、信誉至上为根本经营宗旨，无疑是很多冀商经营成功的最重要因素。

三 技术进步、精益求精

善于抢占先机、追求物美质优外，"技术进步、精益求精"也是冀商经营实践的主要指导思想和持之以恒的追求目标。

如起源于清咸丰年间的唐山丰南猪鬃业，经营者们在追求工艺技术的进步上面投入了很多心思，最初是采用以手去揉搓猪鬃的办法，使猪鬃质量有所提高，后来，商人李善记利用捡来的铁丝，制成了梳理猪鬃的工具，称作"招子"，接着又发明了各种专用工具，使产品的生产和制作工艺不断完善。光绪三十二年又有生产者用蒸煮的方法加工猪鬃，如此不仅可以彻底消毒，还能够使产品富有光泽、丝缕齐整。

当武百祥的同记工厂开办后，鉴于猪鬃、猪毛不仅是民用工业不可缺少的原料，且在东北地区大宗出口中占有重要地位，他便聘请留华的外籍专家担任技师，建立起现代化的鬃毛生产体系，他说："猪毛、猪鬃、马尾山货等占东北大宗出口的第三位，全东北每年出产猪毛、猪鬃500万斤。奉天300万斤，哈尔滨200万斤。哈尔滨出产中有20万斤白毛。以前东北没有制白毛的，便都销到日本，由他们制出来后转卖欧美及我国，这笔收入便被日本人占去了。……由这位专家设计研究，现在已完全可以制造白毛了，并且已与东北贸易局订了合同，每天可出产200斤经过消毒、漂白、上光的白毛，以后还可以大量发展，这在东北还是独一家。"[①]

不仅如此，武百祥深知，要谋求更大发展，就要不断扩展商品范围、坚持技术进步。当时的哈尔滨，各国资本的商业竞逐非常激烈，有28个国家在此开办各类工厂、洋行、银行等，民族工商企业面临着很严重的生存压力，因此很有必要学习外埠、外国的先进经验与技术。于是武百祥先后组织企业的商工考察团赴国内大埠名城学习，还东渡日本参观考察，又派员到苏联、波兰、英国、法国、德国、瑞士

---

① 王立民：《走上光明之路》，载政协黑龙江省委员会文史资料委员会编《黑龙江文史资料》第二十六辑，黑龙江人民出版社1989年版，第160页。

等国，在工业方面，看设备、看产品、看组织、看设计，在商业方面，从内部设施到室外装潢，从商品陈列到客户接待，从经营之道到管理模式，多所观摩。1921年，他革故鼎新开办哈市第一个由国人独立创办的大型新式商店"大罗新环球货店"，后来形成了包括同记商场、大罗新环球货店、同记工厂等十几个经济部门，集产、供、销于一体，商工并举联营的企业。

保定高阳织布业也是如此，20世纪初，大量洋布进入中国市场、行销区域遍及华北各地，随着洋布在国内大量倾销，土布市场遭到严重挤压，高阳原产窄面土布也不例外。商人们很快意识到，土布出售比不上洋布的主要原因，在于生产设备落后、纺织工艺不精，所以织成布匹的品质就相对粗糙、穿着舒适度不够。在此形势下，蚨丰布庄的杨木森敏锐地做出判断：商业振兴需要工业技术发展的推动，便号召高阳布商成立商会，提倡纺织，研究改良土布。商会成立后，迅速派人赶赴天津动业等各个工厂，调查了解纺织工艺技术发展情况，并参观直隶高等工业学堂，购回当时先进的人力木轮机，在本地择良工巧匠仿造，分发织布于各村，提倡改织宽面土布，工艺提升，所产果然较之前品质明显精良，市场销售状况很快见到起色。[①] 后来，商会认为本土布质仍然比不上洋布细密，于是再赴天津考察，比较后发现日本产的铁轮机"灵巧式样，梭杆便利"，随即派人到日商洋行去学习铁轮机的织造操作技术。但当时铁轮机市价高昂，农民无力购买，同时因生产能力大、消耗机纱较多，这种状况极大地限制了铁轮机在乡村的推广。为了推广铁轮机，杨木森自筹资金开办蚨丰工厂，以期推广各种土布，精益求精，使布质与外洋相仿，后来工厂因故停业，他便另辟蹊径，告知乡间机户凡是想使用铁轮机织造宽面布的，仅需预先支付原机价格之半，便可提领走一台织机，以后定期从蚨丰商号领取织布用的机纱原料，织成的布匹成品，蚨丰号会根据质量档次支付手工费用，所欠剩余机价渐次由手工费中扣除，后来发展到只要找

---

① 陈美健：《高阳布业商魁杨木森》，载河北省政协文史资料委员会编《河北历史名人传·工商经济卷》，河北人民出版社1997年版，第180页。

到可靠的保人担保，半价都可不预先支付就可以提领机器。商会经过调查认为杨木森的做法颇有功效，遂予以大力推广。

实行这种被称作"撒机制"的方法后，铁轮机应用得到推广普及，旧式手工织机逐渐被取代，高阳织布业从此脱离了传统家庭手工生产模式，不仅空前繁荣，还开启了向近代产业的转型。商会又于1910年开办了工艺研究所，主要业务是"研究布匹格样，品评布质"，规定各商家收布时，"另册存记，注明机户姓名，在名侧填注布质"[①]。每月初一和十五两次召集会员商家携带各自的收布账册集会，分别汇报本月所收布匹数目，以及所雇用织户手工技术水平优劣。在官方产品质量监督制度没有建立起来的情况下，工艺研究所实际上承担了这种职能，且为了鼓励后进，他们还设置了奖励现金的办法。在织布业发展的历程中，高阳人表现出了精益求精、敢于破旧立新的积极进取精神。到1920年前，棉白布已发展为高阳织布业的拳头产品，第一次世界大战期间洋布进口锐减，国内其他地方出产也很少，高阳棉白布遂销路大开。但1920年后洋布卷土重来，加上外省同类产品竞争，销量又遭遇了急剧下滑。面对市场形势的突然变化，高阳人依然孜孜不倦于创新求变，努力在技术进步上找出路，先后开发出条格布和人造丝布等新款式、新品种，成功开辟新市场。20世纪30年代初受世界经济危机和"九一八"事变等外界因素影响，高阳布的销售再次陷入困境，但高阳商人不屈不挠，一方面在南方汉、沪及北方新疆等城市、地区努力开辟新市场，另一方面继续在新产品的研发上加大投入，迅速拓展印花、染色和轧光等工艺，把本地织布业发展成为织、染、印、轧一条龙的系列产业，使高阳织布业始终保持长盛不衰的发展势头。

邯郸商人王铭鼎所创办的民生织布厂，采取的办法亦是分发给各织户原材料，然后计件按量收购，一般家庭织户通常使用的是手拉式木质织布机，而为了保证布匹成品的品质，他投资为各家织户配置脚蹬式铁质织机，此一举措，极大地促进并带动了邯郸地区织布行业的技术进步。1922年他又创办邯郸怡丰面粉股份有限公司，面粉加工设

[①] 王金洲主编：《冀商典藏》，花山文艺出版社2015年版，第781页。

备采用进口的先进机器，所产面粉行销远近。在积累起一些企业运营管理经验之后，他又开办了贞元亨粮店打蛋厂、裕新铁工厂和贞元增酒厂等企业，或者以当地农产品为加工对象，或者直接为农业生产服务，每办一个工厂，他对集资选址、购设备、进原料、安装调试、生产出产等各个环节都一一过问，务求机器精良、工艺先进，其酒厂即是今日知名企业丛台酒厂的前身。

始创于光绪二十八年（1902年）的老字号鞋店同升和，主营范围是高级定制手工皮鞋和传统千层底布鞋，其所生产的鞋靴，一律使用优质的天然皮毛棉麻等原料制作，直至今天依然亨誉国内外。最初，鞋店是制作传统鞋靴，辛亥革命以后衣冠潮流风气变化，受欧洲式样影响的西装革履种种服饰成为人们追逐的时尚，这就为制鞋业提供了新的发展空间。经理李溪涛果断做出决策，在不放弃传统布鞋供应的同时，大力发展高档皮鞋的生产，他引进当时最先进的设备，延请制鞋名家，在设计和制作上不断探索，力求融合中西方工艺，很快，"同升和"款式新颖、高档时尚的皮鞋上市，引得顾客纷至沓来，门庭若市。然而李溪涛并不满足于此，他非常注重搜集市场信息，加大投入，不断增加新的式样品种，而且制作工艺在继承传统的基础上不断改良，于细节之处都力求完美，甚至精细到缒鞋用的麻绳，都要以松香、石蜡加以处理，务使其坚固耐用。不仅如此，同升和为不断翻新式样，迎合人们追求时尚之心理，还经常派出店员去商业繁华热闹的场所，仔细观察来往人群的衣着穿戴，一旦发现样式新潮美观的鞋帽，就要当下绘制出草图，返回后便着手依样研究制造，通常不出三天时间，新产品就被陈列在店铺橱窗里，效率极高。遇有外国人、外地或少数民族的顾客来店，若发现他们穿着新潮，就会由经理出面请他们稍作小憩聊天，端茶倒水伺候，店员则借为客人摘帽擦鞋的机会，把鞋（帽）拿到店铺后面的作坊打样仿制。某次，有位顾客拿着块礼服的呢料来定做布鞋，李溪涛发现，这种面料做出的鞋子既有布鞋舒适吸汗的特点，又有皮鞋坚实柔韧的长处，成本比皮鞋低廉还经久耐用，就马上批量制作，果然，这种鞋子一经面世就立即风靡平津，后来成为盛行全国的畅销品。①

不仅如此，爱国冀商们不只满足于学习国外技术，他们更致力于不断改进生产工艺，以与国外同类产品抗衡、竞争，为民族工业扬威。

爱国实业家杨扶青在新中罐头公司开办和发展过程中，充分发挥他在日本留学期间研究和掌握到的罐头生产加工与企业管理技术，自兼技师，经常和工人一起工作，共同商讨、解决生产中遇到的技术问题，逐步提高生产水平和产品品质。在他和伙伴张子纶的指导下，公司培养起属于自己的技术骨干和熟练工人，无论是产品数量，还是产品品质，都得到了显著增加与提高，在市场上赢得了很好的声誉。他还及时更新技术、扩大生产规模，专门从德国进口机器设备，购进马力大、功率高的新式锅炉与发电机，使得每年产能达到约 80 万听罐头。新中的罐头产品品质精良、价格公道，很快就在华北和东北市场上打开销路，获得良好反响，不仅能与当时日商生产的罐头相匹敌，还走向国外市场，远销西伯利亚。为提升企业影响、扩大销路，杨扶青还曾把产品送往巴拿马国际博览会参展，为国争光。②

冀州商人史东初，先是创办了我国第一家国人独资经营的中成搪瓷厂，1912 年，当他发现法国进口的"三花"香皂销售量很大，决心与之抗衡，遂精心配制原料，反复试验，仅一个月时间就集资开办起中国第一家香皂厂——中昌香皂印刷制罐厂，主打生产"金花"香皂，由于技术先进、原料优良，"金花"在质量、重量甚至包装等方面都优于"三花"，但价格却只是后者的五分之一，上市之后很快占领市场，逐渐将"三花"挤出中国。史东初热爱祖国，他所创办的企业名称如"中成""中昌""志成""建华"等，均为寄望民族工业繁荣昌盛，以抵制外洋之意。③ 同县商人徐彩臣，改进传统工艺，以废弃的旧料器为主要原料，加上碾碎的螺壳制成玻璃砂，效果良好，遂

---

① 钟群庄：《同升和帽店总经理李溪涛》，载河北省政协文史资料委员会编《河北历史名人传·工商经济卷》，河北人民出版社 1997 年版，第 153 页。

② 董宝瑞：《杨扶青与新中罐头公司》，载河北省政协文史资料委员会编《河北文史集粹·工商卷》，河北人民出版社 1991 年版，第 215—216 页。

③ 张嘉琦：《史东初和他在天津创办的工业》，载政协冀县委员会冀县文史资料研究委员会编《冀县文史》第二辑，政协冀县文史资料委员会 1987 年印行，第 35 页。

在天津开办双和盛玻璃砂工厂。这些冀州商人，他们追求技术进步以抗衡进口产品的创举，开创津门乃至全国搪瓷、香皂、玻璃砂制造业之先河，其对民族工业近代化的巨大贡献是不言而喻的。

我国北方第一家机械造纸厂——显记纸厂的创办者李显庭，受康有为、梁启超等人变法维新思想影响，立志投身"实业救国"道路，他偶然发现县城集市上在出售从朝鲜进口的高丽纸，相较国产纸尺码大、质量好，因此深感愤懑，纸是中国发明，但我国造纸工业却落后于朝鲜，他认为这都是忽视改进造纸技术所致，几经思考，决心要与朝鲜纸业竞争，夺回国内市场。他三下朝鲜去学造纸技术，第一次，赤手只身去往平壤，在一家纸厂作小工，精习钻研，五年后回到家乡开办小规模造纸厂；第二次，因为不满足于造纸技术仍然还是手工抄制，方法笨重，与过去并无实质改进，而且这种方式产量太小，于是再下朝鲜学习机器造纸技术。他通过重金疏通关节，几次进入一家机器造纸厂参观，因为工厂管事者不允许用笔记画，他就在参观的同时仔细用心揣摩，待返回住所后，再根据记忆逐一画出机器的各部分构造及零件，记录下大概数据。就这样经过数日观察，他凭借努力了解到机器造纸的工艺流程，也搜集到了造纸机械的样式和相关数据。等回国后，就专门赴天津联系定制造纸机器事宜，机器制造厂根据他提供的图纸数据制出一套机器，但不知什么缘故，虽经多次改装修理，发电设备却一直无法运转；李显庭没有因困难而沮丧，振奋精神三下朝鲜，经过百般波折，终于了解到水力发电等有关支撑技术的原理。回国后他筹资建厂，亲自设计、亲自勘测、亲自领导施工，解决了动力问题，终于攻克了最大的生产难关。显记纸厂生产的机制"大力纸"（亦称"红辛纸"）和"油衫纸"，幅面宽大、质地厚实、拉力极强、质量极佳，而且价格便宜，很快就成为知名品牌，打开销路，超越朝鲜产高丽纸，畅销平津和东北各地。①

总之，冀商们顺应时代潮流，十分注重提高产品质量，不断更新

---

① 马永春：《造纸实业家李显庭》，载河北省政协文史资料委员会编《河北历史名人传·工商经济卷》，河北人民出版社1997年版，第143页。

技术，在经营中或积极引进最新机械设备，或高薪聘请技术人员，吸纳先进管理经验……这种不断奋进、精益求精的追求，无疑是冀商精神的又一重要体现。

图 2-11（1）这张发票边框左侧印有红色小字，说明商品种类与经营方式，并印有"货高价廉""不误主顾"字样。图 2-11（2）的这张发票开具时间为民国三十八年（1949 年）9 月 30 日，也就是中华人民共和国成立前一天。票面记载购买红绸子黄绸子做国旗两面、旗杆缠红带铜顶旗杆两份。这张票据最为直观地反映了新中国成立前夕，民众热情洋溢制作国旗以备庆祝的历史情景。在票据的抬头及左侧边缘，商家用区别于边框的绿色字体特意印制"工精料实、定价低廉""欢迎比较"的字样，当是视为其对所经营商品良好品质的保证和信用承诺。

（1）　　　　　　　　（2）

图 2-11　1940 年天津文记帽庄发票、民国三十八年（1949 年）北平万成号发票

第三节　冀商经营的财务理念

商业是以营利为目标的活动，在商业经营过程中，冀商资本运作的方式也表现出良好的成本意识和灵活的筹资理念。一方面，经营成本最小化无疑是利润最大化的必要条件，所以冀商往往积极寻求各种途径，以降低成本、提高收益。另一方面，随着经营规模的扩大，民族企业普遍面临着资金短缺的问题，在这种境况下，冀商又能长袖善舞，多方拓展筹资渠道、充分利用外部资金。

一　降低成本、薄利多销

成本的降低意味着利润的增加，冀商对此都非常重视。降低成本的方法多样，而冀商所最普遍采用的，就是自行生产或者到产地直接收购，他们也很善于搭建和生产者之间的联系，采取直接或间接向生产者订货或发放原料给生产者加工的方式，以增强对成本的控制能力。并且，他们深谙价轻售速、薄利多销的道理，注意加快资金运转以财生财。

（一）以商兼工

武百祥在同记开始经营后不久，便采取"以商兼工"自行生产的方式来控制成本，开创哈埠先例。1910年，他利用同记商铺后院的空地，就地起楼，安装发电机、汽力机、制帽机、蒸汽锅等机器设备，雇用工人自行生产，同记工厂就此诞生，从最初单一制帽，逐渐发展到生产各种流行服装。到1917年，武百祥又在松花江北岸开办养猪场，专门为同记工厂提供皮革原料。后来，随着经营规模的扩大，武百祥还在工厂中增设了酱菜、米醋、罐头等日常食品的生产部门。1921年前后，同记工厂已发展成为一家多种产品的综合性生产企业，是同记商业重要的供货基地，自产自销，极大地节省了所经营商品的购进成本。

类似同记这种前店后厂的经营模式在冀商中比较普遍，这种模式不仅可以有效降低进货成本，同时可以针对不同顾客的不同需求，有目的地生产适销对路的产品。并且，无论资金雄厚的商号还是本小利微的店铺，这种方式同样适用。前者如老字号同升和鞋帽店，在李溪涛担任经理期间，就始终坚持"前店后厂、自产自销、以销定产、以销进料"和"小批量、多品种、投产快、周期短"的方针，建立呢帽厂和制鞋厂保障货源。呔商则相继有孙秀三、赵汉臣、刘临阁、王执中等人引进先进机器设备，建设专门的加工和制造工厂，形成产、供、销联营的大企业，极大地提高了竞争能力。后者如包揽了保定布线业的冀州商帮，他们多为家庭或家族式手工作坊生产，前店后铺经营，规模不大但资本投入比较灵活，以枣强籍商铺为例，"无富商大贾，所有者仅集股营业者耳，……商户数十家，其资本大者四千圆，小者二千圆，至五六千圆者百不一睹"①。

（二）源头采购

产地或源头收购的模式也是冀商所经常采用的，如同记对很多无法自行生产的商品，很注重建立多种进货渠道、采取灵活采买方式，以降低购进价格并充实货源。对外国商品，或者由国外驻庄直接采办，如日本大阪驻庄的业务范围，负责采购绸缎、呢绒、布匹、钟表、化妆品、眼镜、文具、玩具等东洋货，或者与驻哈尔滨的外国洋行建立稳固关系，如长期代理意大利的防水扣，英国的代乳粉和毛毯，德国的西药、五金和颜料，以及法国的化妆品等各类西洋货。对传统工艺品、土特产品和国产名牌商品，同记通常从产地直接采办，如设在京津沪等地的驻庄便要负责购买绸缎、布匹、针织品、毛巾、手帕、瓷器、茶叶、皮货等商货；若是产地距离较远，但质量、销量和价格都比较稳定的大宗货物，同记就使用函购订货的方法，和生产厂家建立持久稳固的合作关系；对小宗商品，则主要从本埠工厂、手工业者和批发商手中按市场需求灵活购入，勤进快销；对少数生产零散的农村土特产，采办人员便直接去乡间购买。与此同时，对某些名优商品，尤其是有地方传统特色的商品，还特别采取"包牌进货"方法，由同记独家经营，从而有效节约资金。不仅如此，同记还积极参

---

① 民国《枣强县志料》卷2《实业》，民国二十年铅印本，第22页a。

与到某些包牌商品的生产过程中,像上海的内衣、景德镇的瓷器等,同记都非常注意和生产商沟通,在加工定做之前,通常会提供符合市场需求的式样、规格等信息,并在成品上标注以"同记监制"字样,这类产品投入市场后,往往因为适销对路而反响甚佳,深受顾客欢迎。①

呔商李云亭经营的天丰涌杂货店,也特别重视建立与原产地货源的直接联系。其采取的方式通常是派出精通业务、熟悉山海杂货质量和行情的人员,长年驻扎货源产地和集散地,当面看货、现场选购,这样既能保障货品质量,又节省中间环节,人人降低了转手成本。因为山海杂货多数都有比较强的季节性,尤其是在收获时节,天丰涌也经常及时委派人员到产地直接进行采购,如此在价格上就会有比较大的选择余地,同时,李云亭也很注重与产地经销商建立信用关系,特别是通过函电的方法建立联系,每到收获季或商品短缺时,只要一封信或电报,对方就能按照要求及时供货,可靠快捷,且节省成本。

推动高阳布业发展的杨木森,他所发明的撒机制经营方式,被经济学家称为"商人雇主制"。在这一举措下,商家不用花费巨额资本,便可扩充生产制造规模;农民也不用过多投入,就能置机织布,商民共赢,既节约了管理支出,又能够防止生产者求量不保质,而且,用先进的铁轮机织出的布匹密实匀净、富有光泽,但价格却相比洋布低廉,因此购销两旺。蚨丰号前后撒出铁机 1000 多张,收回布匹数量相较使用木机时可翻数倍,销售获利相当丰厚,众商纷纷效仿,使高阳布区布业突飞猛进蓬勃发展,成为我国民族工商业史上的一个奇迹。

再如东来顺涮羊肉,随着生意日渐兴隆,羊肉销售与日俱增,肉羊的来源就成为摆在丁德山面前的首要问题。丁德山通过对市场行情的观察,决定自己来买羊、养羊,如此,既可以保证充足的肉源,保证羊肉质量的稳定,还可以带动其他周边项目的经营,有效降低购销成本。于是每年秋后,他就联系德胜门外的羊店,以较低的价格买进

---

① 刘实秋:《同记的业务经营》,载政协黑龙江省委员会文史资料委员会编《黑龙江文史资料》第二十六辑,黑龙江人民出版社 1989 年版,第 116—118 页。

大批活羊，然后交给附近农民饲养，给予其工价，所费并不多，待数月后羊只养肥，就正好能赶上涮肉旺季的到来。等屠宰时，要把羊肉肉质最为肥美的部位全部留下自家备用，剩余部分卖给其他有需要的店铺，这样的一番操作，不仅能够确保本字号羊肉的味道纯正，维持住食客的良好口碑，还能够得到一笔额外收入。据字号旧存的账簿记载：每年涮羊肉旺季的几个月里，光羊肉片销量就有10万斤以上，而此时羊肉片的价格已是进货时的两至三倍了。

（三）价轻售速

节约成本之外，价轻售速、薄利多销是商业经营的一般规律，而其所反映的财务原则，就是要使资金快速周转不停滞，以在流通领域中生生不息。此原则尤其适用于创业之初资本较少的商人，所谓"成本无多，利货速售，方足以资周转"。但实际上无论资本规模大小，很多冀商在经营中将此视为财富增长的要诀，都非常重视薄利多销以加速资金运转。最典型者如旅蒙张库商的皮毛业，河北籍张库帮商人大多资本不丰，因此通常会抱团结伙，多者十数人少者五六人，资金运作方式非常灵活。如为满足蒙方市场巨大的需求量，在皮毛栈进货时，他们独自负担不起，便两家合伙出资，合伙负担不起就众人共同集资，这种合作方式，在其他行业中是极少见的，而在销售时，则完全采取快进快出、薄利多销、绝不囤积的模式。

再如同记，武百祥认为降低利润是经营的第一要点，不必一味追求高额利润，只要货物流转起来，速度越快，利润也会随之快速累积增加，特别是零售商店，"若轻减货利，其价必廉，其价既廉，顾客必多，销路亦必日广，自然获利之机就更多"[①]，他很不认同当时某些大商店的做法，即自恃规模大、货物多，只一门心思谋求多获厚利，而全然不考虑顾客会因此裹足，惯于抱持买否自便的消极态度，他认为，若长此以往发展下去，商品势必逐渐无人问津，资金周转缓慢，经营则必然陷入窘境。不仅如此，根据对现有老发票的观察，当年的

[①] 武百祥：《经济问题·经营的经济》，载政协黑龙江省委员会文史资料委员会编《黑龙江文史资料》第二十六辑，黑龙江人民出版社1989年版，第261页。

同记，还勇于尝试，在国内率先实行即时结账的方法，突破了旧商界传统的月结、季结甚至年末结账的惯例，保证了对供货方的信誉，同记的结账方式，一般分为现金和转账两种，无论涉及金额多少，基本都能做到当日或隔日钱货两清。而且，同记还首创了在单张发票上同时记录多部门核验流程的做法，就类似今天多联式发票的功能，由采买人、收发人、部门负责人、主任确认签字后再转入财务，并且商品会依据种类直接划拨给所属柜台发售，过程一目了然。这项开天辟地的举措，既能够缩减商场的仓储费用支出，又能够有效加快资本的流转速度，还能够节约发票的纸张成本。商场每单进货商品的数量多数并不大，又是直接进入柜台销售，而柜台就可以根据各类商品的销售状况不断上新补充，还可以及时保证市场所需。

成本降低意味利润增加，武百祥在同记开办后不久便采取工商兼营的办法来控制成本，而对无法自行生产或生产成本相对较高的商品，他则注重建立多种进货渠道、采取灵活采买方式，以降低购进成本并充实货源。图2-12中这张是1939年2月14日哈尔滨协盛针织工厂的外衣发票，票身写明："纯绒单线女外衣22件，手工8毛"。可以看到，发票上并没有提到原材料的费用，结合票眉"代织手工、工精价廉"字样，可以推断，该发票反映的事实是，同记商场自备了线绒，请协盛针织工厂将其制作成外衣，如此只需交付手工费用，一定程度上节约了商品成本。

图2-13（1）的这张发票货品内容为海虎绒27.5码，（2）的这张发票货品内容为"海虎绒西式帽二打，42.5元；中人协和皮帽二十顶，2.3元"。两张发票钤盖的印章都是"帽部"，海虎绒也就是长毛绒，是东北地区制作帽子的常用材料。同记以制帽起家，而这两张同一时间开具的发票可以反映出同记成本控制、灵活经营的特点。据工作人员回忆录，同记商场设有裁衣室，可以根据顾客要求设计加工，因此需要购进原材料备用，而大宗服饰或有特殊要求的，则或送至同记工厂或外包其他商铺制作。

图2-14中的这张发票的发货方震兴源商号经营绸缎呢绒批发，发货内容为"30码三娘教子新卷（?）变（编）织十匹，278，合国

币二百七十八元"。从中可知，这批纺织品是有"三娘教子"图案的，"三娘教子"是当时民间尤其是普通百姓喜闻乐见的故事，可见，同记为了吸引不同阶层的顾客，特意定制带有特定图案的布料来进行销售或现制成衣。

图2-12 1939年协盛针织工厂给同记商场开具的发票

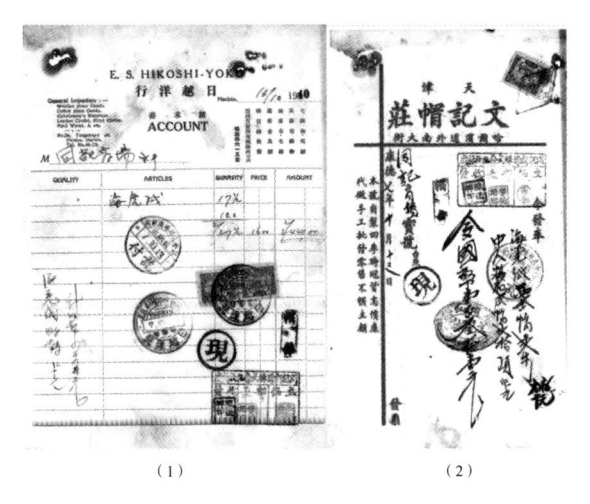

图 2-13　1940 年日越洋行及天津文记帽庄给同记商场开具的发票

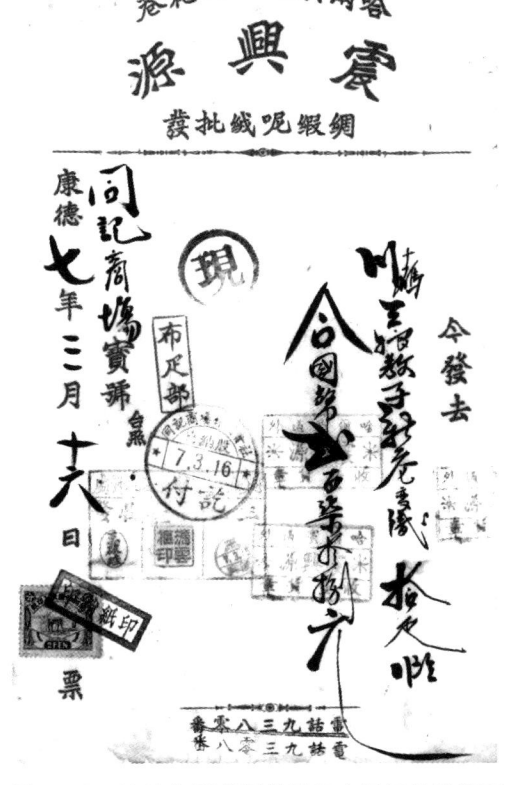

图 2-14　1940 年震兴源给同记商场开具的发票

此外，如图 2-15 中的发票页眉上有竖排小字，印明"花样看定、概不退换，出入大洋，概无门底，款不收清，货不出门"字样，从其所经营商品为"足金戒指"并收手工费四角来看，表明该金铺可能是从事来件制作或提供改样服务的，如此发票上就在显著位置提醒顾客，式样选定后就不能再予更改，现金收讫才能提取商品，货款两清才礼送出门，借此规避可能产生的钱财纠纷，避免店铺的经济损失。

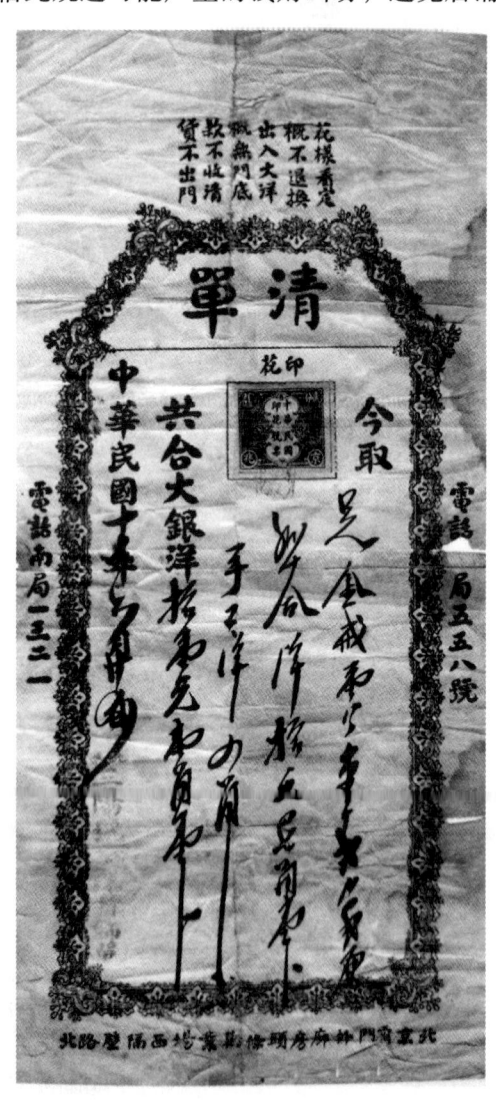

图 2-15　民国十年（1921 年）北京三阳号发票（北京税务博物馆藏）

图2-16的这张发票上方边框左右，有"物美价廉、定货面议"字样，周围边框内印有经营地点、范围。票面中心左侧下角环绕商号名称，有"支取银钱，另有图章"字样，表明该商号钱款收支有分别的管理图章，职责明确；右侧下角有两排小字，"交易货物收条为凭，浮借银钱一概不准，货物当面看明，现银大洋核算"，将买卖双方各自需要遵守的事项明白写清，以降低交易风险。

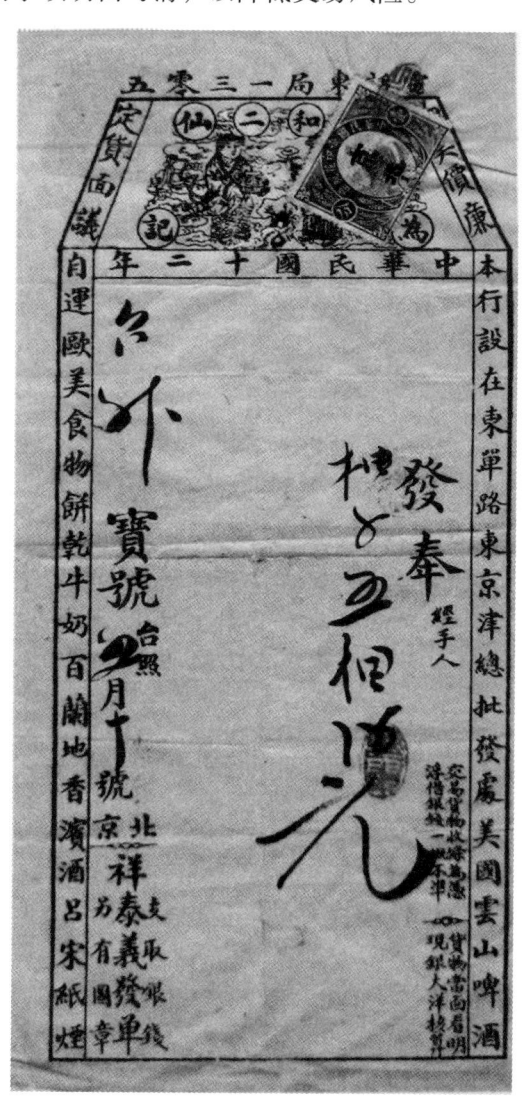

图2-16 民国十二年（1923年）北京祥泰义发票（北京税务博物馆藏）

图 2-17 的这张发票体现的是冀商商铺严格的财务意识，在票据右侧边框外有小字提醒"用主注意，敝号收款均有收据，如无收据，倘有差错，敝号概不承认"；左侧边框内缘则有"俱卖现银，概不赊欠，脚力买主自备"。表意直白清晰并不含糊，体现了其管理严密、注重保障资金安全和货款收入及时的积极财务理念。

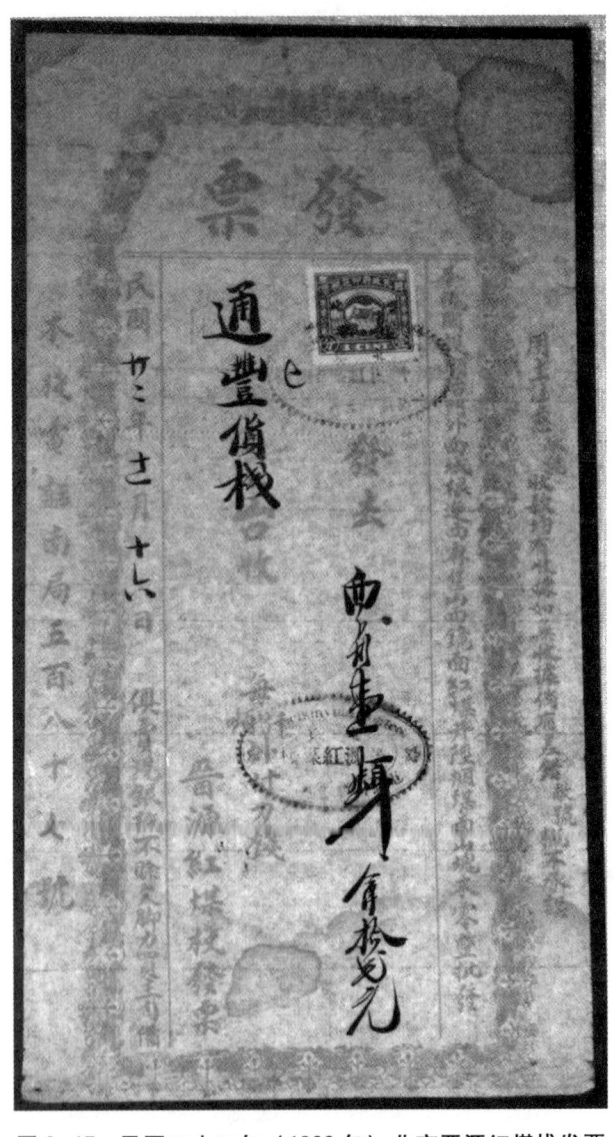

图 2-17 民国二十二年（1933 年）北京晋源红煤栈发票

图 2-18 的这张票的文字繁多，信息量较大，除了商品经营范围、各分号地址等信息外，可以看到，右侧边框外缘注明"本号售出刀剪如有发现卷口夹灰等弊请来掉换，不卷口夹灰之刀剪及缺口锈坏者恕不换，电镀货物理发器俱（具）梳篦药品恕不掉换，原货不合听便掉换价值等货物恕不退银"，清楚讲明了退换货物的条件，以避免相关纠纷。边框内有"定货限期一月出清，过期定银作废"，也就是说，需要提前交付一定数量定金的商品，必须在一个月内完成交易，否则定金不退。另外，在左边框商号名称旁边还有"不准支取银钱货物"八个小字的警示，这是说除本单所列商品外，买家不得提取与本票以外的货物及银钱；蓝色印泥压数章上也有"概不作保"的声明，可以看到，商家借由发票载体，将交易中可以规避的风险都——告示顾客，虽然行文稍显生硬，但无疑会减少很多交易中的麻烦，提高效率，也能够保证财务的安全。

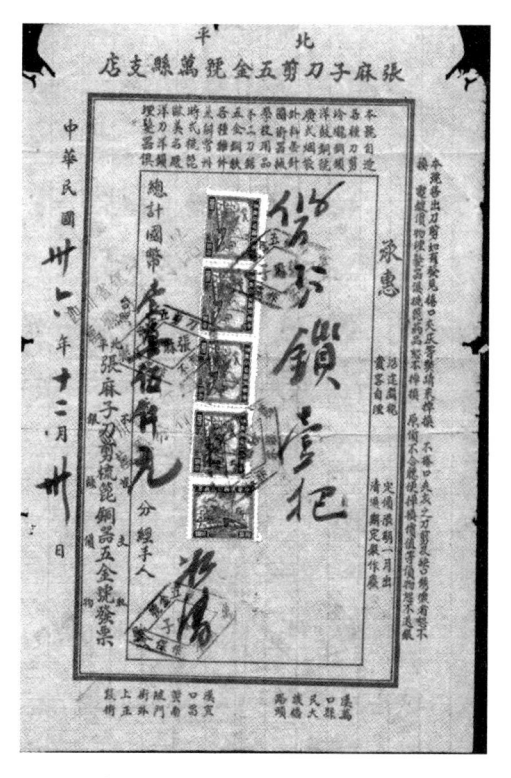

图 2-18　民国三十六年（1947 年）北平张麻子刀剪五金号万县支店发票

二 拓展渠道、多方筹资

资本是推动产业发展的首要动力，企业能否及时获得稳定、足额的资金，对于持续经营和长久发展都是至关重要的，近代民族企业尤其如此。中国的近代民族企业，生长于半殖民地半封建社会环境中，他们要在多方压力的夹缝里艰难求生，而严酷的资本环境，迫使企业管理者们如履薄冰，只得殚精竭虑广开融资渠道，以求在激烈的生存竞争中谋得立足与发展。

最典型者如武百祥，同记从小小杂货铺迅速发展，至雄居东北民族企业之首，是与武百祥善于利用外部资金分不开的。武百祥非常擅长"用少钱赚大利，无资本也赚钱"的策略，多方开辟资金来源。他所采取的融资方式，首先是通过银行贷款。同记建立不久，即借当地银行或钱号提供抵押贷款业务的机会，以存货或地产等作为抵押，获取银行贷款，如其曾把大批市场畅销的英式礼帽交给交通银行当作抵押，销售时就由银行直接发付货物，从而取得了贷款。同记在扩展经营的过程中，始终善于利用外界贷款，并且随着企业规模的扩大而适度增加，当时哈尔滨的中外金融机构中有20多家与同记来往密切，他们向同记提供借贷的资金一般占同记全部资产的50%—60%，更多时达到70%—80%，直至"九一八"事变以后才呈下降趋势。由此可见，"同记在历年经营中主要是依靠外部资金"[①]。为扩大商场规模，武百祥还向美国花旗银行、英国汇丰银行、日本正隆银行和苏联的远东银行等外国银行贷款，随着商场规模和影响力的增加，盈利也随之日渐扩张。

其次是利用信誉赊购。同记销售的商品，除一部分为同记工厂自主生产之外，大部分货物来自京津沪等大城市，通常是采取赊购为组织进货的主要形式，这在当时商界中非常普遍，但一般商家，赊购额通常仅占进货总量30%左右就已属不低，而同记由于一直秉持诚信经营理念，在买方和卖方市场都具有相当高的声誉，因此可以赊购的额

---

① 李今诠：《同记的维新与发展》，载政协黑龙江省委员会文史资料委员会编《黑龙江文史资料》第二十六辑，黑龙江人民出版社1989年版，第110页。

度就能远超其他商号,一般能占到60%—70%之多,如此就能够极大地缓解资金周转压力。不仅如此,同记从国外进货也不是马上汇兑现金支付,而是通过外国驻哈尔滨洋行进行订购,以作保或抵押的形式购买所谓"期票",待货物发到后,再按期票上所规定的时间和数额结清货款,这样,同记就可以暂不支付现金,却能够取得现货,这样无疑对资金周转是十分有利的。"九一八"事变后,其赊购货物额受到影响,有所降低,但比重仍要占到进货总额的50%左右。[①]

再次,广泛开展代理代销业务。同记最初先为日商三井洋行等代销棉布、棉花、纱布等,继而范围扩大,如为杭州大兴庄代销各种扇子,为上海先施公司代销化妆品,甚至代理火灾保险等。"九一八"事变后,又增加代理印纸、彩票、邮票、度量衡器等,还为百代、长城、胜利等七个公司代销唱机、唱片等。在这类代理代销业务中,各被代理商家所约定的结账时间和方式并不一致,或者一两周结账一次,或者一两个月一结,或者是在元宵、端午、中秋三节结账。这样,同记不仅增加了营业额,而且更重要的是,这种方式的最大好处,就是在规定交款期限内,企业相当于可以临时地、无偿地对销售收入加以自由支配使用,而不必支付任何利息,事实上很有利于企业流动资金周转,因此,这项业务实际取得的收益,要远远超过其所代销商品的营业数额。

最后是发放礼券。发售商品券和礼品券是同记利用外部资金最具创造性的筹资手段,是其最为独特的预付款经营方式。从1928年开始直到1945年,将近二十年时间,同记主要在春节、元宵节、端午节、中秋节等主要传统节日期间发放(平时如果顾客有要求也会发放)礼品券,礼品券以惠利顾客的名义发行,先付款、后购货,每年平均发放四五万元,面额有5元、10元、20元至100元不等。顾客购券多为赠送亲友,而受券者通常也不会立刻就忙于购买,多少会存放一段时间,因而在发行礼券时所获取的收入,无形中就相当于同记

[①] 李今诠:《同记的维新与发展》,载政协黑龙江省委员会文史资料委员会编《黑龙江文史资料》第二十六辑,黑龙江人民出版社1989年版,第111页。

取得了一笔无息贷款，丰厚了企业的流动资金。根据现存实物来看，当年发行的商品券还能够分期使用，时间不限，用尽为止，这在商品券外包装袋背面的广告词中得到印证："馈赠亲友乃人情也，然欲投其所好，则甚难耳，此问题本店已为之解决矣。本礼券专供馈赠所用，受者可持券到本店随意采取各种物品，零碎取用，不嫌麻烦，此诚馈者得当，受者满意，无上之礼品也。"（见图2-23）并且，同记发售的商品券购买时，还以打九五折的优惠让利给顾客，也就是每购10元可得5角优待券，这种优待券也是长期有效，这种推销手段，既迎合了中国社会人情往来的需要，比送货币、实物都更迎合顾客心理，又为企业筹集到更多资金，同时还巩固并扩展出更充裕的客源，一举数得。

同记之外，一些冀商商号也有自己独特的资本运作方式。如安国药商刘华圃担任天津隆顺榕药庄经理后，领导药庄迅速发展，生意兴隆，经营范围涉及原料购进、饮片加工到中成药制作、批发、零售各个环节，逐步发展成为具有相当规模的医药企业。1945年在国民党全面发动内战后，市面物价暴涨，民生困苦，很多企业都陷入了经营困境，刘华圃面对这种状况，及时调整机构，改变管理模式，使经营得以逐渐恢复正常。在资金使用方面，他规定每年正月十四日结账，新增盈利只在企业员工间分配三分之二，余下留作储备金，并且呆账不能以盈余抵扣，存货盘点时一律以原值80%进行折算，因此流动资金越积累越多，资本越来越雄厚，企业得以持续发展。同时，隆顺榕凭借信用昭著，在进货时能够赊进赊出，例如其在国内最大的药材集散地安国订货时，进货员不必携带现金即可大量赊购，待转运回天津以时价销售完毕，再按约定结清药款。

资本规模雄厚如京东刘家益发合钱庄，也曾面临资金问题。如前文所述，经理孙秀三深知，钱庄业务要发展，关键是要有充足的流动资金可供使用，这样需要购买和蓄积各类钱钞时，才能拿出相应的实力应对，于是他果断调整业务范围，根据市场需要加以拓宽，增设了汇兑业务，如此不仅可以赚得手续费，还能借机提升储蓄率，并适时增加买卖和兑换金票、钞票、卢布和大小洋等业务，多种方式吸纳、盘活资金，使益发合得以盈利大增。

但与此同时，冀商经营并不是一味盲进，他们还非常注重合理的资金出纳制度。如全聚德烤鸭店，历任管理者在资金使用上，都始终恪守创始人杨寿山制定的财务制度——"量入为出"，虽然商号与各大银行银号都有着良好的关系，但决不会轻易透支借贷，更不会利用贷款囤积居奇或做投机的买卖，因此，全聚德立店百余年，因时局动荡变换导致的物价涨落或金融波动，对其冲击相对较小。全聚德虽是按惯例由出资方担任经理，但在财务方面，却始终能够遵循公私分开的规矩。杨寿山在世时如此，他病故以后，儿孙几代继任经理也是如此。某次一儿孙辈遇有急事，要向财务支取款项，就需按照预支红利处理，在账目上登记明白，年终分红时从该人应得部分里如数扣除。如是种种规矩，保障了企业在资金方面能够保持较为长久的稳定。

随着经营规模扩大，企业多会遇到资金短缺的问题，同记非常善于利用信用赊购，由于其在商界的良好信誉，赊购比例能够远超其他商家，极大地缓解了资金周转压力。图2-19中的这张发票票身内容为："一：去青长耳帽子一百顶，1.8元，180；十六：又，中人红皮顶帽子叁十顶，3.7元，111；十七号：花豹长耳帽十五顶，2.9元，43.5；十八号：花豹长耳帽十二顶，2.9元，34.8；又，花豹短耳（帽）十五顶，2.5元，37.5；二十号：花豹短耳（帽）十一顶，2.5元，27.5"。其中，"一""十六""十七号""十八号""二十号"，均为日期的表示，也就是说，1941年的2月16日前，同记从振生帽庄进货六次，均为赊购，到约定日期方统一进行结算。

图2-20中的这两张日结单，分别是1939年2月28日和1942年9月3日同记商场在哈尔滨本地进货情况的记录，推测是商场每天会对进货做一次日结，而从其中的信息可以看出，这两天同记商场分别进货6次、7次，全部用转账形式支付，如此方式，在相当程度上缓解了商场现金周转的问题。

前文中曾提到，在实行赊账方式的同时，同记在国内率先实行钱款即时清讫的举措，突破了旧商界月结甚至年结的惯例。观察现存大量同记发票，可以明显发现，当年同记所购进商品，无论金额大小，结账都是用现金当日或隔日付讫的方式，以"现"字样印章钤盖。这种推陈出新的办法从某种角度上说，也是同记以诚信为经营策略，建立与供货商良好关系的有益尝试。如图2-21中的发票购买的商品，是各种美式、拉丁美式帽子，总价232元4毛5，系以现金当日付讫。

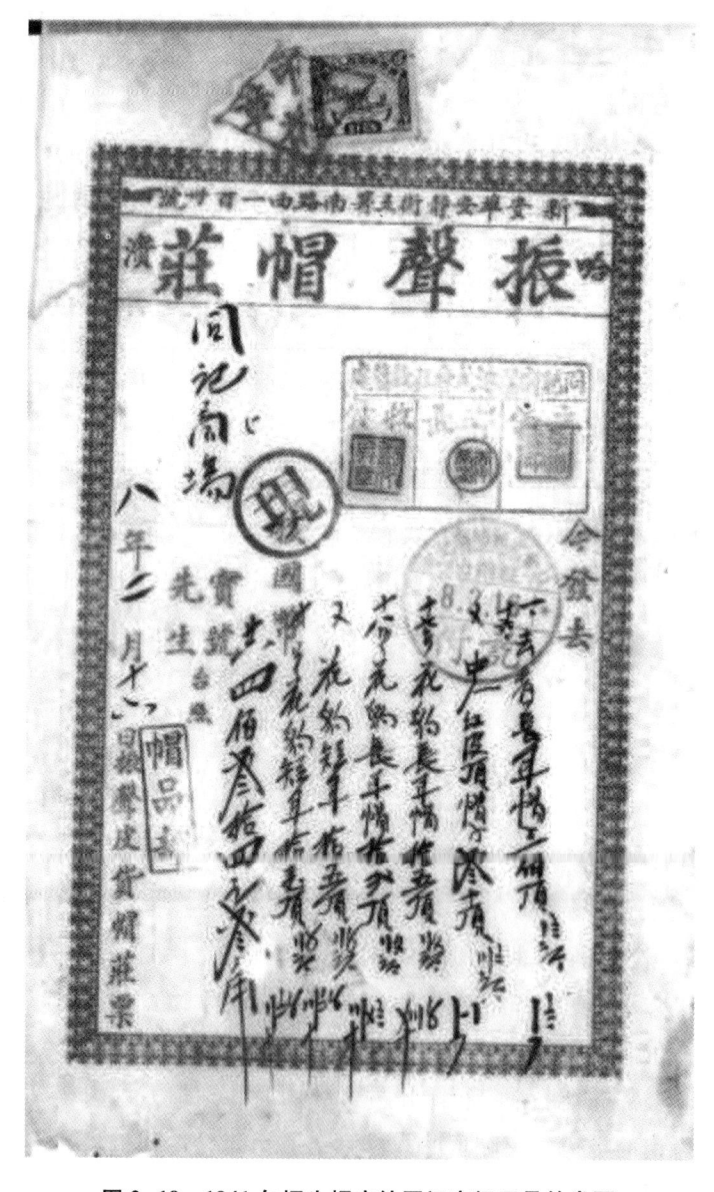

图2-19 1941年振生帽庄给同记商场开具的发票

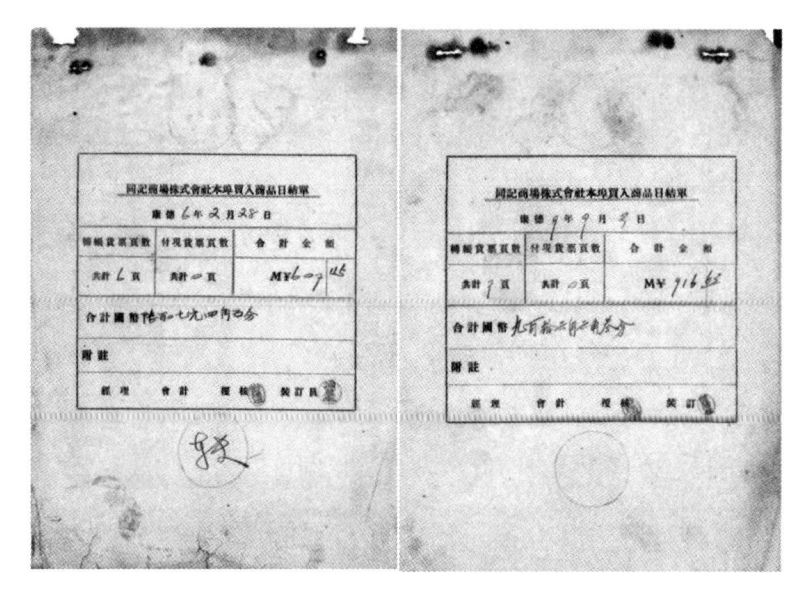

图 2-20　1939 年和 1942 年同记商场日结单

图 2-21　1940 年天和东工厂给同记商场开具的发票

同时，在大量同记发票中也都可以发现，票面均会加盖一枚扁方形商品验收、经办、核准章，并印有"同记商场"之类字样，这种改进的记账凭证，首创在单张发票上同时记录多部门验收流程的做法，功能几可媲美现在广泛使用的多联式发票，由采买人、收发人、部门负责人、主任确认签字后再转入财务，如需查核，可一目了然，方便使用与管理。

与在哈尔滨的同记财务管理制度流程类似，张家口的冀商们也采取了在单张发票〔见图2-22中的（1）（2）〕上同时进行多部门核验的做法，由庶务主任、庶务股长、经买人、点收人各自签章，来确保整个进货、入库流程的清晰与财务责任到位。

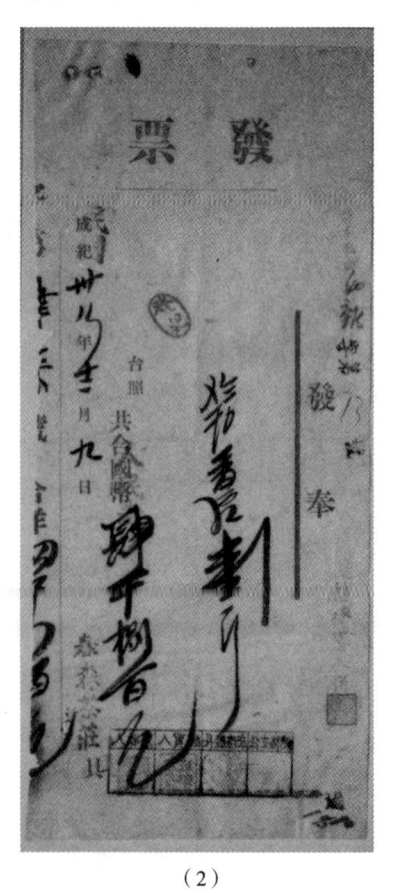

（1）　　　　　　　　　（2）

图2-22　张家口华诚号煤油杂货庄、春森茶庄发票

前文中述及从 1928 年开始，同记商场在年节时会向社会发售商品券和礼品券，图 2-23 中的（1）和（2）两张图片即商品券的外装袋，其上可见广告语："馈赠亲友乃人情也，然欲投其所好，则甚难耳，此问题本店已为之解决矣。本礼券专备馈赠所用，受者可持券到本店随意采取各种物品，零碎取用，不嫌麻烦，此诚馈者得当，受者满意，无上之礼品也。"（3）和（4）两张图片则是商品券的正面和背面，可见使用说明以及记录分次消费金额的区域。这种别出心裁的预付款经营手段，在当时颇能吸引顾客，也充分反映了同记商场超越时代发展的先进经营理念。

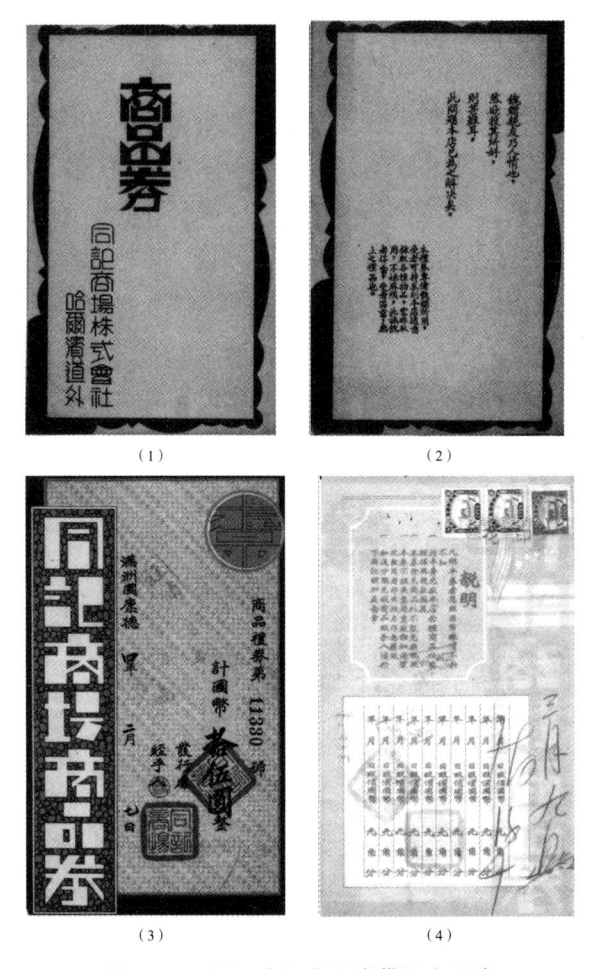

（1）　　　　　　　（2）

（3）　　　　　　　（4）

图 2-23　同记商场商品券袋及商品券

第三章　冀商经营形象的树立

现代商业管理学和市场营销学都强调，良好的形象是企业的立足之本、生存之源，是企业长远发展的必然需要，企业各方面形象的好坏往往决定着经营的成败。事实上，无论古今中外皆同此理，因而任何经营主体都必须要考虑如何树立形象的问题。经营形象主要由商人个人形象和组织品牌形象两方面构成。良好的个人形象和企业形象能够赢得舆论的尊重，使经营活动受到社会公众的肯定和支持，进而能够扩大知名度、提高美誉度，它们体现着商家的综合素质，是商家最重要的无形资产，是商业经营获取成功的有效手段和工具。

第一节　冀商自身形象的树立

商业经营也是一种人际交往，人际交往中个人形象的好坏，直接影响着所接触的人对其印象的好坏，左右着以后交往的意愿及密切程度。很多有远见的冀商就能够充分认识到个人形象的重要性，注意从各方面树立良好的个人形象，使自身区别于传统认知中商人奢华轻浮、狡辩妄言、庸俗贪鄙、不学无术的形象，因此博得了人们更多、更浓厚的好感和尊敬，帮助和促进了自身商业经营的顺利进行。

而良好个人形象的树立，最离不开的就是文化修养。文化修养是一种资本，古人说："学技必先学文……通天下之士农工贾、三教九流、百工技艺，皆当作如是观。……明理之人学技与不明理之人学技，其难易判若天渊。然不读书不识字，何由明理？故学技必先学文。"① 在商业活动中，经营者本身必须要具备一定的文化水平，且随着经营的深入和规模的扩大，对各种知识深广程度的要求也会越高。众多成功的冀商之所以能够练达时务，贸迁有道，一是得益于他们踏实勤谨的经营实践，二是得益于他们注重不断学习、积累必要的文化知识，具有一定的知识能力，才能够深刻理解事物的道理，助其经营。

如武白祥，他童年所受教育甚少，在独立谋生之后经常由于文字、书信方面的欠缺而被人讥笑，深感没有文化的切肤之痛，于是他明确"要求长进须先从看书入手"，立志向学，最初他也不知道看什么书好，就先从《列国志》《三国志》《说岳》《聊斋》开始，看不懂就请教读书人，久之，"提起笔来，也就能写一些小文字了……文字虽不好，然而意思却能说得明白，这是我一生很知足的一件事。开卷有益这句话，至今我奉为金科玉律"②。而随着事业取得长足发展，他也始终没有忘记充实自己，他认为"一日无书，百事荒芜"。在经营期间坚持克服困难抽空读书，藏书数千，在哈尔滨商界有着藏书家和读书人之称，《孙子兵法》《论语》《史记》等无所不读。而为了在同外商竞争中占有一席之地，他又在传教士办的基督教学校学习俄文和英文等有关外文资料，勤勉不怠，研究中外优秀的经商管理思想和经验。他认为西洋好的买卖方法我们要用，我们过去好的买卖方法也要用，要把这些结合起来成为我们自己的。与此同时，他密切关注本行业的发展现状和趋势，为了进一步扩大视野，更直接、更准确地获取有关动态信息，他常亲自到天津、上海、南京等地采购商品，同时去往租界洋行观摩外商经营。在1920年，他还远渡重洋，到日本大阪、横滨、东京等城市参观其工商业发展状况，考察日本现代工业企业的组织管理模式。并且不惜投资重金，派遣人员到俄英法德瑞等国学习经验、回国汇报，从而大大拓宽了自身的经营思路。积极主动的考察和学习，使武百祥了解了当时最先进的商业经营理念，此后他不断锐

---

① （清）李渔：《闲情偶寄》卷3《习技·文艺》，中华书局2014年点校本，第340页。
② 武百祥：《五十年自述》，载政协黑龙江省委员会文史资料委员会编《黑龙江文史资料》第二十六辑，黑龙江人民出版社1989年版，第4页。

意革新，结合本地市场情况，逐步形成了自身独特的经营方法，引导了东北地区甚至全国商界对因循守旧风气的改革。

因为他懂得经营者自身形象的重要性，所以经常有意识地强调企业经理人的品行与责任。他在同记的例行演讲中，常专门谈论"本店领袖（即同记各分支商号负责人）问题"，他把领袖比作"全屋之柱石"，说"柱石朽败，全屋必随之倾覆"，因此把"人格学识"置于最为重要的地位，要求管理者们成为以身作则的模范，品行上不许有不良嗜好，要带头服从店规；学识方面要务求知识广博、好学上进；训练店员方面，要认真、无所保留地向店员传授自己的商业经验；日常工作中，要深入一线，对柜台、货物、物价都能做到胸中有数，真正担负起企业责任。① 不仅如此，为了企业的健康、持久发展，武百祥还非常重视培养良好的文化氛围。他喜欢结交并不惜重金聘请文化名人，如曾特别聘请当时哈尔滨《晨光报》副主编、著名左翼作家塞克为兼职特别店员，每月支付薪酬高达 200 元，比他自己还要高出 40 元。而正因为同记乐于也善于吸纳有知识有文化的贤达，故使其在哈尔滨民族工商业中领风气之先，深为同行所敬重。在塞克的帮助下，武百祥将自己多年积累起来的经商经验与教训、各种改革措施总结整理成《大罗新政策》《同记工厂厂屋落成纪念》《新屋》《同记大罗新新店员训练讲义》《五十年自述》等，将自己一生的经商经历、企业的兴衰、经营思想留给后人，也为民族工商业的发展留下了宝贵的文字资料。

商业经营除了需要长远眼光外，还需具备必要的专门知识和筹算能力，所以冀商对于专业技能的学习都非常重视。在专业知识方面，如冀州商人史东初，进入洋行学徒后跟随经理去日本进货，他沉敏乐学、做事勤谨，在学习处理业务的同时，还抓紧时间苦练日语，很快就因为精通日语被擢升为该洋行在日本的代理人。在日本的数年时间里，他更加勤奋刻苦，努力掌握多种轻工业、化工产品的生产技术和工艺配方，也认真考察日本企业的先进管理方法，才能有技术基础回

---

① 武百祥：《本店领袖问题》，载政协黑龙江省委员会文史资料委员会编《黑龙江文史资料》第二十六辑，黑龙江人民出版社 1989 年版，第 244—245 页。

国创办我国北方第一家搪瓷厂。怀安县王万春，幼时到张家口谋生，得遇机会进入当地有名的中华大药房当学徒，他勤恳向学，主动学习拉丁文、药品常识、配药技术等，还自费购买如解剖学、病理学、生理学、药物学及各种临床医学等西医书籍，每晚自学到深夜方休，遇到不懂之处就四处请教，终于通过自己的努力，逐渐掌握了西医的主要技术，在中华大药房挂牌行医，颇得当地老百姓的信任。

在筹算能力方面，如冀县商人朱黎阁，13岁时就在张家口当学徒，后来自己开办布店生意，他有项绝活叫"掌中金"，就是无论店铺盘点还是结账算账，不必使用算盘，只用拇指在掌中各关节处戳点，就能马上得出准确数字。而这项绝活，就是在当年他做学徒时苦练算盘，不打到手臂肿痛不罢休的基础上才成就的。不只是算账，他的专业技能也非常出色，布在他手，不看只摸，就知道是用多少支纱的原料织成，花纹是平还是斜，哪怕不点灯，用鼻子闻，就能从味道分辨出颜色是黑是白还是蓝。而这些过硬的专业知识，无疑都源于他勤学苦练所得。呔商孙秀三也是如此，他进店后几年就能成为益发合最年轻的掌柜，重要原因之一就是对账目十分精通。他管账时不拿算盘也不取笔，无论金额多大，都能暗暗在袖筒中以指算准确得数，旧时商界把这种特殊技能称作"袖里吞金"。他在益发合主事期间，每天晚上柜台合账算账，他便在门外安静旁听，据说有一次负责念账的和几个负责打算盘的年轻伙计计算数额总是核对不上，十分焦躁，孙秀三就在门外说了句是算盘打得有误，打算盘的伙计们不服气，反问他某项某项应该是多少，而他一一报数的结果，与账目相比对竟丝毫没有差错。再如积德泉创始人王玉堂，初到关东时在钱庄当伙计，平日里苦练珠算，习得用二指打算盘准确无误的过硬工夫，而且非常精通账理，年终柜上盘点结账，十余位年轻账房同时听打结算，结果王玉堂最先报出数字且准确无误，因此学徒期不到一年就被破格擢升为管账。后来，他主掌"协和粮栈"，靠着过硬的专业技能和苦心经营，将本不景气的粮栈打理得井井有条，生意蒸蒸日上，在长春商界占据了重要地位。

要特别指出的是，谈及冀商的文化与技能修养，那么北京琉璃厂的冀州商人是最当得起"文商并举"四个字的典型代表。经营古旧图书通常要具备四种专业能力：其一，要比较熟悉和了解古旧书刊，具有一定的目录、版本学知识，能准确评估古书优劣；其二，熟悉货源，大体知晓各地区藏书情况与特点；其三，了解读者需要，洞悉市场销售形势；其四，熟稔收售价格。综合这些要求，书贾较其他各行商人更要博闻强记、见多识广。其中最著名者当属孙殿起，其友人在他的《丛书目录拾遗》序言中写道："吾友孙殿起，商而士者也。……博览而强记，其博览也，能详人所略。君于版本外尤留意近代汉宋学之渊源，诗古文辞之流别，了晰于胸。随得一书，即能别其优劣。"① 孙殿起幼时的学徒生涯非常艰辛，但他却比别人更加勤奋自励，每日早起晚睡、从不偷懒，劳作十七八个小时杂务之外，就是到书架和库房里强背硬记古书业务知识。他还特别留心多看、勤问，当别人谈生意时就认真听、用心记，学习各种版本知识，待顾客走后，就马上从书架找出书来对照比较，以尽快熟悉版本。如此日积月累，便逐渐能够根据书籍的纸张、用墨、字体、版式、行款等特点，判断成书的年代、刊行区域，分辨出是原刻本还是翻刻、是真迹还是赝品。在长达50多年的经营生涯中，他对经手的几万种古籍的名称、刻印年月、作者姓名、籍贯、原书目录、版本卷数等一一详细记载，先后于1934年和1936年整理编成《丛书目录拾遗》《贩书偶记》，其中20卷的《贩书偶记》是一部清代以来的著述总目，抢救、保护了大量珍善本古籍，是我国古籍校勘学、版本学、目录学进行教学和研究工作的重要参考资料。

贩书与其他商业略有不同，书商们身处书海，终日接触古书，又常年与文人学者交往、学习和请教，如此耳濡目染，培养出了他们的文人气质，造就出一批具有很高专业水平和技能的"专家型"文化商人。他们或是鉴别高手，或为版本目录专家，或有修治古书珍本的独门功夫。除孙殿起之外，宝森堂李清和、藻玉堂王雨、文禄堂王文进、正文斋谭锡庆、翰文斋韩俊华、邃雅斋董金榜、富晋书社王富晋、开通书社郭纪森、来熏阁陈济川等书商都颇精通于版本目录的学问，"言及各朝

---

① 孙殿起：《丛书目录拾遗》序，民国二十三年铅印本，第1页b。

书版、书式、著者、刻者，历历如数家珍，士大夫万不能及焉"①。如来熏阁的陈杭，对古旧书刊收售业务经验丰富，对古籍"版本学甚精"②；书商冯国干"少未尝读，长为书贾，潜心记问，凡古今载籍之流传板字，椠印之精□，皆能道其大略"③；文禄堂主人王晋卿，与缪荃孙、姚茫父、陶北溟、周叔弢、郑振铎等众多文人学者交往，虚心向他们讨教学习，终成为著名的古书版本专家，所辑印的《文禄堂访书记》是版本学研究方面颇具影响之著作。版本学家董康称此书："发潜阐幽，斠订同异，津逮学林，当与莫邵亭《知见传本书目》、邵位西《四库简明书目标注》同其功用。"④ 这些冀州书商们不仅专业技能卓著，他们积极著书编目的活动，也对古典文献的整理、流传起到了重要作用，对中国学术文化史和藏书史影响深远。

这样的例子还很多，如临榆县吴永延，性聪明亦好学问，"身在市廛，手未尝释卷，持躬谨饬，无傲气，亦无惰容"⑤ 等。借由勤学苦读培养出的个人气质风度，在人际交往中具有毋庸置疑的重要性，对于商人而言，它甚至能够影响到顾客对其所营商品的好恶以及购买意愿。冀商虽然大多出身贫苦，但多能勤奋好学，应该说，这是冀商对待中国传统文化的一种价值观，无疑有助于他们经营素质的培养、良好形象的树立，进而提升社会地位与美誉度。

第二节　冀商企业品牌形象的树立

在商品极大丰富、商业经营者数量众多的情况下，同行业的店铺在一个地区可能比比皆是，这就首先要将自身店铺与其他商家区分开

---

① 韦力：《书坊寻踪》序，中华书局2018年版，第1页。
② 孙殿起：《琉璃厂小志》，北京古籍出版社1982年版，第145页。
③ 民国《天津县新志》卷二十一之三《人物》，《中国地方志集成·天津府县志辑》，上海书店出版社2004年影印本，第3册，第394页。
④ 王文进：《文禄堂访书记》前言，上海古籍出版社2007年版。
⑤ 民国《临榆县志》卷20《事实编三·乡型中·行谊》，《中国方志丛书·华北地方》，（台北）成文出版社1968年影印本，第149号，第991页。

来。传统社会商人最常见的手段是使用字号，然而，消费者对于相似店铺的选择具有很大随机性，某一商铺要在字号林立中一枝独秀，就得进一步巩固自身的社会印象。所以，首先要建立品牌，也就是要有区别于其他商家的商品标记，这可以具体表现为一种名称、术语、标记、符号、图案或它们的组合，用以识认某个商号的产品或服务，使之与竞争对手相区别，好的品牌能够激发顾客情感上的效应，从而使经营形象与众不同。其次是广告宣传，作为商品买卖的重要手段，广告宣传的目的是使顾客或潜在顾客对商品（家）产生深刻和持久的认识，是树立良好经营形象的有效办法，吸引力强、独具特色的广告宣传，不仅易于顾客识别，也能给顾客良好的感官刺激（见图 3-1）。再次，就是在营造优美舒适的购物环境的同时全面提升服务质量，从管理学的角度讲，商业经营成功最关键的不是和物打交道，而是和人打交道，在商品品质、硬件设施优良的基础上花费心思，了解顾客需要、表现出为顾客着想的态度，使商品更适应顾客需要，才是经营中最高明的策略。如此，借由品牌辨识、商品质量、商业宣传及顾客服务等手段树立起品牌形象，把商品、服务、顾客紧密联系起来，就能形成有巨大影响力的无形资产，它作为战胜对手的竞争优势之一，是所有竞争优势中最为持久、最有价值的资产。

一 广告宣传，深入人心

建立品牌与广告宣传，尤其是对于广告的运用，在 20 世纪二三十年代其实并不普遍，但冀商对此却非常重视，武百祥的同记就是宣传方式最全面、最具典型性的代表。武百祥专门设立广告部负责宣传，并在其《广告与经济》一文说："经济之道千头万绪，惟现在零售商之广告一层尤宜合于经济，常人皆以为登报纸散传单即为广告，除此别无所谓广告，何浅识之甚也。今之所谓广告者，乃指一切设施并举止动作凡有引人注意之性质，即均是广告也。广告的深意是投资不在目前之成功，而在永久之收效。"[①] 所谓一切设施并举止动作，如富

[①] 武百祥：《经济问题》，载政协黑龙江省委员会文史资料委员会编《黑龙江文史资料》第二十六辑，黑龙江人民出版社 1989 年版，第 262 页。

第三章　冀商经营形象的树立 | 123

（1）

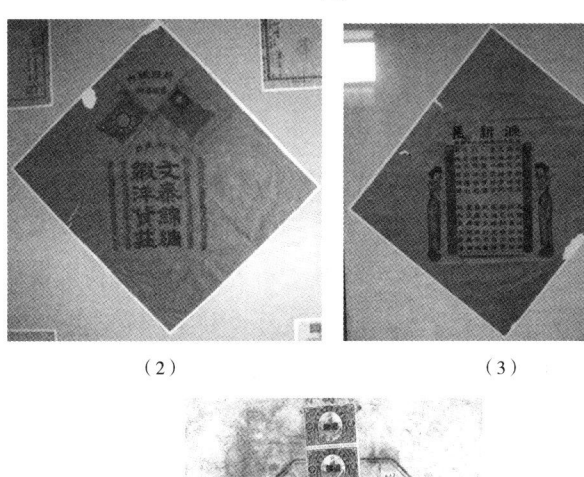

（2）　　　　　　　　（3）

（4）

图 3-1　张家口福源金店、蔚县文泰锦绸缎洋货庄、张家口源新长、
　　　　　鹿泉合义店传统招幌广告及宣传画包装纸广告

丽的建筑、洁净的店堂、华美的装饰、完备的陈设、良好的待遇、丰厚的赠送、周到的应酬、殷勤的服务、踊跃捐助公益慈善事业、积极帮助社会一切事业等，都是他认为可以提升企业知名度和美誉度的方法。因此，他采取多种形式大搞广告宣传，主要方式如下：

报刊和广告牌。武百祥善于别出心裁利用报刊，所登广告简洁鲜明，给人以深刻印象，如同记商场正式开业前，他在报纸上独版刊登出一个大大的"同"字，时隔一周之后又刊登了个"记"字，使人们不解其意，好奇之下纷纷互相询问、猜测，最后才得知是商场开业，引得大家蜂拥而至，取得了很好的宣传效果。他还在报纸上有时大幅刊登"民国商店——大权威——大罗新"，有时刊登"最完备的商店——同记商场"等字样，简洁鲜明，务求给观者以深刻印象。在广告牌的使用上，传统时代的中国商人招揽顾客最普遍的方法是悬挂字号，然而"善贾者招之以实货，招之以虚名，招之以坐落、门面、字号，而总不若招牌之豁目也"[1]。为了能够更加吸引路人目光，商人们开始竖起醒目耀眼的招牌，资本越多的店铺招牌就越为高大、华丽，逐渐可以称得上名副其实的广告牌了。武百祥就非常善于利用公共场所设立广告牌，当时哈尔滨的各大电影院、剧院门前，均摆放有同记的广告牌，哈尔滨正阳大街的电线杆也是从头道街到二十道街都安装着同记从日本特意定制的搪瓷广告牌，举目皆是，如在"白熊"袜子刚上市时，广告图案是一只白熊，上书大字"穿白熊牌袜子好"，另有小字"男女爱穿，世界闻名""同记生产""各大商店均有出售"等。此外，他还特制了各种霓虹灯广告牌，悬挂在同记商场、大罗新百货商店的门脸四周及顶楼高塔上，通宵闪耀、光彩夺目，留给过客以深刻印象。

包装和印刷广告。同记在哈尔滨商界率先使用精美的包装纸来包装商品，并在上面印有商品产地、特点、质量、价格及目录等详细内容，借以广泛宣传。不仅如此，同记还重金印刷大量日历挂历，在鼎盛期，都要每年从日本精制100多吨烫金边带有广告的日历挂历，全

---

[1] （清）林亭孝：《乡言解颐》卷4《物部上·市肆十事》，光绪二十九年刻本，第20页a。

部免费馈赠顾客，而且即便不购买商品者也同样赠送，对外地顾客及店员们交的顾客朋友则由函售部邮寄，借以扩大影响。逢年过节时，还派人到铁路沿线如绥化、齐齐哈尔等城镇甚至郊区、乡村张贴标语，赠送带有同记标志的年画、画片、月份牌等，这些印刷品都有"到了哈尔滨，必须逛逛大罗新""哈尔滨有个傅家甸，同记商场在中间。物美价廉品种全，不买东西随便看"①等类似字样，色彩鲜艳喜庆，图案也能迎合当时的民情风俗，很受大众欢迎。对某些重点商品还会专门宣传，如为了扩大月饼的知名度，每年七月十五，就派人到城乡张贴广告，画面是同记工厂的艺术家张若喧画的一位没牙老太太，吃着月饼笑着说"我就爱吃大罗新月饼"，引发了在当时不到30万人的哈尔滨，年销售竟达50万—60万斤的良好效应。②当时哈市饭店、旅馆、浴池等行业赠送客人的物品上，几乎都印有同记的商品广告，如在宣传白熊袜子时，在哈市有名的新江泉浴池，浴室内的窗帘、门帘、围巾、浴巾等全都印上"在新江泉洗个澡，白熊牌袜子穿在脚"和"同记"字样，戏院、电影院、旅店、饭店也都发放了大量宣传画，通过这些生动有趣的招贴，使民众时时能看到、想起同记和同记的商品。而且，这些广告文字简练、贴切，个性鲜明，宣传了商品的优良也表明了经营宗旨，而把保证质量和信誉的信息直接、明白地传递给消费者，更加容易给顾客留下深刻印象。

游行和声像广告。同记的白熊牌袜子在投入市场之前，产自上海的墨菊和船牌袜子占据着东北市场。为了打响"白熊"这一品牌，同记工厂专门制作了高约七尺的巨大白熊模型，由四个人抬着出街游行，前导者还特意模仿古代官员出巡，手举书写着"肃静""回避"的大字标牌开路，后边跟随的乐队鼓乐喧天，沿着市区的主要街道巡回往返，特别引人注目。等产品正式投放市场后，为进一步提升影响，同记制作了百余面彩旗，并抽调出20名员工分别赶赴周边各市

---

① 刘实秋：《同记的业务经营》，载政协黑龙江省委员会文史资料委员会编《黑龙江文史资料》第二十六辑，黑龙江人民出版社1989年版，第122页。

② 王立民：《哈尔滨同记工厂名牌产品的形成》，载政协黑龙江省委员会文史资料委员会编《黑龙江文史资料》第二十六辑，黑龙江人民出版社1989年版，第187页。

镇，以彩旗开路、吹号敲锣大张旗鼓地进行宣传，务求使"白熊"家喻户晓。不仅如此，每逢年节武百祥都雇用军乐队和唢呐乐队在商场门前锣鼓喧天吹吹打打，借此招徕来往群众。他还把同记、大罗新两大商场及其经营特色等拍摄成小型纪录片，在电影院的电影放映前播出，以立体的视听形象吸引顾客。

牌匾和橱窗广告。武百祥在同记商场牌匾上也颇费心思，为此他不惜远行沪上，重金延请知名书法家"天台山农"刘青为同记题匾。"同记商场"是一块高3.5米、长20米的巨型匾额，4个2.2米见方的魏碑体大字居于巨匾中央，红底金字、四框金边，字体端庄凝重、苍劲挺拔，牌匾挂出后，哈埠震动，不用说来买东西，仅是慕名而来看匾的名流就络绎不绝。此外，匾额下两侧还镶嵌一副楹联："采办环球货物""搜罗国内产品"，与匾额呼应，也给商场增添庄重之感，这新颖考究的门脸旁还立有大幅广告商标。为使商场外观更加吸引人，武百祥参照国外的流行式样，聘请专家精心设计出高4.7米，宽7.4米的玻璃橱窗，这种规格的玻璃在当时的国内是无法生产的，他不惜花费巨资从比利时定制了六块运回国，使同记商场的橱窗成为当时国内商场里最大、最标新立异的橱窗，而且，橱窗内商品摆放方式独特新颖、款式新潮讲究，令观者眼花缭乱。

抽奖和礼券广告。为了招徕更多顾客，同记经常采取有奖销售的办法，承诺若在商场购买2元商品，就会发给1张彩票，多买多给，且中奖率极高，几乎每张彩票都能得奖。规定头等奖可获得价值18元的毛毯1条，二等奖可获得时样座钟1个，三等奖也可得到1包小人糖、1把扇子、1条毛巾等。每天发放头等奖彩票的张数，要根据当日销售额而定，多时达十张，少时也有三五张。当有幸运顾客抽到头等奖时，要当即进行登记并现场发放奖品，还详细记录下中奖者姓名、职业、住址等信息，以便今后联系，此法一出，果然吸引了更多消费者纷至沓来。1937年时，道外德隆工厂模仿同记的白熊牌，生产了"白羊牌"袜子，为保证竞争优势，白熊牌袜子也是采取有奖销售的办法应对，袜子定价为每双五角，工厂在袜子上贴以奖券，一等奖100元，二等奖50元，三等奖10元，四等奖1元，凡中奖者即刻兑现现金，并给一二等奖获得者照相，登报宣传，通过这种方法，成功地吸引了成千上万的顾客。① 前述发行礼券也是同记扩大影响的独特经营手段，买者乐意、受者高兴、卖者得利，最终获得多方共赢。

如此全面而深入的广告宣传，使得同记的该项经费开支巨大，同行诟病以挥霍，然而武百祥说："有益的费用，万金不惜；无益的消耗，一分不用，此之谓真经济。常人乍见未免以为挥霍过度，其实正是抛砖引玉的广告良法！非仅贴报单、吹喇叭、大减价，始为广告也。"② 据统计，同记宣传经费开支最多年份达20多万元，占到年利润的20%左右，但其营业额之所以不断扩大，利润逐年增加，与强大的广告效能必然是分不开的。

图3-2的这张早期雕版式发票并不精美，但在右侧边框内，却印刷着两行标明店铺位置、经营范围的字样，字迹虽然已模糊漫漶，但最后"一应俱全、不误主顾"的声明清晰可辨，说明冀商很早就已具有借用发票载体进行广告宣传的意识，这八个字，在很多后来的冀商发票中都能见到，或可佐证冀商敢于主动做出信用承诺的先进经营理念。

以发票作为商业广告的载体，相对来说是最为经济、便捷、直观，也是影响广泛且有效的方式，就现有目力可及的发票而言，相较南方发达城市如上海、广州等地大商号发票，冀商商号的发票较为中规中矩，但在华北地区的商业兴盛城市如北京、天津、保定等地，受到南方同业或者西方洋行的影响，也常可见到在版面设计上颇为独特美观的情况。商标图案之外，其文字广告内容通常为店铺的位置、电话、经营范围等信息。

---

① 王立民：《哈尔滨同记工厂名牌产品的形成》，载政协黑龙江省委员会文史资料委员会编《黑龙江文史资料》第二十六辑，黑龙江人民出版社1989年版，第185页。
② 武百祥：《经济问题·广告与经济》，载政协黑龙江省委员会文史资料委员会编《黑龙江文史资料》第二十六辑，黑龙江人民出版社1989年版，第262页。

图 3-2　光绪八年（1882 年）张家口兴隆果店发票

商业广告的形式多种多样，商业往来中的票据就可以成为很好的载体。例如图 3-3 发票四周的边框内，均绘有帽庄市场热闹交易的场景图案，人物鲜活，帽子种类繁多。边框四周还印有"本工厂□□时式改良□帽各样皮冠礼帽□□贡缎帽""批发各色羌绒哈拉呢毛布各样布匹以及杂货一概俱全"的广告语。票面中还有"现款交易，过日无效"字样，交易规则明晰，以避免纠纷。发票设计将传统风俗绘画和谐地融入商业广告，通过广告语为开拓销路做了宣传，可见商家之良苦用心。

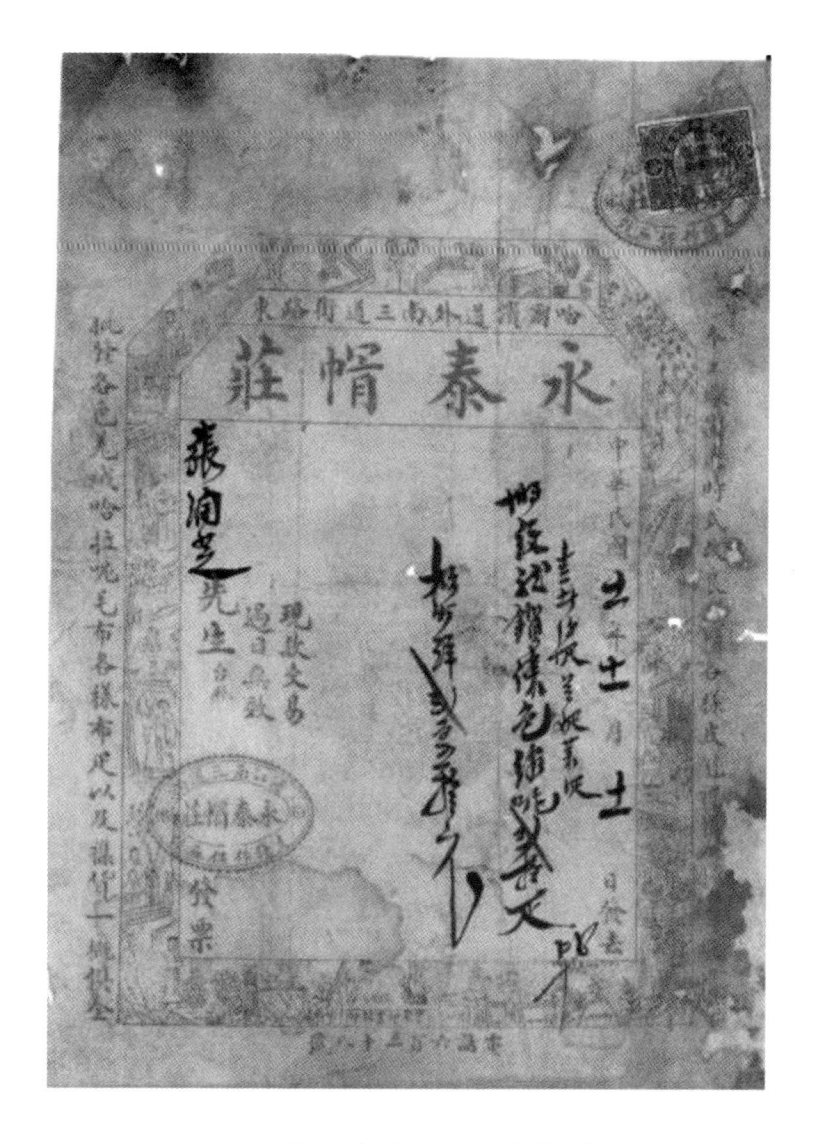

图 3-3　民国十一年（1922年）永泰帽庄发票

图 3-4 中的三张发票中，左侧发票上印有镂空隶书"厚德福"字

样，中间发票则印有镂空小篆"泉祥鸿记，红绿花茶"字样，发票的上方均写有商家地址，并在票底都注明了商号电话；右侧发票则更加精美，在票眉印刷商标、在右侧印刷店铺位置、在票面边框底缘说明经营范围，还在边框下注明"货物出门概不退换"。这些发票票面具有很强的设计感，非常美观，令人印象深刻，与商业广告的效果并无二致，使得商业往来的凭据兼具了艺术化和实用性的特点。

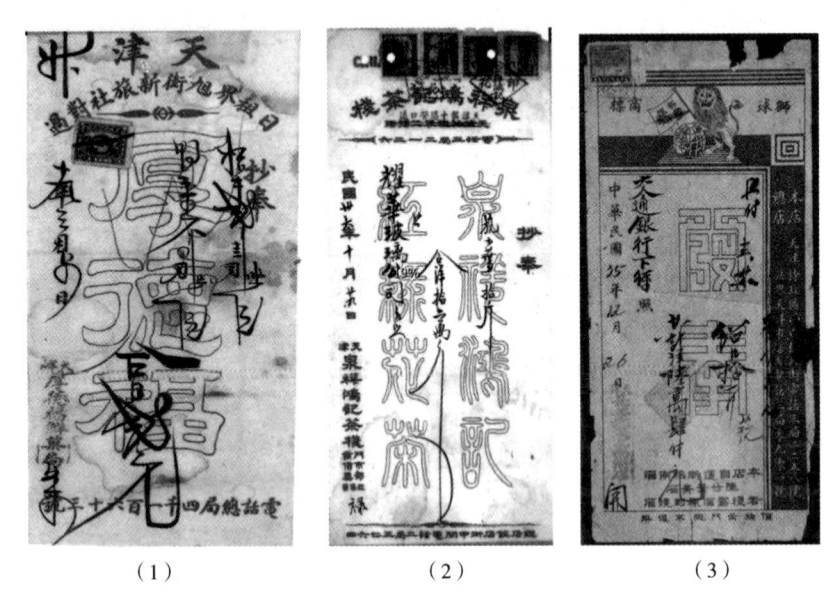

（1） （2） （3）

图 3-4　民国十九年（1930 年）天津厚德福鲜果局发票、
民国三十六年（1947 年）天津泉祥鸿记茶栈发票、
民国三十五年（1946 年）天津长兴号□记南酒店发票

来自北平和冀中保定的这两张发票图 3-5（1）和（2），在票眉处对本号商品经营范围和内容巨细无遗详尽介绍后，末尾均注有"一应俱全"或"一概俱全"的字样，做出货物齐全的承诺；来自天津祥泰义新记股份有限公司的这张发票图 3-5（3）的左边缘，还印有"定价从廉，如蒙绅商赐顾，无任欢迎"的敬语，许诺价格从优并表达诚挚恭候顾客上门的殷切期盼。这些细微处见诚意的经营理念，在商品交易中，对冀商经营形象的建立当是有所帮助的。

（1）　　　　　　　　（2）　　　　　　　　（3）

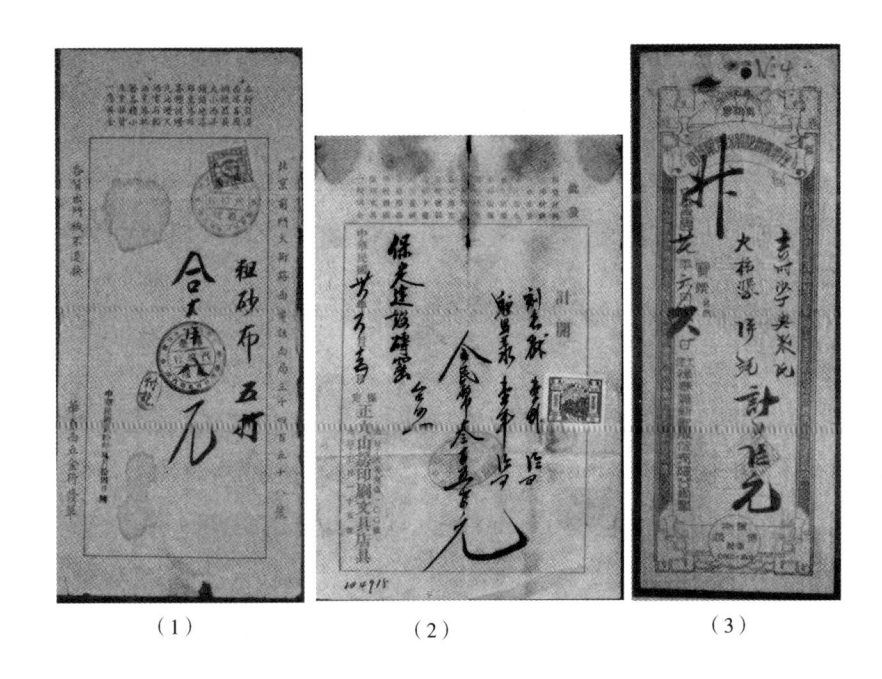

图 3-5　民国二十年（1931 年）北平华泰西五金行发票、
民国三十四年（1945 年）保定正大山房印刷文具店发票、
民国二十七年（1938 年）天津祥泰义新记股份有限公司发票

二　环境优良、服务周到

对商业经营来讲，店铺的物质设施和商家的服务态度对顾客消费或享受服务时的心情、满意程度影响很大，因此是吸引顾客的重要客观条件。

就购物环境来说，店铺的硬件设施对于经营组织就如同人的脸面一样，前述字号招牌是其主要组成部分，此外还包括建筑外貌即门面的装饰与布置、店堂内部装饰、顾客的走道和座位、商品陈列布局、清洁卫生程度等，这些都是吸引顾客、使消费者对店铺产生第一印象的重要客观条件，对其消费或享受服务时的心情、满意程度影响很大，对商家经营形象起着明显的烘托作用，不言而喻是非常重要的。就服务态度来说，人类社会交往有理性的一面，也有感性的一面。如果说商品或服务与货币的交换关系是经营者与顾客之间交往过程中理性的一面的话，那么伴随交换而出现的情感沟通则是交往过程中感性的一面。在商业交往过程中，顾客从商家处不仅希望得到物质需求的满足，也希望得到情感的满足，这就要求商家必须具有良好的服务态度。很多冀商就颇通达人情，善于以良好服务态度作为感情投资，以消除隔膜、贴近顾客，这是一种有效的市场行为，也是其高明所在。

对于购物环境的用心打造，当以武百祥的同记为最著。当时的哈尔滨街区到处是充满异国情调的洋行建筑，装潢讲究，而同记最初的门店却低矮简陋、陈旧狭窄。"人看容颜，店看门面"，武百祥从店铺装修入手，将旧式格子门窗全部换成玻璃门窗，再加以精致的边框雕花装饰，店铺上置"同记"匾额，内部的货架、栏柜也全部更换，商品琳琅满目，样式齐全，如此焕然一新后客流大增。随着同记的发展，武百祥又开始筹划新商场的建设，他认为一定要选择人流密集地带及交通方便的宽敞之处，不能吝惜购地价格而在偏僻地方应付，不能因为只考虑省钱而建造粗陋，也不能一味只追求外表华丽宏大。1921年开业的大罗新百货商店，四层高的欧式楼房，内设楼梯和电梯，营业空间宽敞、光线明亮，货架栏柜和一切装饰都使用中国漆，显得富丽堂皇；售货员仪表整齐洁净，全部统一身着制服、佩带店徽，态度热情有礼、服务周到；柜台与橱窗里的商品采用耳目一新的形式分门别类地加以摆放，令人目不暇接。商店很多方面在哈尔滨都是首创，使顾客颇有新鲜悦目之感，纷纷赞扬道："到了哈尔滨，必去大罗新。电梯送上楼，满眼西洋景。"

1927年建立的同记商场更是别出心裁、颇具创意。商场门脸两边是特大玻璃橱窗，商店门口摆设电动机器人，向往来人群招手以示欢迎；内部设计成类似剧院的架空式二层楼，使顾客无论站在哪个方位，都能对商场的整个内景一览无余。不仅如此，除在四围通道上每隔不远就安装有长椅供顾客歇脚休息外，还在楼梯口摆放两面巨大的"哈哈镜"，并摆设两个景德镇特制的特大鱼缸，以娱乐顾客；大厅内陈设各种时令鲜花，春秋季举办花会，每天清晨还要喷洒气味宜人的香水，环境相当雅致。大厅中央放置有从日本购进的机械"送款机"，可以在各个柜台之间来回穿梭往返，非常有趣，收款处前面也有两个陈列橱，一个摆放着从法国购进的模特展示西装,另一个陈列着从法国和日本特制的儿童玩具和电动火车。为满足不同消费者的个性需求,同记商场和大罗新商场还在销售范围上进行了合理分工:大罗新主要经营珠宝首饰、毛呢绸缎、箱包家私、古玩陈设、精品糕点等高档商品,定位的销售对象是官僚士绅、贵妇小姐、外国人等消费能力较高的群体;同记商场则以中、低档商品为主要销售范围,定位的服务对象以市民、农民、民间土财主为主。①不仅本部如此,哪怕是各地的分店,同记对店堂门面的装潢也很讲究。如同记在齐齐哈尔建分店时,经理李明远从哈尔滨雇用泥瓦匠、木匠,亲自筹备材料,监督施工,建起二层门市楼,楼房用洋灰抹面,采用完全新式的栏柜货架,物品摆放整齐有序,商店布置的美观程度首屈一指,开业时顾客盈门,应接不暇。

优美舒适的购物环境之外,在商业交往过程中要以良好服务作为感情投资,拉近与顾客间的距离,是冀商吸引顾客的重要理念。武百祥就常说,商业是靠顾客而兴旺发达的,"商业场中,首在谋利,固属是应有的本义,然而同时亦必要注重顾客的利权,满足顾客的需要,使顾客均要得着美满和愉快的感觉,才可以使营业发达。古语云'经营有道,见利思义',英谚云'顾客者产业也',这都是以顾客为商业本位的意思,在已往商业场中往往昧于斯意,而有商不厌诈之说,因有此说,故不免有蒙混顾客的行为,以此而作营商之道,无怪乎其处处都要失败了"②。他曾在与人谈论经商之道时,对"生意"一词做了一番精辟解释,说:"'生意'二字的重点应放在'意'字上。这个'意'字嘛,是由三部分组合而成。把它拆开来,便是'立'、'曰'、'心'三个字。'立'者站也,所以做生意的只能是站柜台,而不可坐柜台;所谓'曰'就是说的意思,商店来了顾客,店员要主动打招呼,顾客提出问题,店员必须耐心回答;而'心'但的意思则更广泛,它要求店员事事处处做有心人。在数以百计的顾客当

---

① 葛辛垦:《商界泰斗武百祥》,载政协河北省委员会文史资料委员会编《河北文史资料》第三十三辑,河北文史书店 1990 年发行,第 161 页。

② 武百祥:《本店的政策·利顾客》,载政协黑龙江省委员会文史资料委员会编《黑龙江文史资料》第二十六辑,黑龙江人民出版社 1989 年版,第 242 页。

中，自然习性多有不同：有喜欢质纯价高商品的顾客，也有偏爱廉价货物的买主；有闲暇无事的游人，也不乏急切匆忙的来客；双双结伴者常有，独来独往者多见；妇幼童叟有别，青壮耄耋各异……因此，店员在研究商品、研究市场、研究行情的同时，还必须研究各类顾客的心理。上述三点综合起来，便是勤动、勤说、勤思考，只有这样才能把生意做活、做好。"①

基于这些认识，同记"以客为主"，规定无论哪种类型的顾客，店员都必须态度文雅、热情细致地接待，要认真揣摩顾客心理，灵活采用应对方法，尽可能达到顾客满意，与其交朋友。要主动问好并介绍商品，尤其是介绍新进商品、配套商品和能够符合顾客诉求的替代品时，既要把商品的优点细细说明，也要详尽介绍商品的使用方法、注意事项等，做到百问不烦、百拿不厌，要使顾客心里能够认同在同记可以碰上好店员、买到称心货，就愿意再来同记购物，甚至规定店员饮食上也有禁忌，不准吃葱蒜等有异味的食物。并且，对任何上门的顾客，除态度一定要周到热情，店员还应尽可能提供方便，如了解到顾客此行打算一次购买几样商品，接待他的店员就要根据顾客所需，去往各柜台把商品取来由其挑选，这样顾客不必四处找寻就可买齐商品，最后一并结账包装；如商品较多或不易携带，店员还可为其雇车或送货。对从外地拿大宗货单来进货的主顾或上层阶级的讲究顾客，则要先请到售货部的接待室稍作休息，年轻店员点烟、倒茶，部长或主任亲自接待，由店员按货单品目把同类货样都取来，听其比较选择，待此单交易结账完成后，又会主动派人把已打好包装的商品运送到顾客指定地点。对外县来的农民，因考虑他们多是专程为儿女婚嫁采办而来，在当时商家普遍要谎的风气下往往习惯于奔走多家商店比价，就会先请他们坐下抽烟喝茶，与他们聊聊年景好坏，并如实介绍商品任其甄选，使其最终能够放心把购货单交给店员采买。对带小孩的顾客，就拿送小饼干、小人糖、小衣帽等方法，安置妥当孩子，使顾客能够专心于购物。卖出商品实行保修、保换、保退，如顾客要

---

① 宋士寿：《武百祥谈"生意"》，《中国工商》1989年第1期。

求退换货物，或欲委托代购货物，必全力配合；对不买东西的游览参观者同样要接待周到，顾客询问则诚恳以告，对未成交的顾客也不能摆脸色，反而要向其诚恳自责己方"备货不全"，表示歉意……为方便顾客，同记的商场营业时间通常自早上8点到晚上8点，要是遇到特殊情况还可再延长，只要店里还有一名顾客没有离开就不能急于闭店。

武百祥经常强调"顾客无错误"，强调营业员对顾客要"一问三答"，同时要有"三分耐气"，遇有奇特的顾客及意外事情时，店员应持冷静态度，切不可与彼争辩，要以所持的修养使含怒而来的顾客高兴而去。如遇有因对顾客态度欠佳导致不能成交者，每日闭店时会受到部长、主任批评；如遇与顾客吵架者，轻者记过、重者开除出号。同记商店惯例是隔周开一次全体会，专门由总经理、经理、主任教授店员商品推销方法和如何善待顾客等专门知识，还自办《店员周刊》，交流心得体会。凡此种种，"终使同记顾客盈门，整日络绎不绝，营业也为此甚是兴旺"[1]。在当时仅有25万人口的哈尔滨，每年光顾的中外顾客就600多万人次，当时东北农村流传着这样一句顺口溜："不到同记、大罗新，等于没到哈尔滨"，可见武百祥经营之成功。

同为哈尔滨老字号的天丰涌山海杂货，销售业务是批发兼零售、以批发为主，其经营宗旨是服务好每一位新老顾客，故经营方式非常灵活。在批发业务上，因为范围广泛，省内省外都有业务，所以或采取合同方式、或采用信用赊购方式，但无论哪种方式，预定的货物都要按照对方的要求，由天丰涌负责装箱、打包，用马车把货物运送到火车站，然后由火车发往收货车站，买方验收无误后才需汇出购货款。天丰涌还规定：对于新老客户的来函来电必须一律及时回复；对于订单，必须坚持按照要求及时发货，从不延误，若遇本店储备货品不全时，就想办法尽快从同行那里采购配齐，随货附上该店铺发票一并寄出，即使亏本也要满足客户需要；对于发出的货物，如若客户反

---

[1] 刘实秋：《同记的业务经营》，载政协黑龙江省委员会文史资料委员会编《黑龙江文史资料》第二十六辑，黑龙江人民出版社1989年版，第124页。

映数量有误或质量不好，除严格追究经手人责任外，不问情况一概补足数量，对不符合质量要求的一概退货调换。在零售业务上，柜台销售商品务必品种齐全，货物满架，由顾客自由挑选，若有些商品顾客不便于随身携带，便由柜上开好发票，留下顾客地址，由送货员持送货簿按照顾客要求及时准确地送货上门。天丰涌在每晚闭店后，房门总会留值班店员接待拉洋车的，低价给他们提供一角钱的茶叶，且如有怠慢就要受到批评。如此全面服务之下，信誉和声望自然蒸蒸日上，来办货的客人络绎不绝。

京东刘家创办益发合大车店时，就以服务周到闻名于各路客商，不但住宿房间卫生条件好，还免费为客商提供饭菜和小食品。每逢雨雪天气，益发合伙计们都主动用商号准备好的毡布把客商的车辆、货物遮盖起来，使客商的货物免受损失，因此生意越来越兴旺。其益发钱庄刚创建时，面临着市场上各类货币混杂的局面，各银行、钱庄兑换业务都非常繁忙，不但在门市兑换，有集市时还到四乡八镇去摆上钱桌开展业务。在这种竞争激烈的形势下，益发钱庄就从提高服务质量求发展，想方设法拉拢乡客，让他们把钱存进自己的钱庄，乡客来到钱庄，伙计们都必须笑脸相迎，热情款待，装烟倒水，嘘寒问暖，有大储户来到，钱庄还要招呼酒菜和洗澡、看戏种种；客人想用钱时，钱庄就派人把钱送上门；就是平日遇见客户进城，也要请到钱庄小坐，以维系感情。在长春还有呔商杨焕亭的日升栈，对服务质量要求也很高，店员都是经过多次筛选，个个精明干练、彬彬有礼、招待周到，始终给客人以宾至如归、客店似家的感觉，因此外地客商，尤其是关内老客们到长春来做生意，都愿意投住在日升栈，短短12年间就在吉林、哈尔滨、沈阳等地设分号18处，生意甚是兴隆。

百年老店天合成绒线铺开在北京城，京城人礼数多，而绒线铺又是女顾客居多，因此天合成特别注重待客的礼节，规定站柜台的售货员每日必须梳洗整洁、穿着干净，不管是寒冬还是盛夏天气，都要穿着规矩的长衫，面带微笑、语气温和，绝不允许与顾客发生冲突，哪怕顾客不讲理，站柜的伙计和学徒也都要笑脸相迎。对所有顾客，无论男女老少，全体员工都要做到视同一律。天合成的门脸装饰也独具匠心，最初是在门楣横一块书写店名的大字匾额，旁边挂着"梳篦"幌子，但后来因为同一条街上卖绒线梳篦的好几家铺子都挂着同样的招幌，创办人刘福成便别出心裁，挂了一个大概3尺来长、茶碗口粗细并涂满黑漆的大烟袋锅，从此花市街的大烟袋锅店铺在京城声名鹊起、妇孺皆知。店铺里商品陈设都很有心思，设有内堂和外摊，内堂售正品优质货、外摊卖质量不够好的剔装货，各随顾客心意选购。如一种叫"狼狗"牌的袜子，店铺进货后都会逐一验收，内堂卖的正品货绝对保证质量，无半点瑕疵，而残次品就被挑出放到外摊上降价出售，每双比店内正品要便宜一两毛钱。① 绒线铺卖针头线脑的工作很零碎，但店铺规定，顾客就是要买两绕线，店员也必须耐心花功夫捯线。就这样，依靠细致体贴的服务，每日从几十里外慕名而来的主顾挤满了商铺。

　　天津同升和鞋帽店也十分重视服务质量，强调热情待客，服务礼貌周到。经理李溪涛经常对职工们讲："我们的买卖是靠顾客的照顾。我们热情招待，买卖才能受人欢迎。而且，我们是从顾客身上取利的，没有任何理由对顾客慢待。不讲礼貌，顾客就不满意，逢人就宣传我们同升和的缺点，都不到咱这里而到别处去买；没有人买咱们的货，怎能赢利，还干什么呢？只有关门停业罢了。"② 同升和的柜员，都是雇用朝气蓬勃、口齿清楚、衣着洁净、做事严谨、态度诚恳的年轻人，他们要经过多年的锻炼，做到顾客一进门便能推测出其大致偏好、鞋子尺码，营业时保证不会流失一位顾客，凡有顾客上门，前柜经理招呼声"瞧柜"，店员即刻迎上前去，全程专门接待；若遇衣着讲究的客人，眼光机灵的店员们就会将其请到后堂，由经理、副经理或者掌柜的亲自接待，所需货品也送至后堂以供拣选。对来店定做鞋帽的顾客，为保证顾客满意，要依照顾客的头型、脚样，准确测量尺码，交给作坊另行制作专门的鞋楦、帽盔，再加以精工细制，而且从

---

　　① 张吉山：《百年老店天合成的创始人刘福成》，载河北省政协文史资料委员会编《河北历史名人传·工商经济卷》，河北人民出版社1997年版，第120页。
　　② 钟群庄：《同升和鞋帽店总经理李溪涛》，载河北省政协文史资料委员会编《河北历史名人传·工商经济卷》，河北人民出版社1997年版，第154页。

不逾期交货；对于有钱有势的官僚买办，富家少爷小姐、姨太太们当时最钟爱购买的高档服饰如水獭皮帽、毛呢帽和各式新型靴鞋等，都有专门的服务卡，顾客可以电话订购，送货上门。店里设有小型的百货柜，摆放名牌高级进口化妆品，如法国香粉、香水、头油、香皂等，还有苏杭产各种名贵折扇、毛扇、团扇，随时供顾客选购。店内还增设洗染服务，代顾客洗染衣帽，并派人取送到家。不管是风雨天气还是年节时候，同升和都能做到天亮就开门，三更才打烊。李溪涛还要求各店把"货真价实，言无二价，包管退换，童叟无欺"16 字写成大幅匾牌挂在店堂，印在鞋帽盒和包装纸上，认真遵守。已卖出的鞋帽，只要未脏污、损坏，随时可以退换；如果确实由于质量不佳或手工粗糙等原因，即便穿着多时，也可以随时退换或修补。由于坚持这些服务理念，使同升和赢得了极佳的声誉，生意越发兴隆。

　　武安商人笃信"买卖买卖，和气生财；主顾主顾，衣食父母"，他们把店里良好的服务氛围，作为所有店员的基本训练，有着严格的接待规范。通常凡顾客进门，学徒、伙计当即鞠躬远迎，热情地邀客落座，恭敬地请茶递烟。若是大主顾，大掌柜都必须亲自出面接待，店员们殷勤取货时，大掌柜就陪着喝茶聊天，对于其中远道而来者，店里还要留宿备饭，嘘寒问暖甚至提拿夜壶，给予很周到的招待，若有店员冷落或冒犯客人，严厉的训斥和惩罚算是从轻处理，严重者则立刻勒令出号。武安武氏在沈阳开设的"德泰兴"药店，不仅对店中伙计严格挑选使用，更重要的是，始终不懈于店员服务态度的认真培养，务必使店员口齿伶俐、能说会道，更要善于察言观色，随机应变。迎送顾客，进门要有迎声，问候"您老一向可好"，凡顾客进店都要积极迎上询问需求，详细介绍本店经营的药品性能，尽量满足顾客需要不使他们空手出门；出门要有送语，道句"没事串门来"，不能怠慢每一个客人。又如银川伯延房家的"德泰永"，店铺空间很宽敞，可以容纳二十个以上的顾客同时进店买药、抓药，凡顾客进店，店员必殷勤接过药方，就要对药名、药量心中有数，如发现讹误及时与顾客核对，遇到药品有短缺，迅速到其他药库寻配、务必找齐。包装药品时，一味药装一小包，都核对无误后再合并包装，药店备有各色油光纸印成的药签放入小包,其上印有字画,画为药各部分形态,字则说明其品名产地、性能、主治疗效,一目了然。药引则会另外捆扎,并需向顾客交代处理方法:如何调制,用白水还是酒类;何时加入药剂中;整服药煎熬时间多少;需水量大小如何等,嘱咐得明明白白。还有开设在邢台的春和庆,不但门面敞亮、内厅整洁,服务也非常热情。在店里,所有职员要统一穿戴,清一色长衫白袜整齐干净,顾客进门便殷勤招呼:"先生抓药吧?请这边稍候。"让顾客坐下喝水,店员按方抓药,每味药分别包装并放入标签以防差错,最后一并打包时再附赠约淋子(即过滤器),药包止面还印有"春和庆药店"大字印章并小字广告。很多武安药店,对珍贵饮片包装时衬以红棉纸或乌金纸,附送纱布袋及过滤器,对贵重成药更讲究包装,常常用精致的锦盒置放等。服务可谓细心周到、无微不至,但药费并不因此而抬高。

琉璃厂的冀州商人,"与文士所居密迩,又小有林泉可供游赏,故为文人学士所常至,书市乃应其需要而设"[1],很多书肆中设有大厨,供应顾客茶水便饭。而保定福和公粮店自开业时起,就将顾客视为上帝,创始人赵遇和坚持认为,伤了顾客就等于砸了自己的"饭碗",因此其经营宗旨是,只要顾主进门,就千方百计不能叫他们走掉,把顾客当财神对待,经理如发现营业员对顾主态度不好,不论有理无理都要受到掌柜的斥责,就有被辞退的危险。视顾客为"财神爷"的保定酱业,也有一套恪守的传统礼节规矩,比如在营业时间上,每天至少16个小时,天未亮店铺就要掌灯准备,天一亮就启门迎客,就是夜间如果遇到顾客叩门,也必须随时起身应答。诸如此类,事例很多。

俗语说"买卖人要有七分纳气,三分和气"。只有把良好服务作为经营中最基本的准则,才能为自己的事业创造出和谐的买卖关系。因此冀商在经营中始终恪守着"经营信为本,买卖礼当先"的原则,把信和礼摆在首要位置,注重在买卖双方之间建立起长久、融洽的互惠关系。

---

[1] 孙殿起:《琉璃厂小志》,北京古籍出版社2000年版,第4页。

第四章 冀商经营的模式及组织管理

近代以来勃兴的冀商民族企业,虽然在复杂的社会环境中艰难发展,但通过他们的不懈努力,经营规模还是普遍得到扩大,他们在实践中所采取的股份制和掌柜负责制的管理办法,与现代企业管理模式颇相类似,较之传统的经营方式更为先进。不仅如此,冀商还深刻地认识到,人的事业是由人来推进的,商业经营也不例外,对经营管理者来说,要取得事业的成功,使组织运行获得持久的动力,必然要先处理好组织内外的各种人际关系。人是组织最宝贵的资产,善于择人、任人、留人是人力资源管理的基础,这就要求慎重地选择和有效地管理、凝聚员工,因此,冀商非常重视人才的作用,不仅可以不拘一格地挑选德才兼备的人才以为己用,还注重多种方式全面培养、储蓄人才,更善于笼络和激励人心使其乐为己用。除此之外,他们还非常重视对组织进行制度化管理,以制度约束和调节员工行为与经营活动,有效提升了员工素质和工作效率,推动了经营的顺利进行,促进了事业的发展与繁荣。

第一节 冀商经营管理的模式

近代冀商的经营活动,明显呈现出组织化、集团化的倾向。[①] 在封建时代,个体分散经营是商人最常见的经营模式,多数小本起家的

[①] 要说明的是,传统历史上所称商帮,通常是基于地域形成的松散团体而非经营实体,故此并不能等同现代意义上组织化、集团化的标准。

冀商也是如此，但有限的人力资源和经营空间大大限制了资本积累，例如武安药材商人，早期就是"每年春季推车而往，岁终推车而归，习以为常，频年跋涉，不能大有成就"①。零散的资金、分散的经营模式，在商业经营竞争逐渐激烈的社会条件下，既不能节省成本，又不能提高效率。是故，随着时代的发展、经营规模的扩大和经营理念的进步，冀商大多深刻意识到，个人单独活动的范围和精力有限，同时担任采购、运输和伙计多种角色，从投资到收回成本逐个环节进行下来，获得回报耗时长、利润率也并不高，因此若想获得更多的商业利润，实非一人一手足之力所能为。于是，冀商广泛采取资本与人力组合的方式进行团队合作，在资本上实行股份制的经营方法，而在运营上则甄选委托特定人员，散一人之事为诸人之事，合诸人之事而成一人之事。用现代企业管理理论来看，实行股份制，可以吸纳外界资金，增强财力，扩展经营规模，也能够降低资金风险；而所有权和经营权分离，就能较为有效地对股东权利进行约束，委托擅长经营的人员负责管理，才能够保证企业的运营水平，应该说，这都是冀商迅速积累起财富的重要因素。

如武安商帮，和资本雄厚的晋商徽商相比，他们设号行商之初原始资金较为有限，后来随着发展，便开始实行"股份制"来弥补资本不足的问题，最初通常是在亲戚、朋友、同乡间筹集，当时武安商号里，经常可以听到的一句话是："咱们是有东有伙的买卖。"不仅大药庄，甚至不少规模稍小的药店，都有多位股东参股，商号按照投资数额多少设置大股和小股。在这些实行股份制的商号里，一般都要设置所谓"万金账"，账上将股东之间的权利、义务明确下来，记录着股东们的入股情况，在经营中既是分红的依据，又是利润共享、风险共担的契约，从产权上对东家、掌柜、劳金的权责进行规定与约束。②有学者收集到《绥远元泰和药店万金老账记录》，其中有这样一段文字："所有号内章程，每年一拢，随报清单，三年一算，所得余利按

---

① 民国《武安县志》卷10《实业志》，《中国地方志集成·河北府县志辑》，上海书店出版社2006年影印本，第64册，第286页。

② 王思达：《武安商帮：一县之地独为帮》，《河北日报》2017年9月7日第11版。

股均分。银股下三年均支,人股本账即开。在号之人概不准吃洋烟务赌博,买空卖空,挪用影射别立堂号。掌柜在号存钱过一百元者,按月得息或兑回家自便,但兑款均得过经理处……"①文字下面还详细记载着银股、身股的具体数字,以及每隔三年的结算及分红情况,清楚明白。在运营方面,武安商帮普遍实行"掌柜负责制"或称"东伙合作制",即将资本所有权与经营管理权相分离,不管是独资还是合伙,财东负责出资,然后把商号委托给有能力的专业人才——掌柜来管理经营,东家可以监管章程的制定和按时分红,但并不能过多干涉商号的日常运营,东家的代表,被称作"经理东家",可以定期到商号巡视,也可委托人员监督,但是不能随便发号施令左右经营,不到所谓"账年",所有东家都没有权利提前支取任何利润。股份制与东伙制的结合实践,使有资者出资、有力者献力、有智者施智、有能者显能,再辅之以利润分配方式上的创新——"顶人力股制",即股东投资为银股,掌柜出力经营为人股,掌柜和商号资深者均可根据贡献,按规定比例折算成股,按股分红(注:分红的比例,多为本六人四或本五人五,特殊者也有本四人六的情况,这些都是各个商号自行决定,凡经营良好的商号,人力股通常也能得到可观的收入),并且不承担亏损责任,其所有股份还会根据年资、能力、贡献度等不断调整。如此,劳酬与业绩紧密挂钩,以利益为纽带,激发出劳动者利益共同体的意识和劳动积极性,也为资本的增值、商号的发展开辟了广阔的道路。②

管理层之外,人员也分工明晰,依然以武安商为例,其在店工作的所有人员,如会计、店员、炊事员等,一概采用聘任制。会计在旧时又称"先生""账先儿",或"柜上",总理商号财务。从事经营的人员分内柜和外柜,内柜也被叫作"内把式",负责店铺里的经营事务;外柜又被叫作"外把式",负责对外采购、批发和联系业务。其人员数目要根据业务范围和业务量来设置,都要能做到各司其职,不

---

① 王思达:《武安商帮:一县之地独为帮》,《河北日报》2017年9月7日第11版。
② 王兴亚:《河南商帮》,黄山书社2007年版,第114页。

能人浮于事。店员间也有等级之分，分为栏柜头、大劳金、小劳金、大年轻的、小年轻的等几个档次，都由掌柜聘任。店员任期并没有硬性规定，若不愿继续工作的可以提出辞职，店上也有权力随时清退违犯店规者。对那些没有股份的店员，商号实行薪金制，支付标准多是按工龄确定，也有以工龄为主同时看工作表现的，达到一定年资的员工且未犯过错的，还可以参加分红，从利润中抽出一定比例按照等级分给，这种灵活机动的办法，对店员激励作用相当之大。

类似的还有旅京从事五金业的冀州商铺，与武安商号大体相仿，其人员组成有铺东、经理人、店员、学徒四种。铺东即商铺业主，就是投资方，不主理店铺事务，只领银股，到账期参与分红。经理也称掌柜，是资方代理人，直接管理运营企业，也享受利润分享的权利。店员，即五金铺职工，旧称伙计、铺伙、店伙、商伙、伙友等，可分两种：有人力股和无人力股，他们是承担日常业务的主体。再就是由店主、掌柜的亲朋或有名望者介绍入铺的初级学徒。从其现存大量万金账来看，在其经营管理中，人力股制度是最为普遍的一种组织方式和经营模式。如前述，人力股也称身股、身力股、人力资本股，俗称"顶身股""顶生意"，即商铺的经理、掌柜及主要伙计，除每年应得工资外，还根据其资历、能力及对商号贡献，可以顶大小不等的股份，与财东的银股共同参加分红，据商号赢利的多寡，进行红利分配，持人力股者不需出钱，只要出力就可顶股。[①] 但参人力股并非每人都有资格，通常初级学徒与新招店员并无资格，正式员工也要达到一定年限，且要求必须在德行、勤劳度、能力、业绩等方面皆表现良好，而且也不是一成不变的，而是根据具体情况增减。人力股办法的实施，应该说是一种较为有效的多劳多得、奖优惩劣的激励机制。

冀商还特别留意建立广泛的经营网络。早在明代正统至成化间，北京商人王祚列肆而贾，"岁走数十舸出淮江吴越诸州，舸纲一人，受厚直以次计，力能上下佣之，循环迭至，辇挽昼夜属于门，皆诸南方奇物，而麹以酿，缯以衣，鱼盐以食，尤多切人日用者。故京师语

---

① 卢忠民：《近代北京五金商铺人力股制度的再认识》，《安徽史学》2011 年第 3 期。

雄资必曰江氏，次王氏，王氏谓君也"①。对人力资源进行有序调配，以此做熟渠道，建立稳定、系统的物流网络，能有效降低运输成本和风险成本，提高进货与销售效率，尤其对于其所经营的消费量较大的日常用品，益处自不待言，所谓"调度得宜，自能发大财，享大利；调度不善，虽朝夕经营，越做越穷而已"②。而近代许多冀商商号都实行集团化经营，在总号统管下，各分号独立经营、独立核算，又信息沟通、资源共享，对于购销、贩运、资金调配等方面都能灵活处置。如武安药商"德泰兴""徐和发""锦和庆"等几个著名药庄，都是这种模式，他们利用东北大规模开发的时机四处开设分号，并在安国、营口等药材批发市场常驻办事员，大宗购进药材送往总柜加工厂制作饮片或中成药，再向外批发，分号则批零兼营，既面向小药铺供应，又直接售卖给顾客。

继而更进一步，如 1936—1938 年，京东刘家益发合、益发银行改组为股份有限公司，它标志着益发合经营思想上更为彻底的现代化。在当时，益发合已发展为拥有众多分号，影响范围广布东北、华北、华东，经营模式工商业并举的大型企业，组织庞大、业务复杂，已不适用于传统的商号管理模式，必须要建立更先进、更合理的制度，适应社会发展形势，使企业保持竞争力。如在传统商号中，通常三年一结账，而结账后东家与经理人若提走全部红利，往往就容易造成企业资金周转困难，抗风险能力很差，而新式的股份有限公司，按一般管理章程，公司要有滚存金和公积金制度，可以限制东家和经理人提领红利的数额，使企业保持住一定的资金积累，增强抗风险和再生产的能力。而后，刘家从资本一家独大到主动吸引外姓资金，推动企业在现代化管理的道路上更进一步，更表现出符合现代精神的企业家气魄。

图 3-6 发票票眉为"北平张麻子刀剪五金号万县支店"，落款是

---

① （明）罗玘：《圭峰文集》卷 10《义官王君墓志铭》，明嘉靖五年刻本，第 48 页 b—49 页 a。

② （清）钱泳：《履园丛话》，中华书局 2006 年点校本，第 187 页。

第四章　冀商经营的模式及组织管理 | 145

"北平张麻子刀剪梳篦铜器五金号发票"，蓝色签章均为"张麻子刀剪五金号"，下边框外小字自上而下从右至左为"汉口民族路　汉口黄陂街上段　万县大桥头　宜昌南门外正街"，从这些内容可以推断，该五金店总号在北京，在湖北、四川设有四个分号，票据格式应是由总号统一规制印刷再分发给各分号，独立经营，但在财务上都要向总号负责。

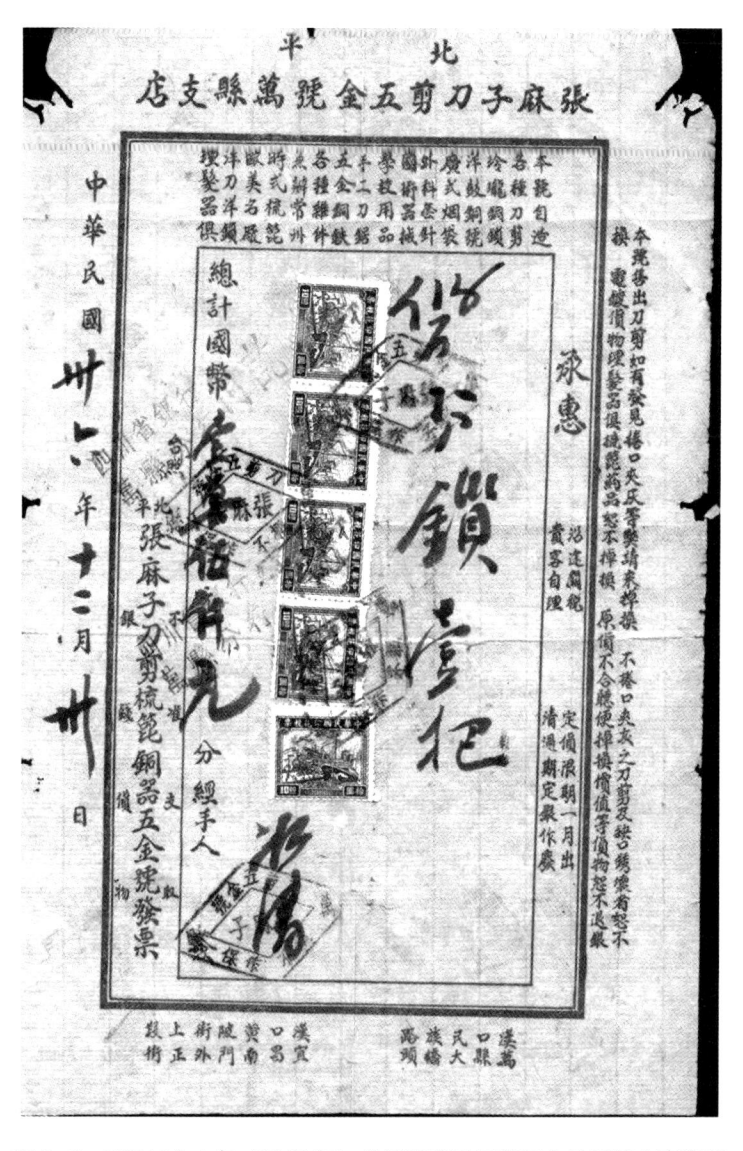

图 3-6　民国三十六年（1947 年）北平张麻子刀剪五金号万县支店发票

第二节　冀商对人才的选用培养

冀商重视经营中人的因素，表现在对人员的选用和管理都非常严格，在传统社会商界唯亲是举风气盛行的情况下，他们则唯才是用、选贤任能来担任管理者，同时非常注重对一般职员的业务知识与技能培训，并明规立矩、制定严格的制度，做到令行禁止，努力营造踏实、规范、健康的企业氛围。

一　唯才是举、任人唯贤

冀商任用人才最大的特点就是因才授事、各尽其能。通常来说，选用掌柜的，勤谨能干、头脑灵活、善于经营是基本条件，当然，还要具备良好的道德品行，才能放心。

冀商中流行一条不成文的规矩，即在雇用员工上，不能用"二爷"（财东和经理的少爷、姑爷、舅爷），在人事安排上非常注重防止"裙带风"，不徇私情。如武百祥，他有位娘舅得知他发迹后跑来哈尔滨投奔，不久便自恃身份指手画脚，甚至妄言要将与武百祥携手起家的赵禅堂赶走，很多人敢怒不敢言，但武百祥经审慎思考后却表态说："一位是我的长亲，一位是我的帮手，我权其轻重，为了我的终身事业计，没有法子拘泥小节，只可牺牲我的荣誉，任着亲朋们说我不义，乃把我母舅辞退了。"① 此举影响甚大，企业内外人人交口称赞他公平允正，上下心悦诚服。不仅如此，他爱惜人才且大胆重用人才，重要岗位都是择能者居之。他采取考察提名与民主评议相结合的办法，选拔任用真正有才干者为各级负责人，先后提拔了徐信之为大罗新的经理、李明远为同记商场的经理、何襄甫为进货部主任、杨向荣为驻日本大阪办事处主任、李镜湖为驻上海办事处主任、于洗非为广告宣传部主任等。以徐信之为例，当时武百祥去天津办事，听闻奥

---

① 武百祥：《五十年自述》，载政协黑龙江省委员会之史资料委员会编《黑龙江文史资料》第二十六辑，黑龙江人民出版社1989年版，第27页。

租界恒庆永转运公司有位徐司账,业务能力很强,而且很有意愿改革旧式商业,同记的另一股东赵禅唐也曾举荐这位徐司账,武百祥觉得人才难得,亲自上门求见,却被拒之门外。他并不因此懊恼,不久又再次赴津拜访,徐碍于面子相见,当武百祥盛情相邀并提及前次闭门之事时,徐起身诚恳道歉后沉思半晌,说既然武老板开门见山,他也就直说了:"上次之所以闭门不见,是因为深知您的才气比我强,但论经商您又不如我,果真到了同记干起事业来,您能听我的吗?"他认为让他干事又不给自主权的差事不能做,所以左思右想,还是不见的好。武百祥忙起身回复:"话说的对,谁都要听,我更不例外。"①徐信之表态说,想等年关恒庆永清完账再考虑辞职事宜。几天后,武百祥又拿出三顾茅庐的诚意,再次设宴相约,精诚所至、金石为开,徐信之深为他的精神和诚意所感动,更因为在经营理念上的志同道合,终于下定决心随他北上哈尔滨,从此以后的 36 年,徐信之与武百祥和同记始终风雨同舟、患难与共,一直是同记的顶梁柱。1929 年末时,同记因遭遇世界经济危机冲击有几处分号负账,同行商家乘机散布谣言,使得很多与同记有往来的钱庄和卖家纷纷上门讨债,上海分柜尤其严重,需偿债务达 30 余万元,同记柜上根本没有如此巨额资金汇给上海,徐信之便赴沪向银行团求援,经他多方努力加之同记平素良好信誉,终获得贷款偿还了债务,平息了上海的挤兑风波。处理完上海事宜后,徐信之又马不停蹄奔赴日本办事处处理债务问题,在他的游说之下最终日本合作方承担了同记在日本的外债。祸不单行,哈尔滨本埠以及天津、烟台、奉天、锦州等地债主也爆发了挤兑风波,徐信之四处协商,最终由市政筹备处召开债权人会议做出决定,允许同记三年内陆续清偿债务,债主们一年内不许讨债,须让同记照常营业,从而使同记得到了一年的喘息之机,企业内部上下同心协力共渡难关,到 1931 年结算时不仅还清了债务,还盈利上海规银 5

---

① 迟勋臣:《三请徐信之》,载政协黑龙江省委员会文史资料委员会编《黑龙江文史资料》第二十六辑,黑龙江人民出版社 1989 年版,第 151 页。

万余两。①

不仅武百祥如此，很多冀商都非常注重对优秀人才的选用，也能够对人才充分信任。如孙秀三，他被提拔的过程就是京东刘家任人唯贤的最好例证。刘新亭五代孙刘毅候，20岁时受命主持益发合和益发银行，他大胆启用理念进步且颇善经营之道的孙秀三为领东掌柜，取代思想保守、因循守旧的老掌柜韩杏林。孙秀三入益发合掌柜事28年之久，一直大权在握，刘毅候则让他享有完全独立的经营自主权，在金融、实业两个领域都给予他充分发挥才能的空间，孙秀三也不负所托，大有作为，经过苦心经营，使益发合更加发展、壮大。不仅如此，他自己也同样做到了选贤任能，对原来的人事管理制度进行了改革，打破乡土陈习，破除了非昌黎、滦县、乐亭人员不用的旧规，采取量才为用、因能设事的人才聘用办法，如有一次因为需要联系车皮运输粮食，就曾经雇用日籍人员，这在过去是不允许的。他还高薪聘用李墨林为益发银行总经理、段馨五为益发合总经理、左了玉为泰发合总经理、聘用张耀武和刘冠英为外柜经理等，这些才能之士精通业务，长于谋略而老成持重，是孙秀三的得力助手，都为刘家事业的扩张做出了重要贡献。益发合也因此能由大车店发展成为吉林省集商、工、金于一体的规模最大的民族企业，刘家才能够拥有"京东第一家"的美誉。

长春积德泉烧锅的创始人王玉堂，仅为选择一个好的账房先生，就下了很大功夫，他先摸清商号200多名工人的文化底子和珠算水平，然后从中挑选出20人，通知他们到账房开会。事先，王玉堂在账房四个墙角各扔了一文钱，当大伙都进来时，他并不说开会而是让大家先扫地，他则不动声色在旁观察。当大部分人看到地上的一文钱时，都是扫进簸箕里完事，只有一个叫维子的伙计，见到这文钱，捡起来吹干净放在柜台之上。这时王玉堂宣布开会完毕，解散众人，只留下这个叫维子的伙计。有股东问他为什么，王玉堂回答：管账者如

---

① 徐信之：《同记风云录》，载政协黑龙江省委员会文史资料委员会编《黑龙江文史资料》第二十六辑，黑龙江人民出版社1989年版，第76—77页。

果不重视钱财，拿小钱不当回事，必然不能精打细算，容易大手大脚，这是账房大忌。之所以选择维子，是因为他对公家的钱，哪怕是一文也爱惜，而且从其行为中可见他心细、责任心强，这就叫一文钱看人品。王玉堂明白，做任何事情都要"深谋、聚贤、用势"，任人最是关键，必须注重德才兼备，做到唯才唯贤，因此他才可以广聚能人，如选用年纪轻轻但出身书香门第的孙尚臣为经理，孙果然勤勉有加、经营有道。而积德泉烧锅聘用的制曲师、调酒师、外柜等，全都是当时长春一流的专业人才。

高阳布业领军人物杨木森，对其蚨丰号采用掌柜负责制，二掌柜以下人员都实行聘请和雇用制度，在经营中注重激励其能力的发挥。1914年前后，有几位掌柜见各大商号均已在晋、豫、鲁等地主要城市设立外庄，利润被摊薄，就向杨木森提出应该积极开辟市场，他们首先想到了当时别的商号尚未涉足的库伦。他们同杨木森商量，杨木森表示同意，并鼓励他们放手去做，在张家口、库伦设立外庄。这些经理人将蒙古人喜欢的袍料等各种畅销货，由铁路发至张家口，再由张家口雇骆驼队运往库伦，再从库伦买回贵重毛皮、药材运往平津出售，只一年时间，就赚得了10万元高额利润，他们又置办了两部大卡车专跑长途运输，增加商品种类，将火柴、茶叶、蒙古靴等日用品和适于少数民族装饰的珠宝玉器运往外蒙，三年后，年利润就达三四十万元。

高阳同和织布工厂始建于1921年，该厂初建时在本地织布工厂中并不突出，但到"七七"事变前夕，却发展成为织染轧兼营，产供销一体的大型织染综合企业，堪称高阳织布企业的龙头。十数年间同和之所以能如此飞速发展，管理者善于发掘任用人才这一因素至关重要。同和的总经理苏秉章毕业于高阳甲种职业学校，文化水平较高，思想开明，乐于尝试，勇于改革，他用现代管理知识运营企业，加大力度引进新型机械设备和各类技术人才，如选拔的副总经理苏秉杰，毕业于天津高等工业学校染织设计科，由于他的不懈努力，同和产品的式样得以持续创新，才能够始终在市场竞争中拔得头筹。同和聘用的分厂经理李相波，也毕业于天津高等工业学校，他所指导染轧的布匹，因工艺技术先进，产品颜色纯正均匀，光泽度极佳，非常受市场欢迎。不仅如此，同和工厂各科室的负责人大多是高阳甲种职业学校的毕业生，并且基本上都能根据所学专业合理安排，如此，同和从上到下管理人员的知识水平和专业化技能水平都比较高，高素质、专业对口的人员结构，自然为企业的迅速崛起打下了良好的基础。

保定福和公面粉厂创始人赵遇和，在人事安排上也是既能量才，又能人尽其才。他认为用人必须谨慎稳妥，求精不求多，如负责赶集上市的买手，必须是内行，得精通业务，要能一看到谷子就知道能出多少米，一看到小麦就知道能磨多少面粉。同时还要善于甄别，比如，质量不同的小麦，每百斤出面能相差 5 到 6 斤，业务稍不精通就可能会买错。① 还有负责跑铁路沿线购销米面杂粮的买手，更要选用老成可靠的人，在旧社会跑铁路的，如果是新手，就很容易受到黑客栈的引诱，去吸鸦片、打麻将，甚至嫖妓种种，若落入圈套，必会使自家金钱遭受折损。因此福和公粮店对要出远门的业务，一般都会选派年龄 40 岁以上且稳妥持重者。赵遇和还经常强调，当经理的人，不仅要人品可靠、精通业务，还要知道营业员谁是千里马，谁是驽钝之才，这是经营企业非常重要的一环。② 他所聘请的十多位得力助手，有的擅长计算，有的精通采买，有的熟知途程，有的善为应酬，均具有卓越的才能。

再如同升和鞋帽店的总经理李溪涛，知人善任、运筹有方，在组织人事管理上安排得当，他把制帽厂分为小帽部、通帽部、皮帽部、草帽部、花帽部和毡帽部，制鞋厂分为便鞋部和皮鞋部，每个部都选派技术精湛、忠实可信、谨慎负责的人去管理生产，给予他们的待遇相当优渥。开在天津的四个店面，分别交由四个经理人来负责，开在北京的王府井分店，则由总经理兼管。平时各店独立运营，遇有重大事宜，则会集思广益，各展所长，集体研究解决。

---

① 赵子元：《保定福和公面粉厂发展简史》，载政协河北省委员会文史资料研究委员会编《河北文史资料选辑》第九辑，河北人民出版社 1983 年版，第 181 页。

② 赵子元：《保定福和公面粉厂的发展》，载河北省政协文史资料委员会编《河北文史集粹·工商卷》，河北人民出版社 1991 年版，第 199 页。

总的来说，这些事业成功的冀商，通常善择人亦善任人、量才授事，人皆得以适其才用、各尽所能，可以最大限度地发挥智慧与能量，使企业也得到了长足的发展。

二 注重培训、提高素养

冀商对高级管理人员的任用非常审慎，对普通店员的选用和培养也颇为注重。如在武百祥的同记，若要成为店员，首先要有高小文化程度，年纪要轻，容貌要整齐端正，或者先做练习生，用三年时间去熟悉各项业务，然后分配至合适岗位；或者通过同记的录用考试，进入同记商工学校学习六个月，毕业后实习半年至一年，然后再次参加考试，合格者成为同记店员，不合格者再学习一学期，若再不合格即被开除。武百祥认为，要随着时代发展和社会需要，培养有技艺有思想的新式工人，"改良他们的恶习，增长他们的知识，启发他们的思想，陶熔他们的人格"，他坚持他的主义就是提高店员、工人文化知识，改善工人生活，并影响全中国。他认为当时社会条件下的店员和工人们通常存在三方面欠缺，即知识缺乏、技巧不足、思想差谬，"如欲使其成为优秀的店员，当然还需要一番的训练"[①]。为了提高他们的业务素养，1922年武百祥创办了商业学校，这是道外区最早的职业技术学校，以培养技能合格的职员和技工。

除学校学习外，武百祥还认为，"商业上的教育，固是商人的利器，然而要仅受学校的教育，有书本上的学问，而无切实的经验，必难得其实用……要想在商业界占一位置，除此常识之外，更需要有特别的学问，非是从书本中可以找到的，也不是印板式的，代代相传的，乃是由于苦心经历积攒而得的经验"[②]。所以时常组织训练班，聘请同记从事经营管理多年经验丰富的经理、主任，以及老职员等担任教员，传授在实践中富有成效的商业经验。训练科目除经营经验、商品学等业务知识外，还有精神训话、店章与营业政策、本店组织、国内外及本埠商业形势、店务心得、货源学、批发论、包装学、货票学

[①] 武百祥：《五十年自述》《训练店员》，载政协黑龙江省委员会文史资料委员会编《黑龙江文史资料》第二十六辑，黑龙江人民出版社1989年版，第60、248页。

[②] 杨占国等：《走近武百祥》，乐亭县武百祥研究会2010年印行，第166页。

习、账簿实习、货币、权度、保险、运送、捐税、邮电、广告及心理、商人道德、商业道德等，务求业务娴熟、精通百货。此外还特别设有"柜台须知"科目，专门进行售货技能技巧的训练，使店员能够全方位地接待好顾客。在同记的工厂，为提高工人素质，武百祥办起工人业余学校，设立青年短期文化班、高小补习班，以及业余作文和算术班；后来又建立训育部，下设职工青年会，分为德育、智育、体育、群育、艺术、妇女六部，分别对职工进行技术教育和文化教育，还开展各种各样的文体活动，使之增加知识、陶冶性情。1928年同记工厂扩建为四层大楼，下面三层为生产车间，四楼则全部辟为教育班、体育班、德育讲演、智育讲演、查经班、考道班、唱诗班、集会场、游戏室和职工青年会办公室等。对此做法，人多以为不值，称未免过奢，武百祥则不以为然，他认为没有素质好的工人，工厂就很难做好，且称"此种事工非仅于厂内秩序工作有益，将来养成无数有知识有精神之工人领袖，裨益社会，实非浅鲜"。[1] 他还在老家河北省乐亭县何新庄办了一所"百善学校"，设有专门班次和职业课程来教授商业经营相关知识。如此全面的职业训练，培养出了一批具有较高专业素养的工作者，成为企业发展最具竞争力的无形资本。

  为了培养、输送更多的高水平员工，冀商尤其是呔商最为积极开办商业学校。自办学校具有的明显优势，一是可以有针对性、有选择地为企业培养、储备所需要的各类人才；二是理论可以很好地与实践相结合，学生毕业后就可以很快上手工作；三是自己培养的员工自然会对企业有更深厚的感情，也更愿意为企业贡献力量。冀商办学重视培养勤、朴、诚、勇等优良品行，毕业学生不仅能为己所用，也能够走出去为其他民族企业服务，为国家经济社会的发展都做出了一定的贡献。前述武百祥的百善学校，办学经费从同记商场、同记工厂和大罗新商场盈利分红中提取，学生毕业后大多到同记企业习业。京东刘家开设的私立完全小学亲仁学校，专门设有商业班，刘临阁的育英学

---

[1] 武百祥：《同记工厂及附属事业》，载政协黑龙江省委员会文史资料委员会编《黑龙江文史资料》第二十六辑，黑龙江人民出版社1989年版，第271页。

校，规模为全县之首，也开设商职中学班。创办新中罐头公司的实业家杨扶青，创办新中小学，招收职工和附近居民子弟免费入学，还举办职工业余学校，为本企业发展积蓄力量，也为社会培养了大量人才；他在重庆创建培黎学校，精心培训青年徒工，学校还开设具有相当规模的工厂数家，给学生充分创造实习条件，学校培养出的六七百名技术人员，新中国成立后大多成为西北、东北各地一些重要企业的技术骨干。呔商之外可称代表者，如冀州商人邸玉堂，在天津从事五金业，他为"发达业务，造就人材起见，特组设五金补习学校"，认为"五金业发达则实业自必进步，工艺日趋发达，关于国利民生，裨益良多"[①]。这种办职业教育的尝试，不仅有利于促进天津五金业的进一步发展，更是影响到了天津教育事业的发展方向。

　　武安商号的员工培训也非常全面，他们对学徒实行半军事化管理，从仪表礼节、行业规矩，到业务知识、文化知识等都要进行全面学习、训练。若是当年走进武安人的药铺，最先能看到的就是有一两个十多岁的少年在恭迎客人的到来，他们穿着洁净整齐，会彬彬有礼地问候，热情殷勤地让座，待点好烟沏好茶后，就安静规矩地守在旁边，伺候掌柜或大伙计与顾客交易。而对业务知识的严抓不懈，更是中药行当的重要性所决定，人命关天，中药行从采购到保管、从加工到销售，技术性都很强，出不得半点儿差错，若抓错一味药，或剂药称量不准，轻者影响疗效，重者伤害性命，后果都很严重。因此，学徒们都要经过长期的学习来掌握药行的基本功，掌握各种药材加工技术、药品制作技术与医疗知识。商号培养出来的许多药工，业务熟练到能在没有灯火的情况下，凭着手摸和鼻子闻准确地抓药发药，而且能一把抓准分量，据说技术最纯熟的药工，能把一块一般土豆大小的槟榔切成100多片，薄如蝉翼，透明如纸，其他环节如收药、辨药，也都是要长期实操才见功夫的活计。再如药材的炮制加工，方法众多，有的药材甚至需要九蒸九晒，非常繁杂琐碎，其中火候的掌握更

[①] 天津市地方志编修委员会办公室、天津图书馆编：《〈益世报〉天津资料点校汇编三》，天津社会科学院出版社2001年版，第512页。

是全凭训练中积累的经验。在武安人的药店里，所有大小掌柜都是从当"柜腿子"开始，入夜之后依然忙碌，掌柜的和管账先生在对账记账，劳金们则带领学徒们蹬碾子轧药、抟药丸子、摊膏药等。做完这些，便是学徒们学习时间，练习打算盘、写大字、认药名、看医书，不同的年龄、不同的基础有不同的课程，除《药性歌括四百味》《雷公炮制》这些传统药学典籍外，还要读文化课本和《尺牍大全》等。① 如此，学徒们学生意、学礼仪、学文化、长见识、受历练，才能成长为合格的专业人才。

在高阳商界，非常注重发展教育、培养商业人才。商会的领袖们从一开始就认识到"商业人才之培养尤不可缓"，先是成立商业夜校，以各商家学徒为学生，聘公正士绅为教习，属短期培训性质。1907年又集资修建讲堂五间、教习宿舍三间，将夜校正式改名为初等预科学校。商会对商学极为重视，一年间仅就扩充商学一事召开六次会议讨论，1910年将初等预科学校扩充为中等商学学校，并定名为高阳甲种商业学校。所设课程为外国语、经济学、商业博记、商事法规、中国文学、外国语、商业道德、商业实践、体操等，基础知识与商业知识同时学习，德智体用齐头并进，明确体现着培养新型工商人才的目标。到1928年年初正值高阳织布业发展第二次高峰，织染方面技术人才缺乏，商会便及时调整课程，增加了相关技术应用科目。从1907年至1937年，高阳商学开办逾20余年，培养新型工商人才数以百计，这些具有文化素质、技术水平较高的人才，为推进高阳织布业的持续发展，做出了重要贡献。

三　严格管理、整肃风气

通过培养、提拔而拥有高素质的员工之外，冀商也很冷静地意识到，并不能放松以严格、规范的制度来约束、管理员工行为，经营的成败，有赖于管理的好坏。

在同记，武百祥制定了一系列规章：在柜台服务方面，规定每天

---

① 安秋生：《武安商帮在推动文化发展上的历史贡献》，载《冀商文化研究论文选编》，2013年印行，第169页。

营业时间内，所有店员必须坚守岗位，不得串组、闲聊，也禁止私自会客，如果有事离开柜台，必须取得部长或组长同意方可。在保护企业财产方面，规定新店员需有可靠的担保，所携行李要经查验并登记，不许寄卖私人财物，更不得擅用公款，若从外地采购回来，必须先到店交接完毕再返家。在当时社会赌博嫖娼等陋习风行的情况下，他还与徐信之制定了《同记文明店规》，其中规定：本店职员对内需同心同德，通力合作，互相友善；对外应恭敬有礼，谦虚和蔼，容貌洁净，衣着整齐；本店职员对内对外皆倡文明用语，养成语言清洁之习惯，不许骂人和吐脏字，倘有违者，即行记过；本店向全社会倡导文明，反对赌博恶习，本店禁卖赌钱器具，职员工皆不许赌博，更不得嫖娼，也不得无故下饭店喝酒……务求革除旧社会陋习，对职工行为进行规范，并严正声明以上规定，全体店员必须严格遵守，倘有违反者，按店规论处，无论何人，一视同仁，绝不姑息。[①] 武百祥还为工厂订立了"洁诚信爱"的厂训，并且隔周召开全体职工大会，由他亲自宣讲。同记的规章制度，要求不论股东、掌柜和店员都必须认真遵守，不得违反，对违规失职者必定严格处分，轻则调动岗位、扣减薪水，重则商号除名。庶务主任陈万久，克扣职工伙食，虽一年为同记节省了两缸大油，但终被开除出号。高级职员李子瑞因吸烟，当即被革职出号。武百祥之子还回忆说：父亲的舅舅何善荣是当年带他（武百祥）闯关东的人，在同记店内工作，但由于不遵守店规，同样被开除。由于同记铺规在执行上能够做到令行禁止，就使同记上下都能恪尽职守、勤谨敬业，对同记的发展起到了积极的促进作用。上述之外，通过一系列完善的制度，如请假制度、值班值宿制度、会议制度、人事制度、财会制度等，武百祥革陋除弊，严格管理，增强了企业的运行效率，使经营得以顺利进行。

益发合在孙秀三出任领东掌柜后，也制定了严格的制度进行内部管理，上下号令统一。如规定不能下饭馆、抽鸦片、逛妓院，不能携

[①] 《同记商场股份有限公司办事细则》，载政协黑龙江省委员会文史资料委员会编《黑龙江文史资料》第二十六辑，黑龙江人民出版社1989年版，第278—292页。

带家眷，也不能纳妾，不能留分头、散裤腿，更不能私自设立商号等。不管关系亲疏远近，一旦违反，即刻出号。在他出任领东掌柜（即商号管事）期间曾先后开除过三个重要人物，一是长春益发合掌柜史享五，他原本是孙秀三的得力助手，因为私自在德惠县开设了会元福商号，孙秀三得知后马上将其开除；二是哈尔滨分柜掌柜安化庭，因为私自纳妾而被开除；三是孙秀三的二姑爷高某，原本被派驻海伦，某年春节出于业务需要，总柜通令驻外人员均不得"回长（春）度岁"，但他却私自返家，即便东家说情，但仍被勒令出号。虽然这三个人后来因故又被陆续招用，但在当时对益发合的员工震动很大，对于整肃内部纪律作用非常明显。

天丰涌、积德泉等商号都订立有类似的规矩，诸如不许赌博、纳妾，不许逛妓院、饭店，不准私自开商号等，这些规矩不只是用来约束员工，也限制经理甚至东家的行为。一些特殊行业还有特殊规定，如东发合茶庄，规定营业人员上岗"四个不准"，不准使用化妆品，不准用香皂洗手，不准吸烟喝酒，不准携带异味物品进店，以保证茶叶味道纯正。还有杨扶青的新中罐头公司，自办厂伊始就实行一系列培养、提高职工素质的举措，在管理中以"勤俭诚爱"为信条订立厂规，以在日留学时参加的进步团体新中会所制定的禁烟、戒酒、不赌博、不嫖娼思想为戒律，还制作了铜质厂徽，上面印有"行信条、守戒律"六字，杨扶青带头遵守，待工人如兄弟姐妹，与经理、技师、工人同吃同住同工作，从不搞特殊。

武安商人所建立的商号，无论经营范围和规模大小，也都有着严格的店规和纪律，要求包括掌柜在内的所有店员都必须遵守，若有违反，一概开除。商号不论春夏秋冬通常全天开业，店员天不亮就要起床，开门后所有人员都必须到位，各司其职，直到深夜才能休息。绸布业如"贾三合"，规定店里的小掌柜、学徒、店员，都不准喝酒抽烟，单独上街游玩都不允许。若是购买必需的用品，要先向大掌柜申请，获得允许后需得两人做伴同去，购买剩下的钱要全部如数交还。为了防止店员伺机贪墨，所有当班店员一概不准携带现金，商号所有收支每宗无论大小都必须入账。药材业如孔氏家族开办的药店，历百年而不衰，最主要的经验就是有规矩可依，其后代孔祥琪说："我们家招人条件非常苛刻，要求体貌端正，性格温顺，没有不良嗜好。招收人员到店中必须遵守五个不准，不准抽烟、酗酒、赌博、嫖娼、随便上街。如果违反店规，每年腊月十五前后，掌柜叫到账房把全年薪水结清，再加上回程路费，明确告之明年不再录用。"[1] 另如"积盛和"规定店员若有缺斤短两、以次充好的行为，要严厉处罚；"元泰和"规定在号者不准抽烟赌博、浮借挪用、买空卖空，或另立商号，从掌柜、经理到店员都不允许带家属，在店不能携带财物，所有现金都由会计负责管理，不能随意花费，购进销出及所有花费每笔都要做到账目清楚。这些严格的店规纪律，无疑对规范、培养从业者的个人品行和职业道德大有裨益，也卓有成效。

张家口中华药房经理王万春所制定的管理措施是：第一，店员间务必和睦相处，团结一致，互相帮助，使大家都有事业心和奔头，共同把药房经营好。第二，训练提高从业人员的业务能力，利用空闲时间组织大家学习。第三，药房营业员对所经营的丸、散、膏、丹在货架的位置必须了如指掌，随手可取。第四，从业人员必须熟悉药品库存积压情况和脱销情况，做到心中有数，减少积压，扩大营业额，增加利润。[2] 严格的管理，使药房生意逐渐兴旺，在国内许多城市都颇有名声，甚至驰名国外，当时国外许多制药厂和中华药房业务关系密切、往来频繁，使得国际邮局竟直接将张家口的蒙古名"KALGAN"作为代号，把药品寄给中华大药房。

保定福和公粮店在工厂生产管理上特别注重安全和节约。安全方面，比如要求操控机器的人员，必须技术过硬，遇有运转不正常的情况，要能够及时找到原因加以修理，避免生产事故或人身事故造成的损失，防患于未然。节约方面，如在原料车间，每天大概要拆玉米3000包，但仅仅就是口袋绳，用手去拆和图省事用刀割，能省下来的绳子重量会差出十多斤；倒装粮食的麻袋要是不够彻底，不经意间几

---

[1] 朱峰：《百年商帮传人的生意经》，新华网，http://www.news.cn/2010年10月8日。
[2] 许光春：《张家口工商界代表王万春》，载河北省政协文史资料委员会编《河北历史名人传·工商经济卷》，河北人民出版社1997年版，第16页。

十斤粮食就会被浪费；再如面粉入库前，面粉包若缝口不严实，万一不小心摔破袋子时遇到地面不洁净，脏面好面混杂，就会造成不必要的浪费。① 所以，他们在细节之处都是专人管理、杜绝浪费。他们还很强调会计制度，日有日报、月有月报、年有年报，使经营人员能做到心中有数，杜绝不少弊端。而保定酱业则有着口耳相传的传统"铺规"，即：必须服从经理、副经理指使分配，要为企业忠实效劳；同人要团结，对顾客有礼，要操守有信，手头干净，不得透支、假借和偷窃财物；职工探亲回家，临行前所带衣包，要经别人查看，避免嫌疑等。②

天津同升和经理李溪涛，上任后便与股东们约法三章：第一，不准"三爷"入号，不准任用亲朋，原有亲朋可以不动，但必须服从管理，不得违犯号章；第二，股东及所有店号员工，不得用同升和号章向外作保；第三，股东在股份上虽有多少与比例的不同，但在研究决定大事时，权力一律平等。他还制定了严格的店规："营业期间，职工必须坚守岗位，尽职尽责。在岗位上不准看书看报，不准聊天、打闹、做私活。要礼貌待人，热情为顾客服务，不准顶撞顾客或出言不逊。所有员工一律在店内住宿就餐，不准任意外出。学徒入店二年后方可探亲一次。全号员工不准长支短欠，不准穿奇装异服，不准饮酒赌博。招聘学徒一律要有铺保，违反店规者，轻者批评教育，重者随时解雇。"③

总之，冀商在经营实践中，体现出了制度严格、目标明确的特点，管理制度上井井有条，经营自然就可以做到忙而不乱。不仅如此，古语讲律己治人，这些冀商自己也都能够做到不畏勤苦，与下属劳苦与共，才能够立德立信于众，是获得他人尊敬和钦佩、使得上下同心戮力的有效手段。

---

① 赵子元：《保定福和公面粉厂发展简史》，载政协河北省委员会文史资料研究委员会编《河北文史资料选辑》第九辑，河北人民出版社1983年版，第183页。
② 晓舟：《保定酱业发展史略》，载政协河北省委员会文史资料研究委员会编《河北文史资料选辑》第八辑，河北人民出版社1982年版，第218页。
③ 钟群庄：《同升和鞋帽店总经理李溪涛》，载河北省政协文史资料委员会编《河北历史名人传·工商经济卷》，河北人民出版社1997年版，第150—151页。

图 3-7 铺规文字中写明："今议定铺规，不论掌柜伙计，不许游戏嫖赌，如有犯者，即按应支钱算账出号，铺中身股谢（？）毋庸议，掌柜伙友不许面热。倘有异言，有承保人可证！"可见冀商在订立契约时，非常注重严格规范每个合伙人的行为，因此，所有准则，无论掌柜、伙计都需要无条件遵守。能够以自律自爱的美德为标准，恪守契约精神，也正是冀商取得经营事业成功的重要保证。

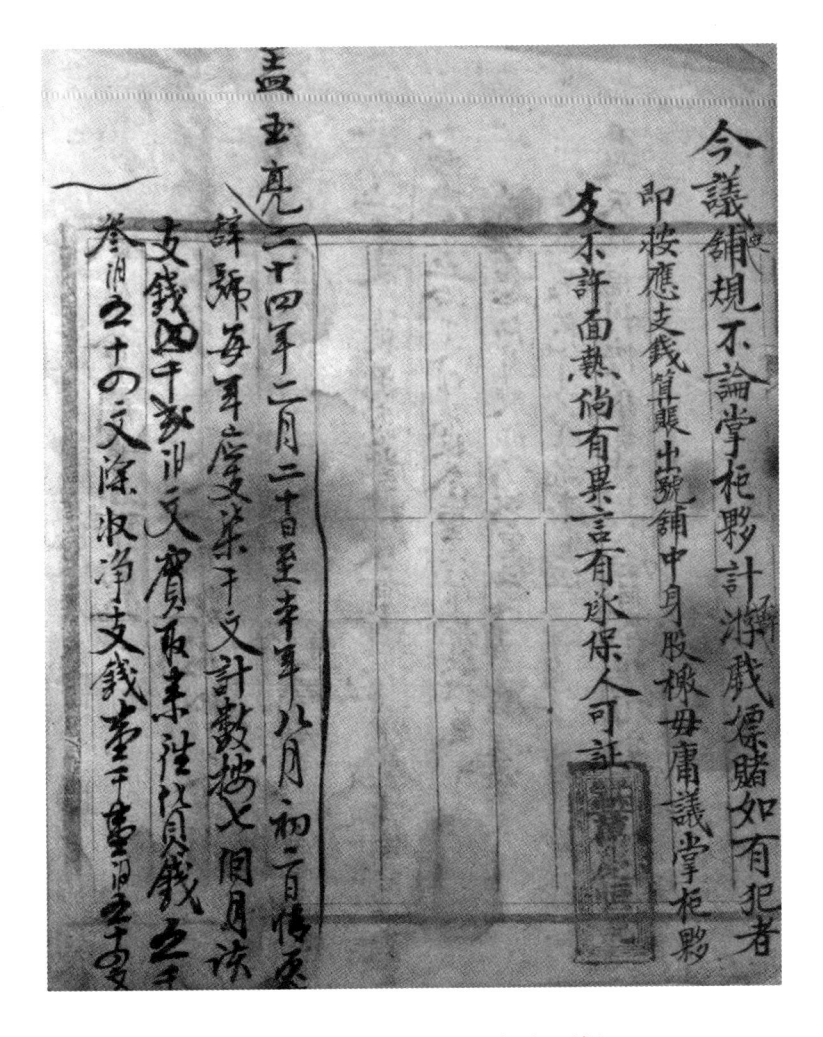

图 3-7　光绪年间平山万庆恒商号铺规

第三节 冀商融洽劳资关系的举措

在旧式企业里，劳资双方的矛盾通常很尖锐，对立情绪很大，大企业和工厂里罢工闹事时有发生。而冀商在处理劳资关系问题上有着他们自己独特的解决办法：他们改革旧式的利润分配方式，激励职工广泛持股，还从各个方面改善职工待遇，以融洽劳资关系。

如武百祥认为，劳资冲突的原因是，随着社会民主意识和劳动者知识素养的提高，劳动者要寻求更合理的报酬，那么解决的办法，就应是使劳资双方的利益分配能够更公平均等。在这个认识的基础上，同记采取了卓有成效的融洽劳资之举措：首先，推行职（店）员分红制度、提高经济待遇。旧社会商界通常只有股东、经理年终得以分红，一般职（店）员不能参与。但武百祥认为"若得店员的贡献多，而报酬也必须要丰"，因此推行被时人称作"经商史上的创举"的改革，将分红确定为三个等级，"一等级为月薪挣20元以上的人员，到年终累计计算每元钞分20元的红利；二等的为月薪挣20元以下的人员，到年终累计计算每元钞分14元的红利；三等的为勤杂人员，按其所挣月薪年终累算，每元钞分7元的红利"[①]，每个职（店）员既有人股又有钱股，使经营好坏与个人所得紧密相关，还绝无仅有地将通行的按年付酬改为按月付酬，因此极大地调动了员工的积极性，被当时的商报赞誉为"别开生面，无从所见"，为当时的商家所纷纷效仿。后来，他又仿照资本主义国家企业运营方法，将旧式份子制全部改为薪金制，将盈余按"东六西四"比例进行分配，且规定凡15元薪金以上的职（店）员都有参加资格。再后来，同记改组为股份有限公司时，更进一步发动全体成员入股，股金多少不限，年终按股分红，并规定无论股东还是职员所得，都要留存一部分滚存入股，以达

[①] 葛辛垦：《商界泰斗武百祥》，载政协河北省委员会文史资料委员会编《河北文史资料》第三十三辑，河北文史书店1990年发行，第167页。

到"职员尽成股东"的目的。① 无疑，这些做法既充实了企业资金，又可调动企业内部积极性，振奋员工精神，促进企业的蒸蒸日上。同时，同记对员工所获得的收益非常维护，旧时商号员工每年都习惯往家乡汇钱，而一般商家汇钱都要内贴汇水，起初是16%，后来加到20%—25%，这样员工一年所得实际只有80%左右能汇给家里。武百祥就与哈尔滨东三省官银号协商，最终商定职工往家里汇钱不加汇水，而是在指定时间内兑换天津大洋汇款就可以，汇多少家里就能得多少。②

同时，同记十分重视福利设施和福利待遇完善，提高职工物质和精神待遇。同记始终坚持"职工的生活是大事，是头等大事"，因此全方位地为工人着想，同记工厂大门口便高悬着"劳工神圣"的牌匾作为厂训。如在住房方面，设有职工和店员宿舍，每年还给予补贴，职员们实际上住房不需花钱且还有剩余；在伙食方面，旧商家的伙食平常全是高粱米饭加一菜一汤，只有过年三天换饭，而同记是从腊月二十三开始到正月十五全吃大米白面，还加四样菜，每天不重样。平时在节日、星期天也都会改善生活，保证经常有肉食（见图3-9）。设立医院，职工和家属看病几乎免费，还建有浴池、理发室、图书馆、游戏室、俱乐部、运动场甚至幼稚园等免费设施。同记职工购买本公司商品或到本厂加工定做都只收成本价，办喜事买用品者享受半价优待等。此外，全员按级别都有一定的假期，并有柴炭费的补贴，中秋节赠送水果钱、春节时会发放压岁钱，赠送标准不分等级，一律平等看待。③ 可见，同记的经营者深谙"欲先取之，必先与之"的道理，这些"利劳资"的举措、从物质到精神的优厚待遇，使同记职工都有被尊重的感受，从而对企业形成了强烈的责任心和归属感。通过

---

① 李今诠：《同记的维新与发展》，载政协黑龙江省委员会文史资料委员会编《黑龙江文史资料》第二十六辑，黑龙江人民出版社1989年版，第106—108页。
② 张润生：《我所了解的武百祥先生》，载政协黑龙江省委员会文史资料委员会编《黑龙江文史资料》第二十六辑，黑龙江人民出版社1989年版，第132页。
③ 乐亭县《呔商之路》编写组：《呔商之路》，中国社会科学出版社2010年版，第108—109页。

这些做法，同记上至高层管理人员、下至基层普通员工，都培养出团队的精神，而这种团队精神所形成的向心力，是武百祥和他的企业成功不可或缺的重要因素。

实业家杨扶青的新中罐头公司，不仅开办工人业余学校，组织工人学习文化知识，还倡导成立职工友爱会，凡职工遇有婚、丧、疾病，均赠以礼物和费用，职工因公致伤，由公司负责治疗；职工互助会，由公司捐助基金，职工遇有急需或困难时，可以暂借救急；职工储蓄会，职工按薪金储蓄10%—25%，公司赠储半数，满10年后可提取全额，用以独立经营事业。他还在碣石山中购置别业，在生产淡季组织工人去游玩放松心情，这些爱护、尊重职工的举措，无不使得企业内部和谐向上、充满生机。

总体来看，呔商企业或商号都有着比较优厚的福利待遇。在很多店铺，店员学徒期满后，除工资有所增加外，每年还给带薪假期；店员患病，商号负责请医生看病治疗，如果因公致伤，就会由商号一直供养起来。对有特殊贡献的掌柜，商号还会养老送终，人身故后，还为其保留份子若干年，享受与生前同样的分红，并对其家属子女妥当安排，以致当时流传着这样的说法，"好住家不如次铺家"，可见呔商商号的向心力。

在京津经营的冀商，如同丰杂货糖庄的创办者卢炳光，所采取的办法是以红利犒劳职工，每年年终分红时，股东们可以获得股息，职员们也可以获得"年终馈赠"，且金额为数不小，因而大家都能齐心协力，努力开展业务。又如天合成杂货铺，在年关，掌柜会依据每个学徒和伙计在本年度的表现，"馈赠"送给花红，学徒一般能拿到五块或十块银元，伙计视情况而定，多至五六百元，少者也有五六十元。全聚德的职工待遇更加优厚，除与一般企业一样，按月发给职工工资外，店铺会把每年所得纯利的40%作为花红分给职工，这样，本企业职工所得较同业能够高出10%—20%，同时，本店职工还有项特殊福利——"下杂钱"，就是宰杀的鸭内脏，按斤由财务比照市价计算，将此笔款项作为职工福利分配。国药名商西鹤年堂的刘一峰则用销售提成的办法鼓励员工，规定销售丸药能够按7%提成，销售水药提成14%，销售参茸提成5%等。销售利润较大的丸药如玉液金丹、参茸卫生丸、安坤赞育丸等，就按销售丸数提成，不仅提高了店员待遇，也调动了他们积极工作的主动性。天津同升和的"馈送"制是在职工月俸之外，年终算总账时由经理依据职工全年表现，分别发给一定数额以资奖励。而在天津利生体育用品股份有限公司，全部大小职员工人，均可以拿出部分工资作为股份参加入股，并且，为提高职工素质、丰富业余生活，公司设立了同人进修会、体育班等。

冀州商人的五金铺，铺东与掌柜则会根据每年商铺盈利多少，考虑员工具体工作情况和业务好坏，年终发放馈送。此外还有一笔隐性收入，即商铺积累下来的"厚成"。所谓厚成，是商铺经营经过一定时期后，随着对资本需求增加，尤其是为防御资金风险，东掌在年终或账期结账时，将应收（外欠）账款及现存资产予以一定折扣，以达到实际资产额超过账面资产额、提留利润之目的。厚成实际上就是被隐藏起来的未分配盈余，有人力股的经理或伙友在自辞、被辞或死亡后退股时，一般是有权要求他们应得部分的，即所谓"找厚成"。这是一种非常具有激励作用的机制，因为人力股持有者通常是终身制，持有者不仅在年老或患病无力履行职能时，可以正常享受分红，哪怕过世之后，也还能够享有三至九年甚至永久分红权。这就在很大程度上笼络住员工中的骨干力量，使其为东家尽心尽力，在劳资间建立起荣辱与共的密切关系。此外，传统上人力股的分红并不能马上提走，一般要存在店里，需要时依规支取，而冀州商的铺东为让有人力股者及时享受到利益，便规定可根据人力股份额按年进行预支，这被称作"应支"制度。[①] 应该说，这项制度照顾到了职工合理范围的利益诉求，员工们及时获得应给报酬，才能满足养家糊口的需求，才有劳动力再投入的动力，才能激发劳动者工作的积极性，增加他们对店铺的信任与忠诚，长线远鹤，才更加有利于企业的持续发展和长久获利。

此外，如保定酱业则是以讲"仁义"为传统，职工伙食费用全部

[①] 卢忠民：《近代旅京冀州商帮的收入问题初探——以五金商铺员工为中心》，《近代史研究》2013年第2期。

由企业承担，农历每月初一、十五，企业还发放"犒劳"，除经理、副经理有人力股外，工作勤勉谨慎的职工也会工资从优，年终还有馈送。武安药店利用行业优势，对员工实行医疗抚恤制，所有工作人员，若患病都可在本号内就诊拿药，并不会另行收费；如果身故于店中，店铺将负责将遗体运送回原籍，并给予家属适当的抚恤丧葬费用等。

可见，很多冀商企业都能够积极采取措施，以消除劳资对立。如此，上至高层管理人员、下至基层普通员工，都因此培养出团队的精神，对企业形成了强烈的责任心和归属感，而这种独特的软实力正是他们事业成功不可或缺的重要因素。

图3-8这张委任状，内容为"兹委任株主徐信之为代理人，并委以左列之权限：一、出席于康德六年（1939年）七月二十九日哈尔滨同记商场株式会社株主总会，行使表决权，及其他与此有关一切权限。以上，右委任无讹此据。住址：乐亭县闫镇，株主：张桂森"。株主为日语译音，意为股东。当时哈尔滨在日本帝国主义的占据之下，要被迫使用日语的表达方式。该委任状是同记商场的股东乐亭县闫镇人张桂森，不去参加1939年在哈尔滨举行的同记商场股东大会，委托另外一个股东徐信之全权代理的委托书。从内容可以推断，首先，可以从制式看出，这是同记商场规范印制的委托书，同类事情应该不是偶然发生；其次，股东大会为防止假冒情况，会要求如果股东如无法参会需委托他人，那么被委托者一定也要是"株主"身份；最后，也是最值得关注的，是被委托人是同记商场经理、常务理事徐信之，从这一点可以推断，该股东本身应该就是同记员工，因此对徐信之非常信任，并不会担心商场在股东权益分配上做手脚，这无疑佐证了同记内部员工皆为股东并且劳资关系融洽的事实。

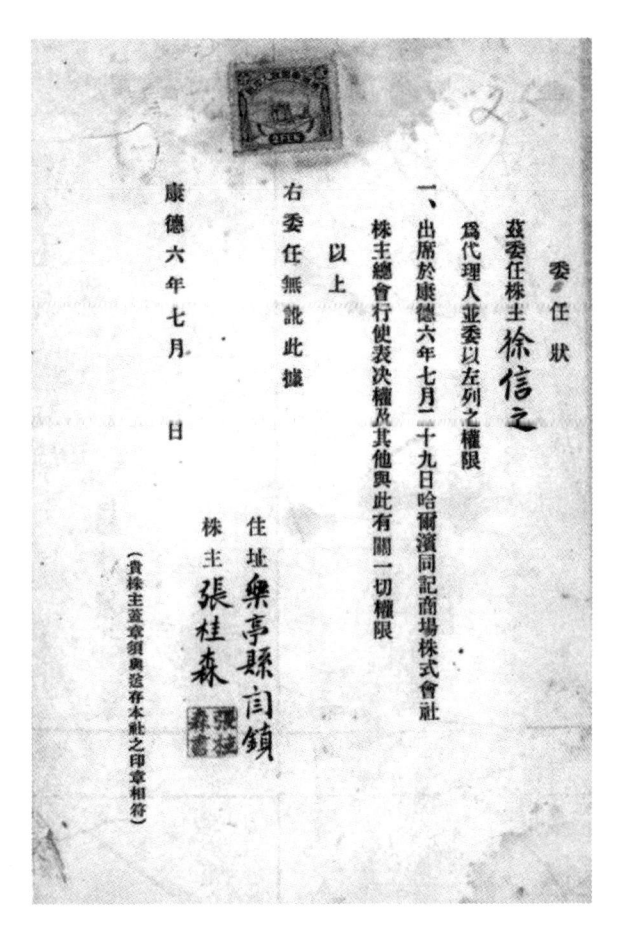

图 3-8　1939 年同记公司董事大会委任状

如前述，武百祥实行职工"薪金分红""入股分红"制度，除此之外，也很重视对职工各种福利待遇的完善，从现存许多发票中都可以看到同记经常改善职工生活的痕迹。以图 3-9 这几张发票为例，其记载商品内容，从哈升裕肉铺购买各色肉鱼菜品、从永记粉房购买粉皮、从正阳楼购买素大腿和小鸡、从顺记牛羊肉铺购买精肉种种，领取部门均为庶务股，根据《同记商场股份有限公司办事细则》中对庶务部的职责规定，其为后勤保障部门，专司公司杂务，购买柴米菜蔬等用品，公司厨房餐厅每日三餐备何项饭菜，均需请示庶务主任，也就是说，庶务股并不参与售卖商品，购入这些食材都是专门用于改善同记员工伙食的。

（1） （2） （3） （4）

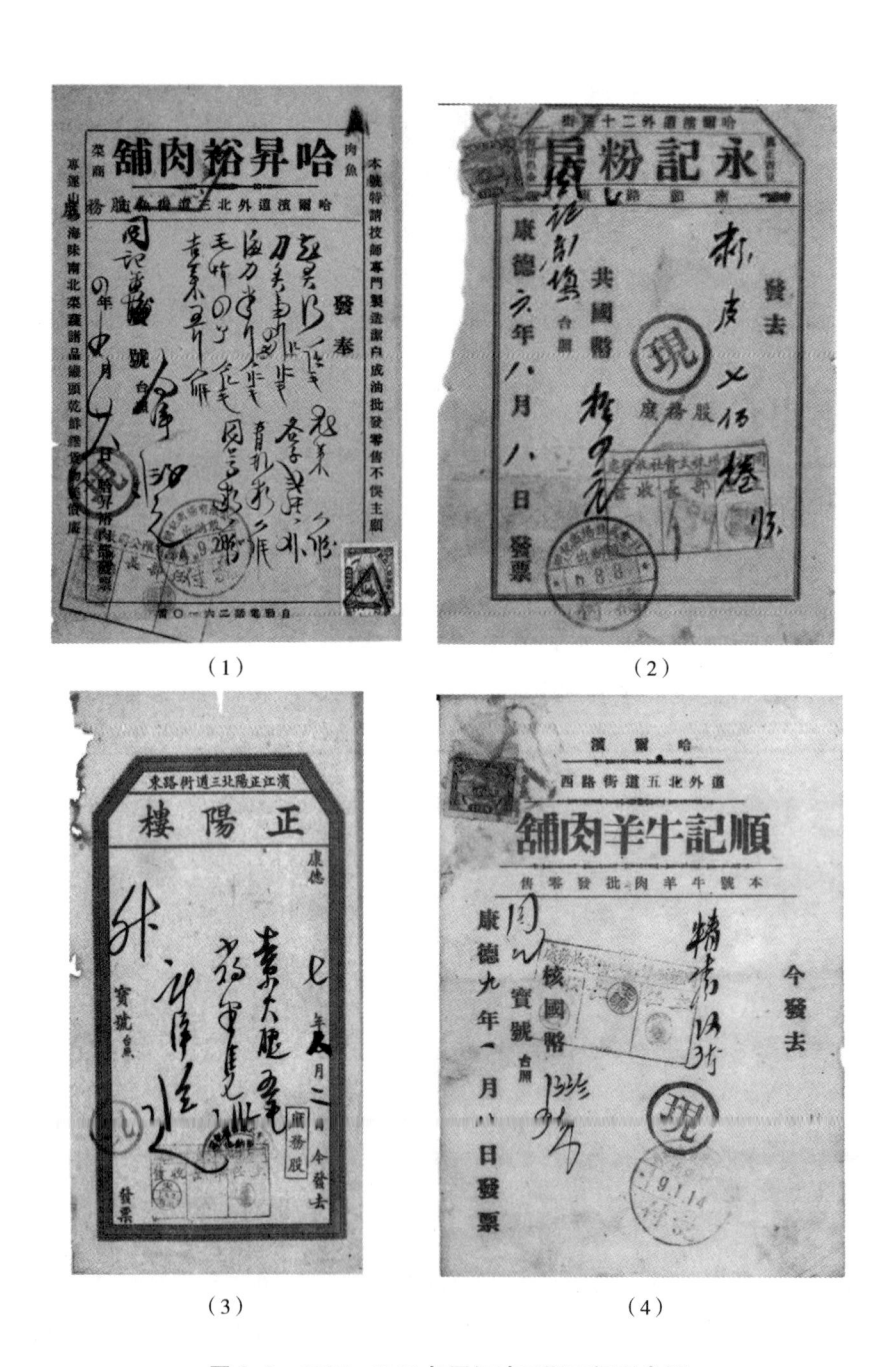

图 3-9　1937—1942 年同记购买职工福利发票

第五章 冀商对社会关系的处理

商业经营成功与否，组织内部的关系虽然至关重要，但外部社会的人际关系亦是起影响作用的因素，很多冀商不仅是出色的实业家，也是出色的社会活动家。通常，或出于乡谊或因慷慨尚义，他们都能够真诚地提携同乡、帮助同业。与此同时，他们虽不如晋商、徽商那般与政府关系密切，但他们敢于争取正当利益，并乐于从文化和生活上向有声望的名流靠拢，正正当当做生意的同时，也会注意建立和维护社会关系，以助力经营。而更为重要的是，冀商们都颇为重视自身的积极社会作用，在追求经济利益的同时，还考虑了对社会的贡献，将力量施于周围社会每处有需要的地方，把关注和改善社会公众利益、承担社会责任作为自身活动的重要组成部分。各类资料大量记载了他们的种种善行，如开办学校、济危扶困、修桥造路等，这对提高社会教育水平、维护社会秩序稳定、改善社会条件都做出了一定的贡献，当然也提高了他们的社会地位和声誉。

第一节 冀商与同业及政府的关系

商业经营中的相互帮扶，目的是积聚力量、增强竞争力。一旦形成合作关系，利益就会紧密联系在一起，有远见的冀商们知道，只有同心协力、坦诚相待、荣辱与共，才能够充分发挥合作优势，在竞争激烈的商场上获得成功。而与官方或者社会名流建立良好的沟通和往来，对于商业的经营则可以起到一定保护和促进作用。

一 同业相助、行业领军

对来自同一地域的冀商群体来说，他们深知，出于乡谊也出于实际需要，异地经营中的相互帮助很有必要，互相促进才能够凝聚和增强本地域群体的力量；即便对于有竞争关系的同业，冀商也不以互相诋毁、损人利己搞恶性竞争，而是坚持依靠自身的品牌和服务赢得经营的成功。

如身处东三省的冀东商人，为了能够逐鹿东北商界，给自身经营打造安定和谐的环境，始终奉行"和为贵"的理念，将共存共赢、精诚合作作为对待同行关系的基本准则，他们凭借地缘和血缘关系凝聚一处，合资合股、互为担保、通融资金、共同发展。武百祥所制定的"利公司、利顾客、利劳资、利同业"原则中的"利同业"，强调的就是同行之间的和衷共济。旧式商号大多沿袭"同行是冤家"的成见，同业之间互相拆台、互相倾轧的事件屡见不鲜，最终两败俱伤。但武百祥却主张，同业间遇事要通力合作，决不可因循旧商界的恶习，处处要以便利同业为落脚点，在与同业的良性竞争中，达成"导引同业进行，心存群众利益"①。这一主张提出后，不仅在同记内部引起了争议，还遭到一些同业的嫉妒和攻击，甚至发生了针对同记、大罗新的闹剧。面对众人非议，武百祥表示：站在高山上的人，总比站在平地上的人最先看到日出。他告诫大家，同记、大罗新竞争的目标，不是倾轧同业，而在于促进大家共同发展、共同走振兴民族工商业之路。所以，当有一年益发合遭遇资金短缺的困难时，武百祥很快伸出援手，帮助其渡过难关，对此，同记很多人表示不理解，武百祥却讲：利同业是同记的一贯政策，要知道唇亡齿寒的道理，只有同业之间良性竞争，稳步发展，才能站得住脚，才能永远立于不败之地，也才能肩负起引导社会商业发展的责任！还有杨焕亭，当时哈尔滨的俄商经常依仗特权欺压中国商人，有次他去日升栈哈市分号办事，商人们素知他为人任侠仗义，便都诉苦于他，央请他代表当地华商跟俄商通过法律手段

---

① 武百祥：《本店的政策·利同业》，载政协黑龙江省委员会文史资料委员会编《黑龙江文史资料》第二十六辑，黑龙江人民出版社1989年版，第243页。

解决纠纷。在当时的中国，和外商打官司阻难重重，杨焕亭却不负众人所托，毅然向法院提起诉讼，几经周折终得胜诉，维护了中国商人的尊严和利益，更体现了一个爱国商人的胆识和责任心。

在唐山本地经营的李显庭同样出于振奋民族精神的考虑，帮助同行，他的显记纸厂创出名声后，他不忘乡里，立志要推动全县造纸行业发展，让大家都有饭吃，进而能够同心协力，共同夺回被进口高丽纸占领的东北市场。于是不计成本，出人、出钱、出物，帮助附近村民建立纸厂、纸坊，推进土纸生产的转型。功夫不负有心人，到民国十九年（1930年）全县建立了大纸厂20余处，海纸坊百余处，毛头纸坊600余处，"滦河左右，比比皆是"。行业初具规模，在销售上他也尽心尽力，有些小商家纸张虽然质量过关，但因为名气不够，销售不出去，商品积压，李显庭就让其盖上"显记"字号，以帮助销售，甚至有时竟让管事把自家纸的品质标记打为"乙"，而把别人家的纸打上"甲"等。面对外地同行的求助，他也是有求必应，有次他应邀前往北平协助筹建一处机器造纸厂，一位朋友故意问道："你来帮我们建厂，就不怕挤了你的销路？"他回答说："没关系。纸厂越多越好，只有这样，我们才能尽快夺回东北市场！"① 有则关于中国书籍纸张的介绍说：中国的高丽纸类似朝鲜印书用纸，其名称即源于此，此纸产自河北迁安，色白、质厚、有绵性、很坚韧。在李显庭的引领和推动下，迁安各纸厂的产品质量都远远超过朝鲜的高丽纸，终于夺回了整个东北市场，大长民族企业的志气。《迁安县志》记载："几历春秋，逮纸成而质美价廉，遂能品重全球，且高出乎朝鲜纸之上"，一场商战，终告大捷！当时的《工业月刊》曾无比自豪地报道："迁安的高丽纸，整个地把朝鲜赶出了东北市场，为中国夺回了已失去的利益"，实乃"地方之幸，邦国之荣！"②

"鹿鸣得食而相呼，伐木同声而求友"，冀商商帮中很多商人都是

---

① 马永春：《造纸实业家李显庭》，载河北省政协文史资料委员会编《河北历史名人传·工商经济卷》，河北人民出版社1997年版，第143页。

② 马永春：《造纸实业家李显庭》，载河北省政协文史资料委员会编《河北历史名人传·工商经济卷》，河北人民出版社1997年版，第144页。

亲朋乡里，依靠亲缘、血缘、地缘关系联系在一起，在互惠互利的合作中，各同业商号之间都能够彼此信任、紧密联系，在长期发展中形成一种亲密的社会关系，当经营存在困境时，才能够通过彼此的互助来协调。

二 积极交涉、扩大交往

在旧社会，商人们容易遭到来自各种势力的欺侮和压榨，比较起来，冀商并不像晋商、徽商那样善于与"官""政"结合，但他们在需要维护自身利益的时候，却并不畏缩，而是能够积极与官府交涉、争取利益。如高阳织布业，清末时税关厘卡林立，对商家盘剥苛重，不合理的税负对新兴织布业来说必然极为不利，而高阳商会为了保护辛苦形成的产业，便主动与地方官府进行协商，争取到所有本境内土布"暂行免税，以保利权"。土布运销天津及以北地区时，天津钞关为第一要卡，最初报关"按斤估价，定税不一"，商会再次与当地官方积极交涉，其后一律"遵照通桥章程，每匹五丈，按二分五纳税"，税厘的减免，降低了运销成本，从而使商品在销售价格上有了优势，这对于增强市场竞争力无疑是有直接好处的。[1] 再如冀州商人占多数的北京五金同业公会，作为新兴行业代表，他们为了维护同业甚至全市商民利益，就曾联合杂货、火柴、造纸、煤油各业代表二十余人，向当局请愿要求取消特种物品用户捐的指令。他们也曾发起联合，集体对崇文门税关损害商人利益的弊政表示抗议。在天津，绸缎业商民"因年来……入口货巨量倾销，致纯营国货绸缎之商等大受打击"，庆利恒缎庄总经理冀商雷廉臣等遂带领同业呈请社会局准予另组绸缎业同业公会，带领同业争取合法权益。[2] 燕赵自古多侠义慷慨之士，所以甚至有时，冀商还会与政府直接对抗。如在天津经营的安国药商刘华圃，遇有宫姓商人与敌伪财政局长勾结，包揽征收津门药业的牙纪税，但其征收标准极为苛刻，药业同行都苦不堪言，刘华圃等人便号

---

[1] 冯小红等：《人文精神与区域精神现代化》，载王金洲主编《冀商典藏》，花山文艺出版社2015年版，第782页。

[2] 天津市档案馆等编：《天津商会档案汇编（1928—1937）》，天津人民出版社1996年版，第254页。

召并带领药业同人罢市,同时向伪华北政委会财务总署据理力争,因此还被日寇宪兵司令部传讯、扣押,后经朋友多方营救才得以脱身,但经过此次抗税斗争,迫使敌伪当局取消了这一苛税。

从另一角度看,冀商中也有善于和政府交往的,如孙秀三。最初益发合在韩杏林任掌柜时期,遵从"交官穷、交客富"的信条,尽量不与官方打交道,然而在旧时社会,特别是民国时期,政府与洋商对商业的控制和渗透日益严重,白手起家、资本微薄的民族工商企业若想求得发展,不得不在一定程度上妥协以避害。孙秀三接手益发合之后,便结交一些政府官员,改善与洋商关系,踊跃参加各类商界活动。不仅使益发合逐渐获得庇护,更现实的是,通过广泛的社会活动,能够通过多种途径获知重要的市场信息,不断调整经营策略。1925年由于军阀混战,奉系滥发纸币,不少钱庄依靠倒卖奉票牟利,孙秀三忧虑招致后患,所以坚决禁止从事这项业务,果不其然,未几奉票贬值、民怨四起。为转嫁责任和社会舆论,张作霖将一众参与倒卖的钱庄掌柜逮捕,枪毙数人,益发合亦在查办之列。幸有与孙秀三交好的政府要员臧士毅力保益发合并未行投机倒把之事,才最终有惊无险。再如,北京同升和鞋店第一任掌柜莫荫轩,交游广阔,店铺开业时,清廷大臣铁良便赠予对联一副:"同心偕力功成和,升功冠戴财源多",以为宣传。

但比起结交政府,冀商更乐于结交文人。在京经营的冀州书商最为典型,在古旧书业的经营中,他们非常注重与文人学者交往,以书会友、以文会友,能够贴合文人学者们的研究,为他们及时提供所需要的书籍资料。而他们也能从文人学者那里学到许多古籍版本学知识,并通过文人间的推介扩展业务范围。在长期交往中,形成了彼此的信赖,建立了深厚友谊,成为当时中国文化界、教育界的一道风景。如来薰阁,最初是间经营不善的小店面,冀商陈杭接手后,秉持"以书会友"的经营理念,在后院专门开辟空间,供来往文人学者品茶啜茗、谈书论道,当年很多专家学者像鲁迅、郑振铎、魏建功、老舍等都和他成为知己,来薰阁的生意也日渐兴盛。被誉为"术业专家"的王子霖,与梁启超交往长达18年,他的藻玉堂,店名是梁任公所起,匾上题字亦为梁氏亲笔撰写。再如孙殿起,一时知名人士如鲁迅、周作人、金毓黻、缪荃孙、叶德辉等均与他有所来往；与郭纪森常来往的专家学者有邓之诚、容庚、齐思和、翁独健、韩儒林、侯仁之等达百余人。正如人们所指出的：可以毫不夸张地说，近现代研究中国传统文化的学者，几乎没有不受惠于琉璃厂书肆的……启功、邓广铭、周祖谟等老一辈学者，提起自己受益于琉璃厂书业之处都是敬佩不已，称赞琉璃厂书业是"嘉惠学林，功德无量"。[①]

第二节　冀商广行慈善的社会意识

从大量史料中可见，众多冀商在追求经济利益的同时，还考虑了对社会的贡献，把关注和改善社会公众利益、承担社会责任作为自身活动的重要组成部分。他们知道取财有道与用财有道都十分重要，一如先商所讲，对于财富"处得其道则为德义、为阜厚、为完美，否则为吝、为骄、为贪得、为怨府、为祸阶，是以君子藐不义之富，而尚夫喜施"[②]。冀商们将社会关怀作为一种道德调剂，他们的社会活动，无论是扶危济困还是捐资助学、修桥造路，对于稳定社会秩序、提高民众素养、改善社会条件都起到了很重要的作用，而有序、稳定的社会状态，也会为商业经营提供了良好的条件，这体现了他们长线远鹜、谋求长期效应的战略眼光。

一　好善乐施、扶危济困

冀商身上多体现着燕赵慷慨大度的人文特点，早自清初就能够从方志等史志材料上看到很多冀商扶危济困的事迹。如沧县商人卫其杰，"康熙二十八年旱，其杰捐万金，煮粥以赈，邻民闻之麇至，全活一万六千余人"[③]。任邱县商人边大发，"康熙间岁饥，在海店设厂

[①] 郁默：《琉璃厂书业风云录》，转引自杨昊、刘洪升《冀商对中国传统文化的贡献》，《河北大学学报》（哲社版）2018年第5期。
[②] 嘉靖《重修三原志》卷14《艺文·李君义行记》，明刻本，第4页a。
[③] 民国《沧县志》卷8《文献志·人物·孝义》，《中国方志丛书·华北地方》，（台北）成文出版社1968年影印本，第143号，第896页。

施粥三月，活人无算……雍正三年大水，施谷五十石煮粥济其乡里，赖以生存者甚众"①。赞皇刘光显，幼因家贫而学贾，中年小康，"乐善好施，矜恤贫乏，有焚券一事。嘉庆十八年，连岁大饥，为菜粥以食饿者二年余，乡里得以保全甚众"②。霸县商人王化南，咸丰四年"设钱肆于独流镇"，独流镇发生灾荒后，"政府派员施赈，所发官款约缺数百缗，饥民又嗷嗷待哺，该员拟暂假款赈后归还，本镇绅商恐无把握，均莫之应"，面对这种情况，王化南"独慨然出任借款"③，资助地方政府放赈。献县包朝屏，性仁厚而慷慨好义，为人排难解纷倾囊不惜。方志载，其"家有药肆，道光辛巳，邑大疫"，藿香涨价到一百五十钱，不少药肆增价，包朝屏却以"药价再增，贫者束手矣"，坚持原价，"复日，设巨镬煮藿香置门外，俾过者饮之不索直月余，全活甚众"④。武安房锦云素有儒商风范，光绪及民国间武安经历两次大旱，他开仓赈济民众，并建议县政府盖义仓来储存粮谷，以备不时之需，并主动表示承担所需全部费用。又如天津王敬熙，"家世业盐，为长芦总商，雅负时望，性慈厚"，平时修桥造路，灾荒年间建捐牛痘局、建泽尸社、赒济戚族。盐商严克宽，"年二十三，弃举业行盐，以才望推为总商天津，故有善举若育婴堂、施馍厂、牛痘局之属，其费取给于芦纲者，向以总商董其役，克宽事必躬亲，不辞劳怨"，为一方所敬仰。⑤ 完县梁大本乐善好施，数十年赈济乡人，因村中差徭过重，村民苦不堪言，"因谋诸乡耆，自行施钱三百吊，立为公差局，分放村中按本出利，每逢一差，即以利息当之。自是而后，各户免催科扰，阖村获室家之安"，"村众送有仁而且智匾额，因助赈

---

① 乾隆《任邱县志》卷9《人物中·善行》，《中国方志丛书·华北地方》，（台北）成文出版社1976年影印本，第521号，1077页。
② 光绪《续修赞皇县志》卷21《义行》，《中国地方志集成·河北府县志辑》，上海书店出版社2006年影印本，第9册，第220页。
③ 民国《霸县新志》卷5《人物·义行》，《中国方志丛书·华北地方》，（台北）成文出版社1968年影印本，第134号，第400页。
④ 咸丰《初续献县志》卷4《典文》，《中国方志丛书·华北地方》，（台北）成文出版社1968年影印本，第146号，第225页。
⑤ 民国《天津县新志》卷21之四《人物》，《中国地方志集成·天津府县志辑》，上海书店出版社2004年影印本，第3册，第400—418页。

有功，赏以九品衔"①。龙关张凤阳、张凤阴兄弟，"凡无衣无食、不能婚、不能葬、不能生活者，有求必应，无物不施，哀多益寡，乐善不倦"②。井陉县樊吉喜，性俭朴却好施，"慨解私囊，周济贫乏，邻里沾其惠者不少……诸如修河东大石桥，暨开凿本村水井等，君无不慷慨捐资"③。诸如此类事迹不一而足。这些冀商们除了捐献钱财、施粥放粮外，还捐赠棉衣、棺材等赈灾物资，助死者入殓，施药治病，作为民间力量协助地方政府，对灾荒赈济和社会秩序的安定做出了很大贡献。

至民国时期，这样的事例依然层出不穷。如乐亭商人杨焕亭为人一贯仗义疏财，济危扶贫。他自己非常勤俭，但对救助他人却毫不吝惜，《乐亭县志稿译编》称他："好善乐施、梦寐不忘"。乡亲有困难求助，不论是否相识，他都有求必应、不遗余力，深受同行和乡亲们感戴。后来由于日俄战争等客观原因，企业亏损巨款，但他依然"遇人之贫困者必周之，失业者必济之，不能婚葬者必助之，疾病流亡者必恤之，荒旱无衣者必赈之，借贷无力还者必举其券而尽焚之"。不仅如此，他对公益事业非常热心，宣统二年东北鼠疫，当时缺医少药，官府救治不力，死人无数，而他在人人闻之色变的情形下挺身而出，向各界呼吁救助疫区难民，并且不顾生命危险亲自到疫区奔走救护。④

同在长春经营的积德泉创始人王玉堂，遇灾荒年景便布施放赈。据说，当年长春闹霍乱，而烧酒有杀菌灭菌的功能，王玉堂便敞开酒厂大门，任百姓用酒消毒，甚至连酒糟都让市民挖了去。在战乱、灾荒的年代，讨饭的人有很多，王玉堂便叮嘱伙计，凡是来积德泉讨饭

---

① 民国《完县新志》卷6《文献第四》，《中国地方志集成·河北府县志辑》，上海书店出版社2006年影印本，第40册，第310页。
② 民国《龙关县志》卷14《人物志·信义》，《中国地方志集成·河北府县志辑》，上海书店出版社2006年影印本，第12册，第354页。
③ 民国《井陉县志》第十一编《人物·义行》，《中国方志丛书·华北地方》，（台北）成文出版社1968年影印本，第160号，第760页。
④ 乐亭县《呔商之路》编写组编：《呔商之路》，中国社会科学出版社2010年版，第253—254页。

的一律关照，并多次开设粥棚布施，赈济灾民，善名远扬。1946年王玉堂被东北民主联军聘为顾问，负责筹集现款，以及布匹、鞋袜等军需物品，而且，他还将自存高粱50万公斤全部捐献给民主联军。1958年又向中国人民救济总会长春分会捐赠全部资产利息，合计人民币27752元。在黑龙江望奎县经营的冀商，如宝丰玉银号总经理王鹤年热心公益，生活节俭，却经常捐资修桥铺路，接济穷苦；望奎商业银号总经理朱世昌在中俄冲突中，组织市民募捐大会以助军需，体现出冀商关键时刻勇于任事的民族大义；同县永发成创办人傅作新每至天寒时节，必定要搭建粥棚，煮粥以济饥民，还在县城西门外专门购买瘗地，捐做异乡病故者埋骨之所，其善举广受称誉。

他如在北京经营的冀州商帮，也积极参与当地各类公益事业。他们见京师洋车夫在烈日之下，挥汗如雨，情极可悯，便组织五金同业公会商铺在全城设茶缸68处，供酷暑中的车夫路人免费饮用。琉璃厂来薰阁书店经理陈济川，为孤儿院捐款、为粥厂募捐、劝导同业捐助难民棉衣棉被等。在天津的冀州商人史东初，个人生活很是简朴，但对公益事业却毫不吝啬、慷慨解囊，每到暮冬时节就开粥厂施粥，几十年如一日。邯郸王铭鼎，每年十一月、十二月都会照例放饭，不只舍饭，对严冬无衣的人还会发给衣服被褥，为死后不得丧葬者买棺下葬。水旱灾害时节，他募捐粮款，对没有劳动能力的妇女儿童，按人发粮，对有劳动能力的，招用民工，修桥造路，以工代赈，颇受称道。青县宁世福，置田分给本族穷困者无偿耕种，又捐资造船设置义渡，每逢灾荒都慷慨解囊，1895年直隶旱灾、1911年东三省鼠疫、1915年黄河决口、1917年直隶涝灾，他都出重金购买物资，并令其子亲自送往灾区，无数灾民因此善行而得到救济。安国刘华圃，在家乡水灾时将200多包大米、200多包食盐等物品运回家乡救济乡亲，并开设粥棚，送粮送物赈济灾民。唐山李显庭常对人说："一个人有一分能力，应该把自己治理好；有二分能力，应该把家庭治理好；有三分能力，应该把全村治理好；有四分能力，应该把全县治理好。"①他在造纸获利后，专门购买了600多亩沙地，并不种粮食作物而是植桑，不仅是作为造纸的原材料，他更是鼓励那些无地或少地的乡亲，到自己的桑田中采摘桑叶、养蚕缫丝，以增加他们的经济收入。诸如此类的义举善行，至今口耳相传。

二　热心教育、积极办学

自清末始，中国的有识之士都开始主张走教育救国之路，因此废科举、兴学堂成为一股潮流，在此影响下，很多冀商也热心于地方教育事业、积极捐资办学，将"回馈社会，造福乡梓"作为自己的使命。

冀商捐资助学以乐亭商人为最著，他们自民国初年开始废旧学堂，兴办新学，至20世纪30年代初，在家乡捐资办起164所中小学，遍及城乡各地，这些学校在规模、师资和教育等各方面都是当时一流的，对当地教育的发展起了重要作用，做出了很大贡献。京东刘家的刘临阁曾在自述中写道："阁自幼酷爱学习，因家贫未能如愿，造成终身遗憾。小子愿将所赚之钱，取之于民、用之于民，兴办学堂、造福乡民。"② 1904年刘家在县城开办刘氏私立第一中学堂，1915年开办刘氏私立完全小学校，1922年开办刘氏私立育英学校，将经商所赚资金源源不断汇到学校保障教育开支，培养了许多栋梁之材。武百祥也曾说过："公益要丰，私用要廉，捐资办学，为民造福"，故而开办私立百善小学，并亲自制定了"勤、朴、诚、勇"四字校训。他如乐亭商人王执中也提出"教育不振，事业不兴，捐资办学，培养英才"，投资兴办私立进修初级中学；杨扶青创办懿德女子学校、尚义女子中学、私立昌黎汇文中学等。呔商学校通常对贫困生实行免费政策，对特别贫困者甚至提供资助补贴，使他们能够接受教育、培养就业技能，为社会输送了许多技术人才。

再如冀州，历来便重视教育。据《冀州志》记载，明、清两代，

---

① 马永春：《造纸实业家李显庭》，载河北省政协文史资料委员会编《河北历史名人传·工商经济卷》，河北人民出版社1997年版，第144页。
② 葛辛垦：《昔日乐亭人经商发迹的历史》，政协河北省委员会文史资料委员会编《河北文史资料》第三十三辑，河北文史书店1990年发行，第156页。

冀州所建义学达十二所之多，商人捐资兴学之风甚盛。尤其吴汝纶知冀州后，为兴学召士庶之富厚者募集资金，几年间得金十余万，商人们也往往"资产殷盛，还而润泽乡里"①。像史东初，个人生活很是简单，但对做公益事业却非常慷慨、毫不吝啬，自费兴办小学，师生为感其恩取校名为"东初小学"。他如武安伯延房锦云以"止于至善"为家训，倡言：盖富不足贵，富而善用其富，斯足贵耳。他主张富民必先教民，先是捐资在伯延创建尚德小学，后又出巨资捐助北平民国大学，并将中国大学的宿舍楼修葺一新，学校为表达感激之情，以房锦云的字命名宿舍楼为"尚絅斋"，蔡元培先生还曾亲书"育我菁我"的匾额赠予房家。威县杨玉祥"虽业负贩，而好行其德。光绪三十一年以大洋四十元购风琴一架，捐入官立高小学堂，为学生唱歌用品"，同时"又捐地三十亩，为邵梁庄高小学堂校址"②，并在小辛村南临近旷野墙外，种植垂杨数百株，村人呼为"小辛学堂"。南宫县张守本，见"族有义学将废，出赀修葺，乡人感其义，请儒学额其门"③。青县宁世福，先是两次捐银3000两置地，以地亩收入作为县书院经费，其后又建县立初高级小学堂，又于1906年出资兴办惠诚小学，并一力负担教工薪酬及全部开支。清苑县樊达汇，因屡次科举不中而弃儒经商，得利后在保定"广建学堂以瀹四民之智，凡国家利用厚生诸事，偻出巨资助之成立"④。宛平刘一峰热心教育，亲自筹划资金在北平建起助产学校和普励小学两所学校，还恢复了北平药学讲习所，抢救传统中医中药事业，等等。

三　修桥造路、改善环境

商业经营活动需要一定的环境条件支持，冀商参与地方公共设施建设，不仅是有意识地改造客观环境的积极举措，对于商业经营也具

---

① 冀县地方志编纂委员会编：《冀县志》，中国科学技术出版社1993年版，第285页。
② 民国《威县志》卷16《慈善志》，《中国方志丛书·华北地方》，（台北）成文出版社1976年影印本，第517号，第1171页。
③ 民国《南宫县志》卷16《人物篇中·德行列传》，《中国地方志集成·河北府县志辑》，上海书店出版社2006年影印本，第69册，第126页。
④ 民国《清苑县志》卷5《金石下·清苑樊府君墓表》，民国二十三年铅印本，第71页a。

有重要意义，利人利己。

　　完县刘香吏好施与，时"村北之曲逆河有石桥一座，光绪十二年山水大发，桥被冲没，商农入城，均感不便，亦无人提倡重修。惟香吏急公好义，先捐钱一百吊，助修此桥……村人闻风皆随力捐助，而石桥复成，远近行旅攘往熙来如履坦途矣"①。新城县林同春，经商致富，光绪十六年（1890年）村中"清河南岸孟良营决口，坏田庐无数，邑令张使同春率乡人，筑决口修堤埝，至今赖之"②。同县刘春山，善货殖，性慷慨，时常周济贫者、帮助地方修筑交通设施，"光绪年，田宜屯桥坏，捐资复之，有碑记其事。寻又出资重修赵家庄之白衣阁，县署修候质所砖瓦木料，多捐施之，不稍吝"③。昌黎县耿文昭，在京贸易得资后，"修庙宇、建桥梁、舍药施材"④，行公益之举，方便地方。青县张鹏元，经商起家，急公好义，积极参与地方公共设施建设，县里"十字街水簸箕，为南北泄水孔道，日久失修，鹏元独力兴复"，见"龙窝义渡不堪利济，于是捐洋千元重修，复捐洋四百助修青县义渡"⑤。昌黎县田毓奇，曾经商于蓟之上仓，"河水泛溢，堤将溃，奇出资募夫塞堤，遂免水患，所保全不下数千家"⑥，造福当地百姓。

　　可以说，燕赵文化自古具有的"义"之精神，扶危济贫，热心公益与教育，积极建设地方等，在冀商身上都得到了充分的体现和传承。

　　图5-1中的这几张发票是由张家口、阳原和涿鹿人民政府税务局统一规范印制的发货票，其上有"抗美援朝、保家卫国"的字样，作为当时流行的宣传口号，体现了全民同仇敌忾的决心。最值得注意的是图5-1中的（2）图，其右上角"抗美援朝、保家卫国"八字并非

---

① 民国《完县新志》卷6《文献第四》，《中国地方志集成·河北府县志辑》，上海书店出版社2006年影印本，第40册，第311页。
② 民国《新城县志》卷12《地物篇·人物·义行》，《中国方志丛书·华北地方》，（台北）成文出版社1968年影印本，第152号，第426—427页。
③ 民国《新城县志》卷12《地物篇·人物·义行》，《中国方志丛书·华北地方》，（台北）成文出版社1968年影印本，第152号，第434页。
④ 民国《昌黎县志》卷8《人物志下·公益》，民国二十三年铅印本，第47页b。
⑤ 民国《青县志》卷8《文献志·人物篇·卓行》，《中国地方志集成·河北府县志辑》，上海书店出版社2006年影印本，第46册，第258页。
⑥ 民国《昌黎县志》卷8《人物志下·行谊》，民国二十三年铅印本，第23页b。

发票本身印制，而是后来加盖的自发刻制的印章，如此推测是因印泥色泽质地与发票左下方商号名章相同，这无疑反映了商家的家国情怀与爱国主义精神。

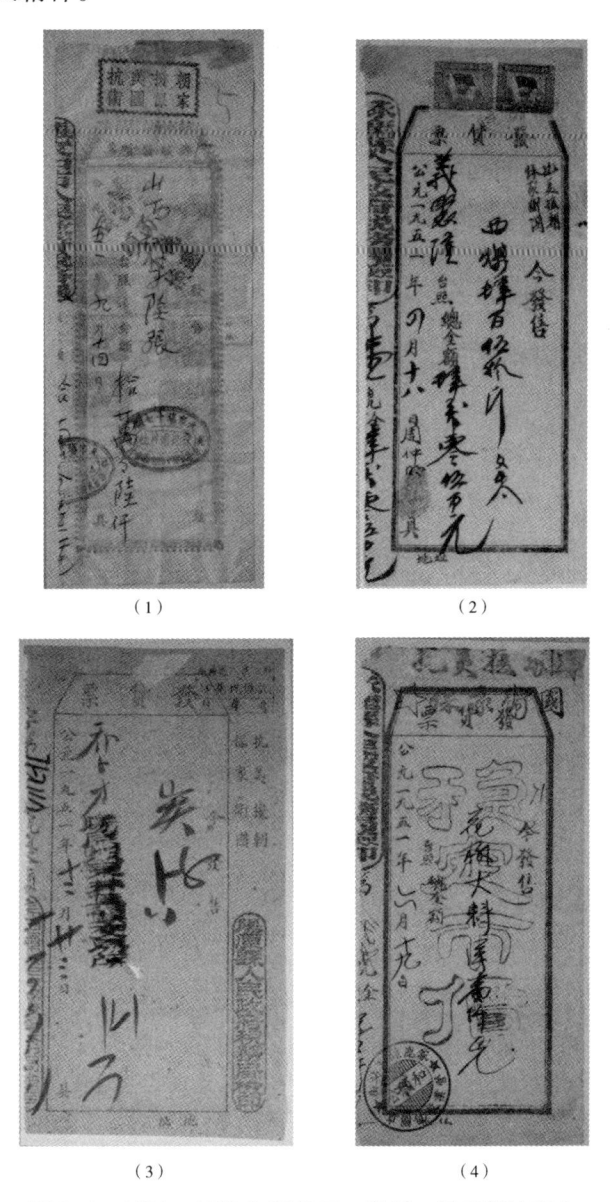

（1）　　　　　　　　（2）

（3）　　　　　　　　（4）

图5-1　1951—1952年张家口、阳原、涿鹿等地印有"抗美援朝"字样的发票

附录：解读苏州码

苏州码是明中期以后流行于中国民间的一套计数方式，广泛使用于人民的生产生活，地域几乎遍及全国，直至近现代才在社会变革的冲击下逐渐没落。本文目的即是梳理苏州码的发展脉络，归纳总结其基本书写样式和一般规则，并对它的优势与缺陷加以分析。苏州码蕴含和承载着重要的经济史和社会史信息，是中国传统商业文化的重要组成部分，因此，在研究传统社会商业活动所使用的发票过程中，需要对于苏州码有一定的解读能力，故附录本文。文中所用发票皆来自河北经贸大学发票博物馆馆藏，特此说明。

一 苏州码的由来及基本书写样式

苏州码（或称"苏州码子"），是明清以来流行于中国民间的一套书写计数方法，它是阿拉伯数字传入前国人经常使用的数字符号，广泛应用于人们的生产生活，地域几乎遍及全国。从河北经贸大学发票博物馆数千件馆藏实物来看，清代咸丰以降至新中国成立之前，除青海、西藏地区暂无发现外[①]，国内其他地区无论江南江北还是塞外西域，无论通都大邑还是偏远小镇，所有发票上都能看到苏州码的使用。当然，由于使用地区和行业的不同，其叫法各有特色且差异很大。地域差异上，如在江南被叫作"苏州码"；在华南被叫作"番码"；在四川被叫作"川码字"；在河南被叫作"码子字"；在新疆被叫作"西域码"；在宁波地区则被称为"柴爿码"，意思是说它像用柴火棒子摆成的，非常形象。行业差异上，其较早使用于药方及药材

---

① 特别需要说明的是，就现存发票来看，虽未发现新中国成立之前宁夏地区的使用实例，但已发现该地区1950年、1951年使用苏州码的发票实物。

交易中,被称为"药码";使用于肉货交易中称为"肉码";后来在服装行业称"衣码";在蔬菜交易中称"菜码";在码头或仓储行业称"码单"。若使用于数字运用最多的商铺账簿时,则被称作"账码"。可以说,现存可见新中国成立前所有账簿上,基本都能找到使用苏州码进行记账的痕迹。

附图1为目前所见年份最早的使用苏州码的发票实物,系清代咸丰二年(1852年)由定州西关天顺老店所开具,票面抬头"老"字下方清晰可见苏州码所书写之数字 、:

附图1

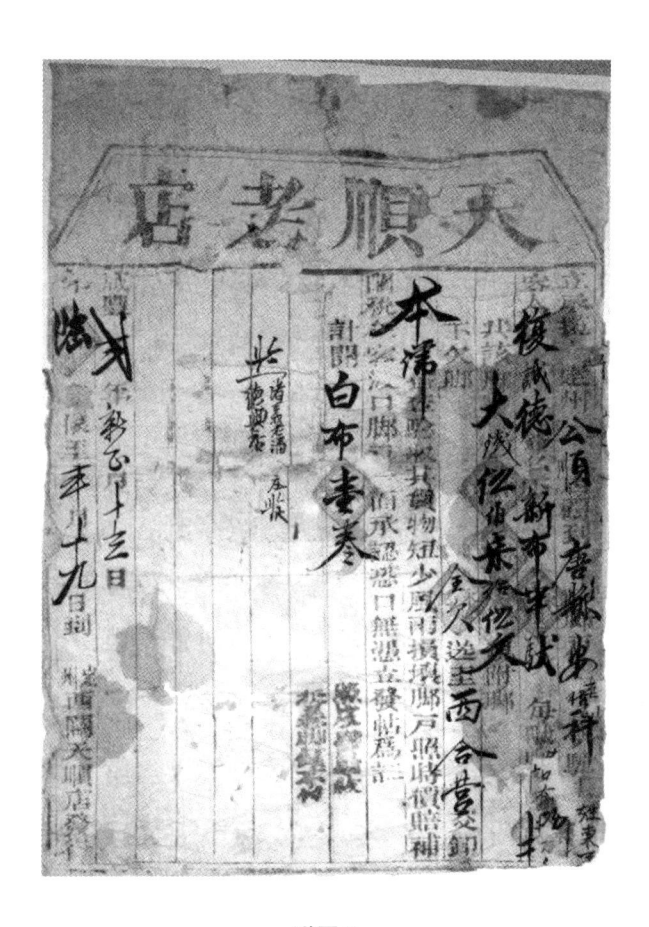

苏州码的基本组成符号，是〇│‖‖／ㄚ8 ⊥ ⊥ ⊥ 攵①，对应现在简化汉字所使用的零一二三四五六七八九。目前学者们普遍认为，苏州码脱胎于算筹。算筹是中国古代的计算工具，其起源大约可上溯至春秋战国时期。古代的算筹实际上是若干同样长短和粗细的条或筷状小棍，它们多用竹子制成，也有使用木头、兽骨、象牙、金属等材料，一般长为13—14cm，径粗0.2—0.3cm，大约二百七十一枚为一握，平时放在布袋里随身携带，需要记数和计算的时候，就把它们放在桌、炕或地上逐根排列出来。②

春秋战国时期，系统的十进位制筹算计数方法初步形成，《孙子算经·卷上》即记载有数字一到九的摆列方法，其有横式纵式两种，横式书写为：一 二 三 ≣ ≣ ⊥ ⊥ ⊥ ⊥，纵式书写为：│‖‖‖‖‖ T T ⊪ ⊪。从横式中可以看到，六以上的计数方式，是以竖线表示五、下面加一条横线即为六，加两条横线即为七，加三条即为八……而不是用六根算筹来表示六，竖式类同此理。同时，还使用空位来表示零，如以 ⊪ 来表示 108。

至迟到宋代，随着算盘的广泛使用，前述筹算计数的表达方式也发生了变化。比如六，不再是一横一纵，而是上面一短竖、下面一横，短竖状如算盘上档拨下的一枚算子，故以其来表示五。因此，六、七、八的写法演变为⊥、⊥、⊥。不过，四、五、九的写法则在手写过程中不断发生着变动，并不固定。而以"〇"表示空位这个独特的发明，则是南宋大数学家秦九韶的创新，但其写法与阿拉伯数字0有所区别，用笔方向是从上向右顺时针画圆成圈。③秦九韶及同时代数学家杨辉的数学著作中，1 到 9 及 0 的数码写作：

纵式：│‖‖‖／ō T T ⊪ ㄨ 〇

---

① 该十个字符来自字符映射表。
② 关于算筹的形状与大小，《汉书·律历志》载："其算法用竹，径一分，长六寸，二百七十一枚而成六觚，为一握。"即算筹一般是直径约 0.23cm、长约 13.86cm 的圆形竹棍，把二百七十一枚筹为一捆。
③ "〇"这个符号是中国独有发明，用来表示空位，另外也会以"□"表示空位，如南宋《律吕新书》中载 118098 表示为十一万八千□九十八。

横式：一 二 三 ╳ ｏ ⊥ ⊥ ⊥ ╳ 〇

及至明代，数学家程大位在其著作《算法统宗》中将这一套计数方法称作"暗码"①，四、五、九三个数字也最终形成了相对固定的写法，即今天所见之乂、ʖ、夂。这样，一套有别于汉字大写和小写，也不同于阿拉伯数字和罗马数字的计数体系最终定型。明代中叶以后，在商品经济空前活跃、贸易日益繁盛的社会条件下，这套系统于"四方商人辐辏其地，而蜀舻越舵昼夜上下其门"的苏州，及以苏州为贸易中心的江南市镇流行起来，故得名"苏州码"。附图2就系统地展示了苏州码的书写方式：

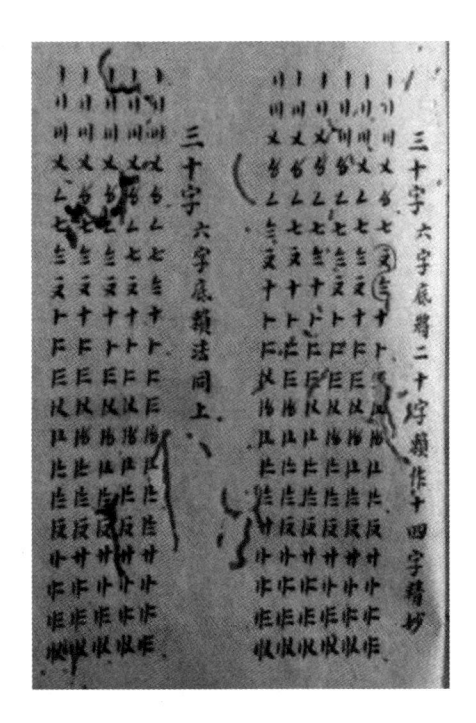

附图 2

---

① 程大位生于明嘉靖十二年（1533年），考虑到他出身徽商之家的特殊身份，可以推测他对这套计数方式的介绍应是有商业的目的，而其所使用之"暗"字说法，概因不熟悉者初看起来不好辨识，但随着这套计数方式的普及，大众逐渐熟识，遂无"暗"可言，而被"苏州码"之称所替代。

对于实际经济活动中苏州码数字 1—9 的使用,兹以附图 3、附图 4 两张发票为例说明:

附图 3 中的这张发票是 1940 年 11 月 16 日"南海洋行"开具给"同记商场"的发票。此发票的主要交易内容为各类化妆品,表格主体部分品名全部用日文以墨水笔书写。虽然阿拉伯数字的数量、单价、金额一目了然,但我们可以清楚地看到,发票右下方,买方"同记商场"又将品名用中文以毛笔竖式从右向左重新书写一遍,而标注商品单价及总额的那些看似奇怪的文字,就是"苏州码"。解读起来,这些文字的内容是:"九九雪花羔(膏)20 打、9 元;1 号娥梦八宝雅雪花羔(膏)2 打、20 元;二号娥梦八宝雅雪花羔(膏)2 打、26 元;1 号金鹤珍腊 3 打、10 元;二号金鹤珍腊 3 打、8 元。合计 326 元。"这张发票中,除了数字 4、5、7 外,其他数字都有体现。

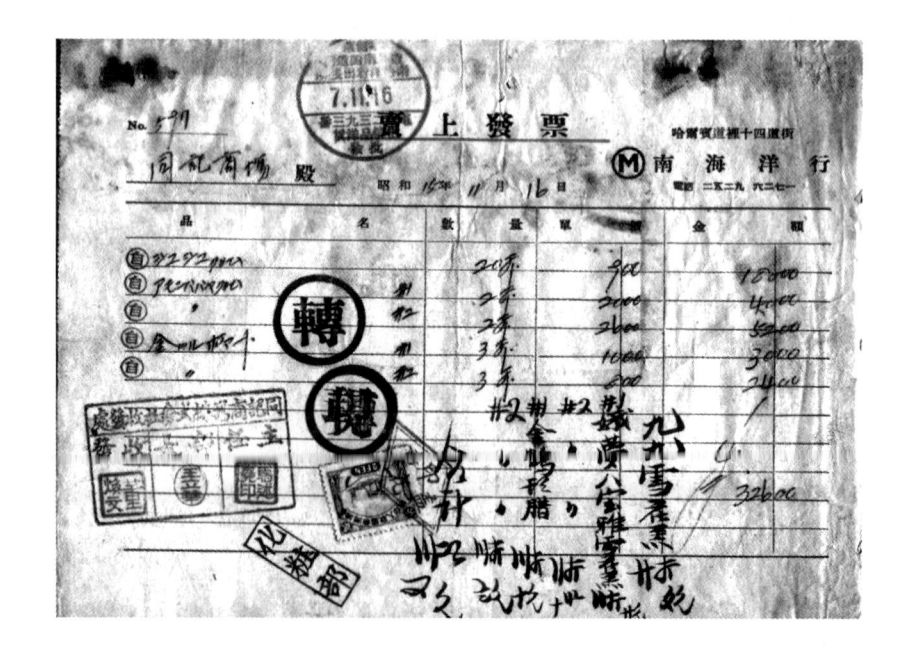

附图 3

附图 4 中的这张发票是张家口"宝庆源"字号给"双兴号"开具的一张典型的传统书契式发票,系毛笔从右向左书写。内容为:"素靴二三双，每 5.7 万，共 131 万 1 千元；云靴二双，每 7 万，共 14 万元；二五双靴共合洋 145 万 1 千元"。票面写明该款项是分批付给，先后分别"收洋 55 万、收洋 50 万、收洋 20 万，共收洋 125 万，净欠洋 20 万 1 千元"。附图 3 的发票中未体现的 4、5、7 写法在此可见。

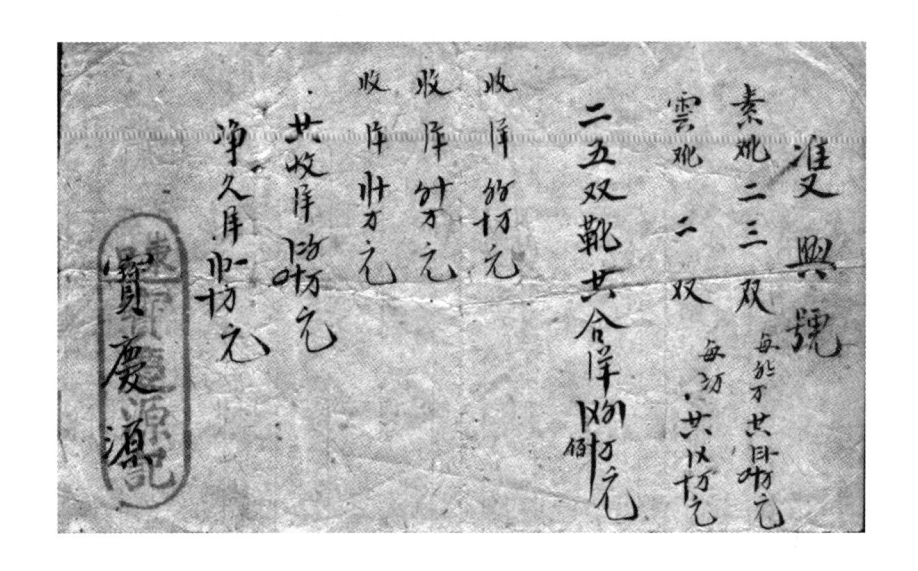

附图 4

当然，因为手写体本身的特点，即每个人的书写习惯和字体都不一样，所以很多时候这套数字的写法并不严格，如四有时写作 或 ，五写作 ，六写作 ，七写作 等。

二　苏州码书写的基本规则

在《孙子算经·卷上》有这样一段话："凡算之法，先识其位。一纵十横，百立千僵。千十相望，万百相当"，也就是说，这套计数方法在书写上有个基本原则，即纵横交错。一般来说，｜、‖、Ⅲ三个数字，若位于个位、百位、万位、百万位，可用它的原写法；若位于十位、千位、十万位，就要横写。换言之，在奇数位要用纵式，而位于偶数位则要用横式，如12要记做一∥、123要记做∣＝∥、1233要记做一∥≡∥。这是为了避免在表示多位数计数时发生混淆，当然，如果是123和其他数字连写，实际应用中也并不那么严格，比如91可以写作夂∣、也可以写作夂一。

简单了解基本规则后，要真正认识这些符号，还要结合苏州码多位数在书写顺序上的特点，即从左向右横写或从上向下竖写的方法。苏州码没有数字分隔符或者小数点，因此当数位较多时，它就要标明"数"和"位"两部分。写法通常是，将数位标注在数字下面，位置一般是正下方稍微偏右一点（大概是前后两个数字之间），如此才能方便识认而不至于误读。当然偶有例外，如 （从左至右分别是23、22、18.5），将数位十写在数字左边，不过这种情况并不多见。一般来说，百写作 （170）或 （540）、千写作 （3800）或 （6400）、万写作 （103500）或 （128000元）或 （18000元）。

此外，特别值得指出的是数位和数字连写在一起的情况。因为表示数位的 （百）和 （千）本身就可以表示一百和一千，所以经常会出现数位与数字连写的情形，容易造成误读。如 ，即是将 和 连写在一起，表示二百；再如 ， 和 连写在一起，即表示三百；二千、三千的写法同理。

附图5是苏州码书写时"数""位"结合使用的实例：

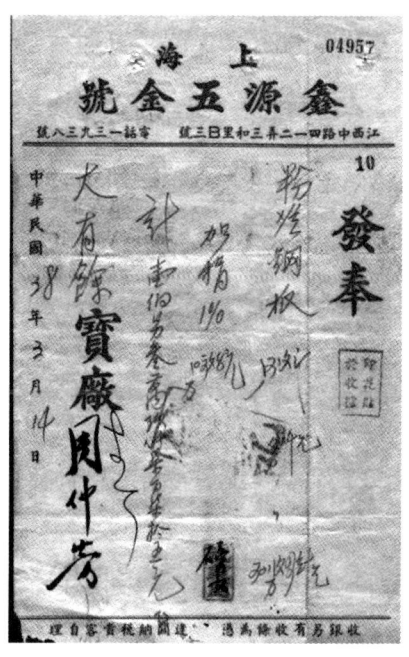

附图 5 中的这张发票是民国三十八年（1949 年）上海"鑫源五金号"卖出钢板的商业发货单，显示钢板单价是 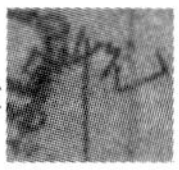 92000 元、计共  1029480 元，加捐  10295 元，总计"一百零三万九千七百七十五元"。

苏州码书写时，到底在哪个数位进行标示没有严格规定。实际使用中一般是在最高数位进行标示，但并不要求每个数位都要标示。因此，在书写多位数时，有时可以只标注万位，有时可以万位千位同时标注，有时标注千位百位等。如 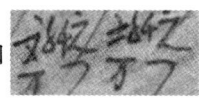 （从左至右是 95000 元、75000 元）、  （68000 元）  （从左至右是 3200 元、204600 元）。当然如果数位更高，如百万  （4750000），

为防止混乱可在万位左边再行标注。这样将数字紧密重叠的写法，可能是因为如此计数内容更加紧凑、书写占用位置较小，且不易更改。

当数字与货币单位结合使用，如元、角、分、斤、两、钱、石、斗、升、合、厘、毫等各类货币单位或计量单位，也都配套形成了独特的书写方法。如元，多写作 ![]，也有见写作 ![]（左下即"○"，一元四角四）；角，多写作 ![]（一元一角），或写作 ![]（右即"△"，四角），也有写作"毛"的情况，如 ![]（八毛四）；分，多写作 ![] 或 ![]（后者形似"卜"，应该是分字的草写），如 ![]（四分八）![]（一角八分）。当然，在不会造成误解的情况下，数量单位可以酌情省略，如末位为角，那之前的元就可以省略。此外，在钱粮清册里面，还可以看到两、钱和厘的写法，如 ![]（二两九钱一分九厘八毫）。

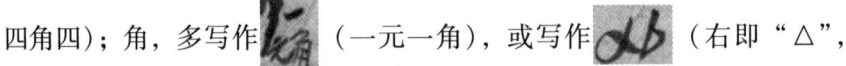

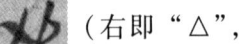

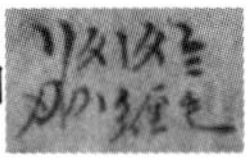

在民国年间的发票中，对独立的数字来说，虽然主体是苏州码，但也经常能够看到其与汉字大小写并用或混用的情况。而且，除账目数字之外，序号编码、年月日期等，也都常常可见它们的混合书写。西方表格式发票使用后，又出现了苏州码和阿拉伯数字混用的情形，具有很大的随意性。例如 ![]（12000）、![]（1900元）、![]（784.94）、![]（54004）等。

此外，通过对现存大量发票的观察可以发现，商品的单价或数量通常会使用苏州码与汉字大小写配合，同时在数字上商家通常会加盖"压数章"，以防止随意变动涂改造假；或以规范工整的大写汉字书写商品总额，将苏州码标在旁边作为印证（见附图6、附图7）。

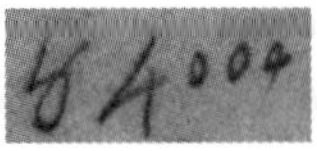

附图 6

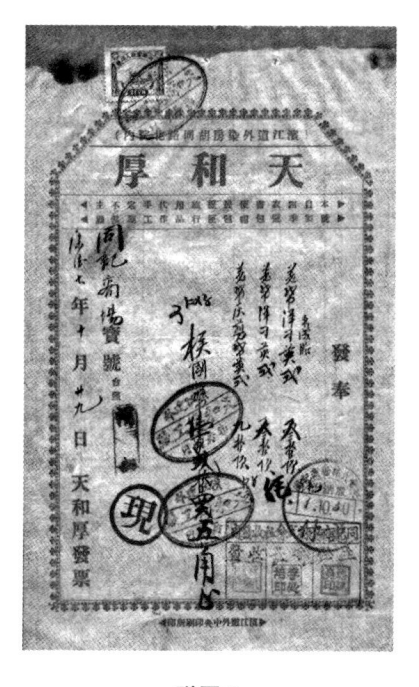

附图 7

附图 6 中的这张为张家口民国二十九年（1940 年）"天泰兴记"发票，商品数量单价以汉字大小写和苏州码标示，并都钤有压数章；附图 7 中的这张为 1940 年哈尔滨道外"天和厚"商号开具给"同记商场"的发票，商品数量和单价以汉字大写和苏州码标示，而总额以大写汉字写具，上方写有苏州码以印证，并钤盖压数章。

虽然基本书写方式概如前述，但因为手写体具有很大的随意性和不规范性，笔画的粗细长短、字体的肥瘦大小相差悬殊，字与字之间排列布局疏密不一，加之苏州码与汉字大小写数字的混用，以及数位与数字、单位与数字之间的连笔书写，都增加了实际识认时的难度。

三　苏州码的逐渐没落

苏州码因其简单形象、书写便利、易学易记等特点，很容易为普通百姓所学习掌握，故而在传统社会世代相承。新中国建立前，从商贾地主、药铺医师、私塾先生、手工匠人，到农民百姓，甚至目不识丁的街头小贩，从各类商铺、药铺、裁缝店、杂货店、五金店、屠宰场到钱庄银号，都普遍使用这种方法来记数。因此，现今留存的旧时发票、账本、私钞、当票，甚至官方的公文官帖、田房地契、完税凭证等几乎所有涉及数字的文书中，经常可见这种数码书写方式。可以得出结论说，苏州码广泛运用于政治、经济、生活等各个领域。

苏州码使用于官方文档的实物如附图 8 至附图 10 所示。

附图 8 是一张民国二十八年（1939 年）伪察南自治政府财政厅发给花户（纳税户）霍永仑的完税凭证，票眉处苏州码的标注清晰可见。

附图 9 和附图 10 均出自 1955 年河北省蔚县人民政府税务局查验后钤盖验讫章的某商号账簿，该日记账中所有销货收入系以汉字大写书写，但紧随其后便以苏州码记录了当日收入、支付数额以及结存数额。由这个账簿能够证明，新中国成立后我国政府对于苏州码在经济凭证中的使用并不禁止，而当时的税务干部也应当是具备对于这种计数方式的认知能力的。

附图 8

附图 9

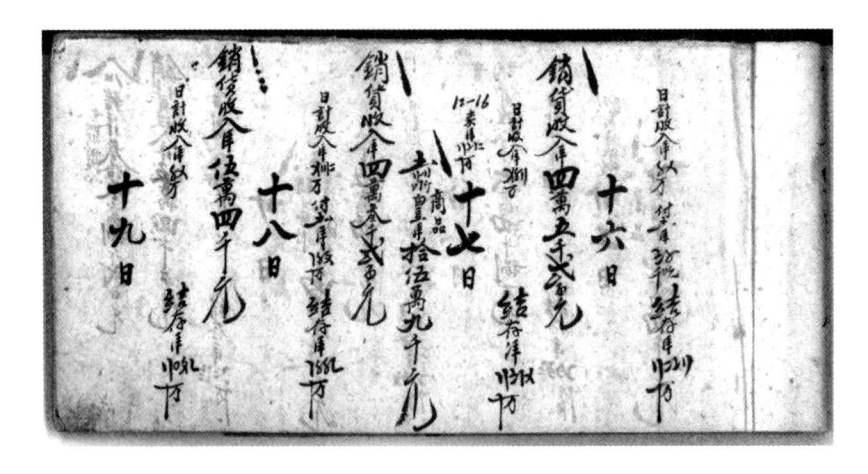

附图 10

在我国大陆地区现存各类发票中可见，苏州码的最晚使用时间是在 1967 年。实物如附图 11、附图 12 所示。

附图 11 是一张内蒙古正蓝旗哈巴哎供销社旅店开具给客户的收据，房火费、被褥费等费用共计 4.02 元，发票左下角以苏州码进行标注，时间是 1967 年 10 月 2 日。

附图 12 是太仆寺旗贡布拉格车马店开具的发票，房间费、牲畜费等共计 7.24 元，也在左下以苏州码标注，时间是 1967 年 10 月 8 日。

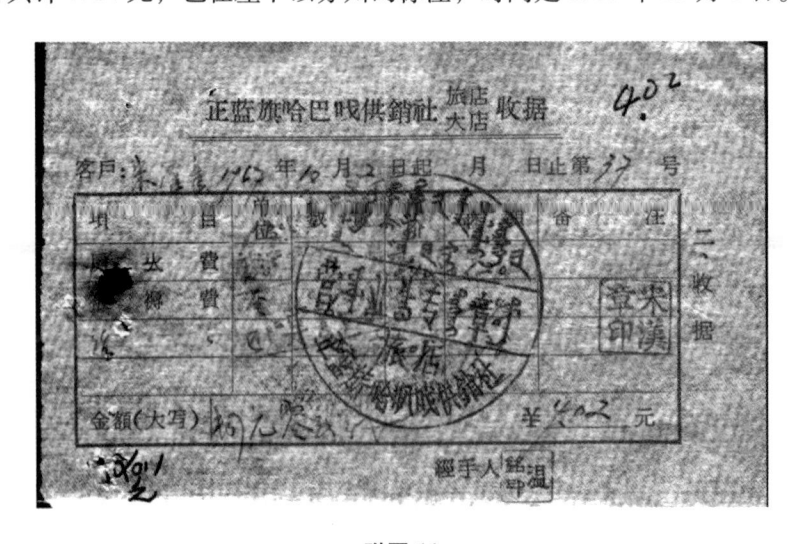

附图 11

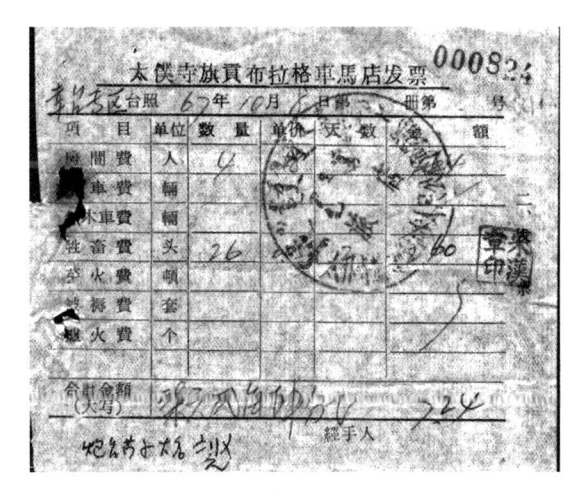

附图 12

在中国港澳地区及新加坡、马来西亚等国，苏州码的使用时间延续较久。如附12至附图14所示。

附图13为1958年澳门"联英行"商号发货单，其单价、总价，特别是落款年份都使用苏州码进行标示；附图14为1969年香港"明昌金行"发票，商品克重、单价、加工费、总额也都以苏州码进行标示。

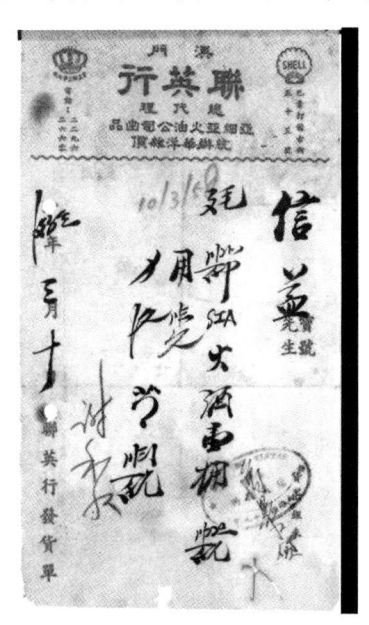

附图 13

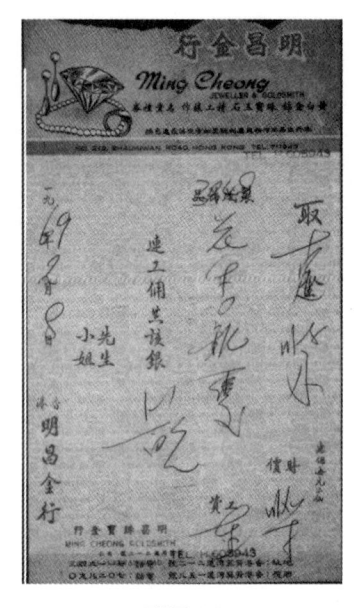

附图 14

除了上述历史遗留的发票实物外,如今这些数字的实际使用,只能在中国港台地区一些小商贩或是海外华人聚居区的街市档口、杂货店等处才能见到。附图 15 即是近年于香港一个鱼档拍摄得来,左侧价牌上写着黄皮老虎斑每两一十二元,右侧价牌写着红瓜子(斑)每两一十五元。

附图 15

在河北经贸大学发票博物馆中，几乎每张旧时的发票实物都会出现以苏州码标示的数字。尤其是旧时发票都以毛笔书写，而手写体具有很大的随意性，书写者的风格和习惯并不相同，所以这些数字也呈现出各种独具特色的形态，于今人看来，仿如一幅幅颇有韵味的书法作品。然而，随着19世纪末外国经济的入侵，被国人称作"洋字码"的阿拉伯数字逐渐在各商业、金融领域使用，且随着兴办学堂活动的盛行，阿拉伯数字遂作为现代教育体系的一部分得到更广泛的推广和应用。于是，我国传统的计数方式——苏州码便被取代，逐渐退出了经济和社会的历史舞台。

客观地说，苏州码能够在中国传统社会传承使用几百年，是有其优长之处的：其一，书写方法简单易学，并不要求执笔者的文化水平。因此，容易为各个社会阶层所习得运用。其二，书写后不易更改，其数字紧密重叠的基本布局，加之数字与数位相结合的独特结构，使其一旦写就，便很难加以篡改。其三，书写的账目易于保密。由于不同的执笔者书写的苏州码各具特色，不能轻易被识别。所以，可以起到一定的保密作用。但同时，它也存在着比较明显的缺陷：其一，无法严格统一书写规范。虽然有一些基本的规则需要遵循，但苏州码在实际使用中最大的特点就是会因为执笔者书写习惯和偏好各异呈现出不同的面貌，带有明显的主观随意性，无法进行严格统一。因此，在识认时会造成一定的难度。其二，在西方文明冲击及近现代社会发展形势下，它的使用场合及范围逐渐受限。相较阿拉伯数字而言，苏州码记账便利但不易于进行数学运算，且不适宜在印制的表格式发票或文档中进行填写。因此，在近现代社会经济生活中使用渐稀。

参考文献

一 著作

安秋生：《药鬼子纪事》，百花文艺出版社 2007 年版。
傅衣凌：《明清社会经济史论文集》，人民出版社 1982 年版。
高献洲：《中国发票史》，中国税务出版社 2010 年版。
《哈尔滨》课题组：《哈尔滨》，当代中国出版社 2007 年版。
何宇禹：《乐亭历代名人选》，黑龙江人民出版社 2005 年版。
河北省地方志编纂委员会编：《河北省志·人物志》，人民出版社 2005 年版。
河北省地方志编纂委员会编：《河北省志·商业志》，河北人民出版社 1999 年版。
河北省冀商文化研究会编：《冀商文化研究论文选编》（第一辑），冀商文化研究会出版 2013 年版。
河北省政协文史资料委员会编：《河北历史名人传·工商经济卷》，河北人民出版社 1997 年版。
河北省政协文史资料委员会编：《河北文史集粹·工商卷》，河北人民出版社 1991 年版。
矫正中：《吉林百年工商人物》，吉林文史出版社 2004 年版。
乐亭县呔商之路编写组：《呔商之路》，中国社会科学出版社 2010 年版。
李胜良：《发票撷趣》，经济科学出版社 2004 年版。
刘徙主编：《张家口历史文化丛书之知名的历史人物》，党建读物出版社 2006 年版。
王金洲主编：《冀商典藏》，花山文艺出版社 2015 年版。

王兴亚：《河南商帮》，黄山书社2007年版。

武建奇、毕志夫：《中国近代发票鉴赏》，河北美术出版社2018年版。

严兰绅等主编：《河北通史》，河北人民出版社2000年版。

张海鹏、张海瀛：《中国十大商帮》，黄山出版社1993年版。

政协河北省委员会文史资料委员会编：《河北文史资料》第三十三辑，河北文史书店1990年发行。

政协黑龙江省委员会文史资料委员会编：《黑龙江文史资料》第二十六辑，黑龙江人民出版社1989年版。

二 报刊文章

蔡茜：《百年冀商》（连载），《乡音》2007年第12期—2008年第6期。

蔡茜、刘洋：《走过百年辉煌——冀商文化解读》，《河北日报》2011年5月13日。

刘珲：《传奇呔商》，《唐山劳动日报》2017年11月3日。

王思达：《武安商帮：一县之地独为帮》，《河北日报》2017年9月7日。

王真、赵志国、王荣娟：《冀商百年辉煌商史》（连载），《燕赵都市报》，2006年5月16日—2006年6月19日。

周文夫、颜廷标：《弘扬冀商精神的时代意义》，《河北日报》2007年11月29日。

三 论文

毕志夫：《百年发票话"东口"》，《河北画报》2015年第8期。

毕志夫：《票说百年冀商》，《文史精华》2016年第6期。

毕志夫、程浩：《票据中的冀商发展轨迹》，《财政史研究》2017年第九辑。

曹琳：《近代冀商的商业经营之道》，《兰台世界》2010年第4期。

陈旭霞：《冀州商帮文化的当代诠释》，《燕赵历史文化研究之三·冀州历史文化论丛》2009年第2期。

戴建兵、吴乾、韩光：《冀商研究浅议》，《燕赵历史文化研究之三·冀州历史文化论丛》2009 年第 2 期。

冯石岗、汤庆慧：《冀州帮商贸活动研究》，《湖北函授大学学报》2014 年第 9 期。

冯石岗、汤庆慧：《近代冀商发展中的主要商帮》，《湖北函授大学学报》2014 年第 8 期。

傅春生：《贩书立业话冀商》，《文史精华》2011 年第 2 期。

葛宝森：《保定商会研究（1907—1945）》，博士学位论文，河北大学，2011 年。

葛辛垦：《武百祥的经商之道》，《文史精华》1997 年第 1 期。

雷梦水：《在京经营古旧书业的冀县人》，河北省文史资料研究委员会编《河北文史资料》1988 年第 26 辑。

李昂：《商业重镇之兴衰——明清近代张家口商业研究述评》，《社会科学论坛》2018 年第 3 期。

李小东：《高阳商会与近代高阳织布业研究（1906—1937）》，硕士学位论文，华中师范大学，2013 年。

卢忠民：《近代北京五金商铺人力股制度的再认识》，《安徽史学》2011 年第 3 期。

卢忠民：《近代冀州商帮在京津城市近代化中的作用》，《经济研究导刊》2012 年第 9 期。

卢忠民：《近代旅京冀州商帮的收入问题初探——以五金商铺员工为中心》，《近代史研究》2013 年第 2 期。

卢忠民：《也谈商业账簿与经济史研究——以近代旅京冀州商帮所营之万和成及其联号五金商铺账簿为中心》，《中国经济史研究》2011 年第 4 期。

苗宏慧：《论民族企业家武百祥的企业家精神》，《东北史地》2007 年第 3 期。

牛国祯、梁学诚：《张库商道及旅蒙商疏略》，《河北大学学报》1988 年第 2 期。

孙宏滨：《发展契机与成长环境：冀商与其他商帮的比较研究》，

《河北学刊》2009 年第 6 期。

孙建刚、冯小红：《"冀州帮"及其商业文化特征述论》，《燕赵历史文化研究之三·冀州历史文化论丛》2009 年第 2 期。

孙晓青：《不为人知的冀商百年传奇》，《小康》2010 年第 2 期。

王飞：《清代张家口经贸与商帮研究》，博士学位论文，山西大学，2020 年。

王槐荫、刘旭亭：《天津工商业中的冀州帮》，《天津文史资料》1985 年第 32 辑。

王小梅、刘洪升：《冀商的历史渊源与发展脉络》，《河北学刊》2008 年第 4 期。

吴志远：《明清河南武安商人》，硕士学位论文，郑州大学，2009 年。

薛瑞泽：《明清时期武安的商业交通与商人对外经营》，《史志学刊》2016 年第 3 期。

杨昊、刘洪升：《冀商对中国传统文化的贡献》，《河北大学学报》2018 年第 5 期。

杨奎昌：《全聚德烤鸭店的百年沧桑》，《中国文史资料文库·经济工商编》，中国文史出版社 1996 年版。

杨学新：《"冀州帮"与保定近代商业》，《河北学刊》2012 年第 1 期。

杨学新：《论近代保定商会的特点》，《河北师范大学学报》（哲社版）2011 年第 11 期。

杨学新：《试论冀商及其经营管理特色》，《历史教学》（高校版）2008 年第 3 期。

张燕：《方志所见清代直隶商人研究》，硕士学位论文，西南大学，2019 年。

后　　记

　　我对商人问题发生兴趣的渊源，要追溯到硕士在读期间。作为中国古代史专业明清史方向的学生，在选择毕业论文题目时，竟然剑走偏锋，突发奇想要去研究妈祖，只因拜谒津沽天后宫后，非常好奇起源并风行南方的民间信仰为何能在北方扎根并数百年香火不衰。于是，在研究妈祖的过程中，对商人这个古来被视为"四民之末"的群体，其推动社会发展与城市形成的重要影响产生了前所未有的认识。又于是，在选择博士论文写作题目的时候，毫不犹豫地决心去研究商人商业经营问题，业师南炳文先生最初看见选题的时候，是有些皱眉头的，毕竟，前辈们对商人商业问题对已经有不少积累，从资料来源和写作体例上，似乎都没有特别可以创新出彩之处，然而，导师还是尊重了我的坚持。接下来的三年时间，就是遍览四库、四库存目、续四库、禁毁四库、各种方志、方志丛书与方志集成中所有商人墓志铭表行状传记，同时逐一拜读彼得·德鲁克、菲利普·科特勒等现代管理学、营销学大家的著作了。

　　风马牛一通之后，正题千呼万唤得出来。然而，在爬梳古籍的过程中，作为土生土长骨子里流着慷慨悲歌热血的河北人，却惊讶地发现，河北地区的商人，虽然早自战国时期就已活跃于商业经济舞台之上，但在明清时期的历史文字记忆里，竟低调到没什么太多存在感和痕迹，远不及传统十大商帮的无限风光，没有文人追捧、更没有自我宣传，有的，仅仅是浮光掠影的只言片语。及至民国，哪怕很多冀商已然成为民族工商业的中流砥柱，相关的文献资料依然并不丰厚。不仅如此，相比其他商帮，学术界对传统冀商问题的关注起步很晚，而且关注度也并不算高，与晋商、徽商、浙商等商帮研究持续火热的情况相比，近年来还明显呈清冷之势。

只是，河北人骨子里的倔强一直在告诉我，与历史上其他商帮一样，冀商也有着丰富的底蕴与文化内涵。他们克勤克俭、诚信重义、灵活机变、勇于创新的精神，他们在经营管理中独到、超卓的理念与实践，他们为民族工商业发展兢兢业业的拳拳之心，同样是中华民族商业文化的宝贵遗存，同样需要给予重视并大力弘扬！也因此，无论是梳理文献史志，还是挖掘发票文物，冀商问题都值得我们更深入、更全面地去整理与研究！

这本书在撰写过程中，要特别感谢毕志夫先生的指教，尝试以旧时发票佐证史志记载，要求对发票解读具有相当功力，且不说苏州码子的识读、计算，只那些旧时账房先生龙飞凤舞、颇具个性的手写文字，虽是潇洒漂亮，却经常令我愁眉不展。毕先生是业界知名的发票收藏家，幸而有他的指点，才能在数千张故纸中寻得最具价值的所需；也要感谢武占江老师的鼎力支持，武老师自开始负责发票博物馆的工作，便一直致力于老发票的整理和数据库建设，为我进行冀商研究提供各种帮助；感谢衣抚生老师，他对同记发票的整理成果，为我提供了很多宝贵的信息；感谢北京税务博物馆邹红娇馆长，为寻得我所需的一张发票而翻遍了整个库房……自己的学术水平实在有限，所以更要感谢前辈、朋友们的热心帮助！

感谢河北经贸大学财税学院财政学一流学科建设资金的支持！

最后，这本小书，仅为起步，诚愿为此，继续努力！